弁護士専門研修講座

会社法の知識と実務

ガバナンス・不祥事対応・
役員の義務と責任

東京弁護士会
弁護士研修センター運営委員会［編］

ぎょうせい

はしがき

　現代社会はあらゆる分野で複雑化・多様化が進行しており、紛争類型も複雑でかつ高度な対応が必要なものが多くなっています。これに応じ、弁護士もより高い専門性を習得し、複雑化した案件に適切に対応できる実践的能力が求められております。弁護士が市民の法的ニーズに応じた能力を身につけ、日々研鑽を重ねることが必要なことは言うまでもありません。

　東京弁護士会では、弁護士研修センターを設置し、弁護士の日常業務の研鑽に加え、専門分野の研修にも力を注いできました。特に平成18年度後期からは、特定の分野に関する専門的知識や実務的知識の習得を目的とする専門連続講座を開始し、研修の質を高めて参りました。本書は、平成28年度に行われた「会社法」専門講座の講義を収録したものです。

　本連続講座は、弁護士が上場会社の役員に就任した場合に直面する法律問題を想定し、実践的な対応策を講義しているものです。多くの弁護士にとって、示唆に富み、素養に資するものと確信しております。

　本講座を受講されなかった方におかれましても、是非本書をお読みいただき、上場会社役員をめぐる法律問題に関する実務能力を習得され、日々の業務への対応にお役立ていただければ幸いです。

　平成29年6月

東京弁護士会会長　渕　上　玲　子

講師紹介

(講義順)

蜂須　優二（はちす・ゆうじ）

昭和58年	弁護士登録（東京弁護士会・第35期）
平成15年～24年	金融検定協会監事
現在	東京弁護士会法律研究部会社法部副部長、日本経済法学会会員

服部　秀一（はっとり・しゅういち）

昭和60年	弁護士登録（東京弁護士会・第37期）
現在	慶應義塾大学法務研究科講師（金融商品取引法担当）、東京弁護士会法律研究部会社法部副部長、ウシオ電機株式会社社外取締役、東京建物株式会社社外監査役、株式会社ルック社外監査役

竹内　朗（たけうち・あきら）

平成8年	弁護士登録（東京弁護士会・第48期）
平成13年	日興コーディアル証券株式会社（現SMBC日興証券株式会社）法務部勤務
平成18年	国広総合法律事務所パートナー
平成22年	プロアクト法律事務所開設
現在	カブドットコム証券株式会社社外取締役（兼監査委員会委員長）、日本道路株式会社社外取締役、株式会社№1社外監査役、東京弁護士会民事介入暴力対策特別委員会前委員長

豊泉　貫太郎（とよいずみ・かんたろう）

昭和45年　弁護士登録（東京弁護士会・第22期）
昭和47年～平成16年　慶應義塾大学法学部講師
平成16年～23年　慶應義塾大学大学院法務研究科教授
平成19年～21年　慶應義塾大学大学院法務研究科委員長
平成 8 年～15年　東京弁護士会法律研究部会社法部部長

内藤　良祐（ないとう・りょうゆう）

昭和60年　弁護士登録（東京弁護士会・第37期）
平成 3 年　米国イリノイ大学ロースクール修士課程修了（LL.M.法学修士）
〃　14年　東京弁護士会法制委員会委員長
〃　15年～　東京弁護士会法律研究部会社法部副部長
〃　17年～19年　日弁連司法制度調査会商事経済部会部会長
〃　17年～20年　日本大学ロースクール講師
現在　　内藤良祐法律事務所代表

本渡　章（ほんど・あきら）

昭和55年　弁護士登録（東京弁護士会・第32期）
平成24年～29年　東京弁護士会法律研究部会社法部部長
現在　　東京弁護士会法律研究部会社法部所属

目　次

はしがき
講師紹介

Ⅰ　社外役員のための会社法講義

弁護士　蜂須　優二

- 第1　役員等の会社に対する責任 …………………………………… 3
  - 1　役員等の会社に対する責任 …………………………………… 3
    - (1)　「役員」とは／3
    - (2)　役員等と会社との関係／3
    - (3)　役員等の損害賠償責任／4
  - 2　役員の職務執行と責任行為類型 ……………………………… 4
    - (1)　役員の主な職務執行／4
    - (2)　役員の会社に対する損害賠償責任／7
    - (3)　善管注意義務が尽くされたか否かの判断／8
  - 3　判例にみる代表訴訟類型 ……………………………………… 10
    - (1)　子会社支援／10
    - (2)　銀行の貸付先への追加融資／10
    - (3)　新規事業型／11
    - (4)　カルテル・談合型、その他刑事事件（和解）／11
    - (5)　同族会社／12
- 第2　利益相反取引 …………………………………………………… 12
  - 1　直接取引 ………………………………………………………… 12
  - 2　監査役と会社との利益相反 …………………………………… 13
    - (1)　原　則／13
    - (2)　例　外／13
- 第2-2　競業避止義務 ………………………………………………… 13
  - 1　規制内容 ………………………………………………………… 13
  - 2　（応用）類似・周辺問題 ……………………………………… 14
    - (1)　会社の機会奪取／14
    - (2)　退任予定（間際）取締役の開業予備行為／14
    - (3)　取締役退任後の競業禁止特約の効力／15

目 次

第3 機関設計 ·· 15
  1 三制度の概観、相互比較その1（監査役会設置会社・指名委員会等設置会社）·· 16
    (1) 監査役会設置会社［A］／16
    (2) 指名委員会等設置会社［B］／16
  2 三制度の概観、相互比較その2（監査等委員会設置会社）········ 17
    (1) 監査等委員会設置会社［C］の概要／17
  3 機能面、ガバナンス面から見た形態························· 20
    (1) モニタリング型／20
    (2) オペレーション型／21
    (3) ハイブリッド型／21
  4 自己監査（自己推薦、報酬決定）等の問題点と制度的制約······· 21
    (1) 自己監査／22
    (2) 自己推薦／22
    (3) 報　酬／23
    (4) 責任追及・免除、株主代表訴訟における補助参加の同意／23
第4 会社の業務等の適正を確保するための体制（内部統制システム）の整備 ·· 23
  1 基本知識の整理·· 23
    (1) 開示、報告、監査／23
    (2) 内部統制システムの構築と運用（機能）／24
  2 内部統制システムの構築·································· 25
  3 参考判例·· 26
第5 株主総会における説明義務、出席義務························ 27
第6 コーポレートガバナンス・コード···························· 28
レジュメ·· 33

Ⅱ　社外役員のための金融商品取引法講義

弁護士　服部　秀一

1 金融商品取引法令·· 48
  (1) 法　令／48
  (2) 六　法／48
  (3) 条　文／49

(4)　文　献／49
　2　金融商品取引法・・・49
　　(1)　金融商品に関する基本法でない／49
　　(2)　目　的／49
　　(3)　解　釈／49
　3　金融商品取引法の規制内容・・50
　　(1)　目　次／50
　　(2)　総則＝定義／50
　　(3)　発行開示・流通開示／50
　　(4)　公開買付け／54
　　(5)　大量保有報告書／56
　4　インサイダー取引・・・57
　　(1)　構成要件／57
　　(2)　重要事実一覧／58
　　(3)　開示の書式／59
　　(4)　臨時報告書／59
　5　自己株式の取得・・・59
　　(1)　自己株券買付状況報告書／59
　　(2)　金融商品取引法162条の2、有価証券の取引等の規制に関する内閣
　　　　府令16条以下／60
　6　有価証券報告書虚偽記載・・・・・・・・・・・・・・・・・・・・・・・・・・・・・・・・・・・・・・・60
　　(1)　罰　則／60
　　(2)　課徴金／60
　　(3)　損害賠償／61
　　(4)　東京証券取引所の措置／62
　　(5)　会社法上の責任／63
　　(6)　民法上の責任／63
　　(7)　公認会計士法上の責任／63
　7　コーポレートガバナンス・・・64
その他・・・65
レジュメ・・・67
資　料・・・77

目　次

III　不祥事対応と第三者委員会の実務
　　信頼のV字回復のために必要な行動

　　　　　　　　　　　　　　　　　弁護士・公認不正検査士　竹内　朗

1　弁護士の4つの関わり方 …………………………………… 95
2　不祥事対応の全体像と行動原理 …………………………… 98
　(1)　不祥事発生時の再発防止策／98
　(2)　事業継続ガイドライン（BCP）／100
　(3)　被害の最小化と信頼回復の最速化／101
　(4)　上場会社における不祥事対応のプリンシプル／103
3　オール・ステークホルダー対応 …………………………… 106
4　不祥事対応と役員の善管注意義務 ………………………… 108
　(1)　ダスキン事件の例から／108
　(2)　日本監査役協会／監査役監査基準第27条／110
5　インサイダー取引と適時開示 ……………………………… 112
　(1)　2009年5月21日／金融庁／112
　(2)　2011年6月10日／証券取引等監視委員会／112
　(3)　2016年9月16日／金融庁／113
　(4)　講師が体験した事例について／114
6　第三者委員会 ………………………………………………… 116
　(1)　第三者委員会に対する規律／116
　(2)　第三者委員会設置時の留意点／119
　(3)　第三者委員会の費用面・コスト感／123
7　ケーススタディ ……………………………………………… 124
　(1)　東芝不正会計問題／124
　(2)　東洋ゴム工業免震ゴム偽装問題／126
8　まとめ ………………………………………………………… 128
レジュメ ………………………………………………………… 129
資　料 …………………………………………………………… 137

IV　取締役の善管注意義務と経営判断

　　　　　　　　　　　　　　　　　　　　弁護士　豊泉　貫太郎

1　会社法における取締役の地位 ……………………………… 154
　(1)　旧有限会社法に由来する特例有限会社（整備法21）／154

(2) 取締役会非設置会社（法326Ⅰ、348以下）／154
　　　(3) 指名委員会等設置会社（法400以下）／154
　　　(4) 監査等委員会設置会社（法399の2以下）／154
　　　(5) 取締役会、監査役（会）設置会社（法362以下）／155
　2　取締役の地位……………………………………………………… 155
　　　(1) 種　類／155
　　　(2) 役　割／158
　3　取締役と会社の関係……………………………………………… 160
　　　(1)「委任に関する規定に従う」（法330）／160
　　　(2) 善管注意義務とは／161
　　　(3) 忠実義務（法355）／162
　　　(4) 両義務の関係／162
　4　取締役の善管注意義務違反の局面……………………………… 163
　　　(1) 取締役の監視義務／163
　　　(2) 取締役の業務実行／166
　　　(3) 親会社取締役の子会社管理に関して／186
　5　まとめ…………………………………………………………… 190
　レジュメ……………………………………………………………… 191

Ⅴ　攻めのガバナンスとは何か？
　　　　　　　　　　　　　　　　　　　　　　弁護士　内藤　良祐
一　はじめに………………………………………………………… 202
二　意　義…………………………………………………………… 205
　1　攻めのガバナンス・守りのガバナンス？……………………… 205
　2　機関投資家と経営者との緊張関係……………………………… 206
　3　迅速な意思決定…………………………………………………… 206
　4　平成26年改正と2つのコード…………………………………… 208
三　日本企業を取り巻く環境とその変化………………………… 210
　1　日本的経営の主体………………………………………………… 210
　2　背　景……………………………………………………………… 210
　3　メンバーシップ型人事・労務と取締役会……………………… 211
　4　長期低迷の原因…………………………………………………… 211
　5　ガバナンス論の歴史……………………………………………… 212

目　次

　四　攻めのガバナンスを支える制度······················213
　　1　規制手法·····································213
　　2　株主総会関係·································216
　　3　開示関係·····································219
　　4　取締役・取締役会関係·························221
　五　疑問点···225
　　1　ベストプラクティスと言えるのか?················225
　　2　目的達成に有用な手段なのか?····················225
　　3　コストはどうなのか?　形式のみで負担増になっていないのか?··226
　　4　現実に目標は達成されつつあるのか?··············227
　　5　過剰規制になる心配はないのか?··················227
　　6　規制緩和に過ぎず、守りのガバナンスを弱体化させる心配はない
　　　のか?·······································228
レジュメ···230
資　料···238

VI　内部統制システムと株主代表訴訟

弁護士　本　渡　　章

第1　内部統制システム·······································282
　1　内部統制システムの説明·······························282
　2　内部統制システムの法的根拠·························282
　　(1)　会社法362条4項6号、5項／282
　　(2)　会社法362条4項6号に規定する法務省令で定める体制／283
　　(3)　事業報告への記載／284
　　(4)　内部統制システムの運用／285
第2　株主代表訴訟···285
　　(1)　株式会社と役員等との関係／286
　　(2)　受任者(役員等)の注意義務／286
　　(3)　忠実義務／286
　　(4)　「委任の本旨」とは何か／286
　　(5)　信頼の原則／287
第3　事業報告に記載された「業務の適正を確保するための体制の概要」
　　の具体例と検討·······································287

(1)　横浜市の傾斜マンションに関する杭打ちデータ改ざん問題／289
　　　(2)　三菱自動車の燃費不正問題／290
　　　(3)　不祥事に関する私見／291
　第4　内部統制システム構築義務に関する株主代表訴訟等の判決例と
　　　その検討 ··· 301
　　1　大和銀行株主代表訴訟（大阪地裁平成12年9月20日判タ1047号
　　　86頁・判時1721号3頁） ··· 301
　　2　ヤクルト事件（東京高裁平成20年5月21日判タ1281号274頁）
　　　·· 303
　　3　日本システム技術事件（最高裁平成21年7月9日判タ1307号117
　　　頁・判時2055号147頁） ··· 303
　　4　日本経済新聞社事件（東京地裁平成21年10月22日判タ1318号
　　　199頁・判時2064号139頁） ····································· 306
　　5　セイクレスト責任査定決定異議申立事件（大阪高裁平成27年5月
　　　21日判時2279号96頁） ··· 307
　　6　ダスキン株主代表訴訟控訴審判決（大阪高裁平成18年6月9日判タ
　　　1214号115頁） ··· 309
　レジュメ ··· 311

あとがき

I 社外役員のための会社法講義

弁護士 　蜂須　優二

I 社外役員のための会社法講義

　ただいまご紹介いただきました、弁護士の蜂須でございます。本日は「社外役員のための会社法講義」と題し、先生方が、例えば社外役員のお話をいただいたときにどうすればよいか、あるいは既に社外役員になられている先生方としては、改めてどのようなところに注意しなくてはいけないかということについてお話をさせていただきたいと思います。

　本日のお話の内容は、まず、第1として、社外役員になるのはよいが、どういう責任があるのだろうかという部分です。第2の部分は利益相反と競業避止義務の関係です。先生方が社外役員になられて利益相反になるということは、通常ほとんどないわけですが、監督する立場から見て、例えば社長さんの行為のどういう部分が利益相反になる、あるいは競業の問題になってくるかという観点のところです。

　第3は機関設計ということで、監査役会設置会社、指名委員会等設置会社、監査等委員会設置会社という現在の主な三つのパターンについて、機関設計の中身の概略を押さえることによって、改めて先生方の知識を整理していただくとともに、他の制度に移行するという議論が出たときにどう対応するかという観点のところです。

　第4はいわゆる内部統制システムという問題であり、特に平成27年改正の関係で企業グループ全体について内部統制システムを整備しなければいけないということになりましたが、その内部統制システムというものを改めて考えてみるというところです。

　第5は株主総会における説明義務、出席義務というところで、例えば先生方が社外役員になったときに株主総会に出なくてはいけないのか、あるいは出たときに何か説明しなくてはいけないのかという問題です。

　第6はコーポレートガバナンス・コードについて、弁護士としてどういう立場で臨めばよいのかという内容になります。以上の点につきまして、本日はお話をさせていただきたいと思います。

　上場会社を中心にはしますが、そうではない中小の会社を含めていろいろな社外役員にお就きになるパターンがあると思います。さらには、監査役として就く場合と社外取締役として就く場合とがそれぞれあると思いますので、適宜各パターンに応じてお話をさせていただきたいと思います。

第1　役員等の会社に対する責任

1　役員等の会社に対する責任

(1)　「役員」とは

　古く商法時代には、「役員」という一般的に使われる便利な言葉が商法上の用語としては使われず、税法や実務の中で「役員」という言葉が広く使われているという状態でしたが、会社法の中では「役員」という形で定義を置き、取締役、会計参与、監査役が含まれます。

　似て非なる言い方ですが、「役員等」という形で「等」がつくと、それに執行役や会計監査人が入るということになり、例えば、代表訴訟の対象になるのはどこまでかというときに、会社法の条文を読んでいただく際、この「役員」と「役員等」という言葉の使い分けをしていただくと意味があるところになります。

(2)　役員等と会社との関係

　これも基本の中の基本ですが、改めて認識していただきたいところです。

　①「委任に関する規定に従う」ということで、善管注意義務というのが役員等と会社の関係を規律する基本中の基本ということになります。ですから、役員等の責任が問題になるというときには、善管注意義務違反があるのかないのかという形で、議論がされることになります。直接には民法644条を会社法で準用するという形をとっていますが、内容的には会社法における役員、特に取締役あるいは監査役としての善管注意義務ということになりますと、その会社の規模や要求される水準によって具体的な善管注意義務の中身が大きく変わってきます。

　②「忠実義務」という言葉もありますが、日本の判例の中では、結論としては同じ意味、すなわち善管注意義務の中に含まれるという位置付けになりますので、忠実義務を独自に考察する実益は少ないと思います。

　昭和45年の八幡製鉄所の事件は、古い判例ではありますが参考になる部分が多く、必ずしも忠実義務と善管注意義務の関係の点だけではなく、会社の存在がどういうものなのか、あるいは地域や社会の中での実在ということについて言及していたりと、改めて読み返してみると、意外と良い判例だと

思います。昔学生時代に読んだなという内容だとは思うのですが、ぜひもう一度読んでいただければと思います。

(3) 役員等の損害賠償責任

役員等の責任については、具体的には損害賠償責任という形で請求されるものが一番ポピュラーな部分だと思います。内容的には、まず会社法423条で、役員等の当該株式会社に対する責任としての損害賠償責任というものがあります。これは先ほどの善管注意義務の裏返しで、その違反があったときには損害賠償責任を負うという関係になります。

もう一つの429条は、役員等が会社の外の第三者に対して損害賠償責任を負うという場合の不法行為責任の特則の規定です。ご年配の方にとっては、昔の商法の266条の3の規定と一緒になります。通常は裁判所から見ると、あまり筋の良くない事件という言われ方などをしますが、例えば会社が倒産した場合における役員等の個人責任を追及するという形で使われることが多い条文です。役員等の行為は会社の業務執行として行われていますので、通常は会社財産、会社の計算で相手方に対して支払われるという部分が多く、したがって現実に429条が出てくるというのは、会社財産があまりないときということが言えると思います。

2 役員の職務執行と責任行為類型

(1) 役員の主な職務執行

これは取締役、監査役等のそれぞれの行為の類型に応じて責任がどういう場面で出てくるのだろうかという考察です。

① 取締役

末尾に添付しているレジュメ第1の2(1)①のアの「業務執行」というのは、会社法の中での規定ですが、少し現実と違和感があります。会社法の機関の組み立ては、取締役がいて株主総会があってというものを一番シンプルな基本形という形にし、それに取締役会を加えていったり、監査役を加えていったりという条文の構成になっています。そこが会社法を分かりにくくしている理由だろうと思うのです。そういう意味で、実際は多くの会社が取締役会設置会社であり、監査役がいるというパターンが多いのに、では自分の関係している会社がどの条文に当たるのかがすっと分かりにくいというのは、会

社法の建て付けが最初に株主総会と取締役だけという構成からできているからということになります。

　現実に多いのは、イの「取締役会設置会社における取締役の地位」というところです。取締役会がある会社というのは何で、その中で取締役というのは何なのかということになりますが、基本的には取締役会の構成員という位置付けにおいて、初めて機関としての意味合いを持ってくることになります。ですから、取締役そのものが直ちに機関なのかというと、それは少し疑問ではないかということになります。つまり、自然人が一定の行為をすると株式会社の行為として認められるという場合に、それが機関という位置付けになりますが、取締役というのは、それ自体が機関であるというよりも、取締役会の構成員であるという位置付けの中で機関性を発揮するということになってきます。取締役会が何をするかというと、一つは業務執行を決定するということで、会社の中の基本的なことを決めます。どういう経営戦略をするか、会社の経営資源をどのように配分するかといったことを取締役会として決めます。その取締役会に加わるというのが取締役の権限であり、反面、責任がそこから出てくるということになります。

　また、取締役会というのは代表取締役（社長等）を監督する責任があります。例えば3か月に1回以上は業務執行を取締役会に報告させるというのが一例になりますが、それ以外も含め、取締役会が社長を監督します。その取締役会が監督することに参加するのが、取締役という位置付けになってきます。ですから、取締役として、直接社長に意見を言うということもあるでしょうが、典型的なのは取締役会を開催してもらって、そこで取締役会に報告させる、取締役会で議論する、あるいはそのことを取締役会の決議事項にして社長単独では実行できないようにしていくといった形で社長の監督をしていくというのが取締役会の役割になるわけで、各取締役はその取締役会の一構成員という立場になります。

　それから一般的に、業務執行をするということでの取締役があります。これは先生方がなられる場合には、直接には関係しないところになります。特に日本型の場合、押さえていただきたい部分として、取締役会の中では個々の構成員である取締役は皆さん1人1票と平等で、いってみれば横の関係な

I 社外役員のための会社法講義

のですが、具体的な業務執行の関係では社長を頂点にして縦のラインになってくるという、二つの相矛盾する関係が同じ人間関係の中で行われていくというところが特徴になると思います。そういう点からして、社外の取締役などの存在が意味を持ってくるということになります。毎日、縦のラインで指揮命令系統を受けている社長に、今日は取締役会だから平等だと言われても、自由な立場で意見が言えるかというと、なかなかそういうわけにはいかないので、どうしても社外で独立した自由な立場から社長にものを申してくれる人が必要になるという点から社外取締役等の存在が要求されるということになると思います。

　②　会計参与

これはご存じかと思うのですが、税理士等が取締役と一緒に企業の計算書類を作るという立場でなる役員の一つの形です。あまり先生方には関係がないかと思います。

　③　監査役

先生方がなられるものとして、この監査役のパターンも多いと思います。取締役との違いということでいえば、「監査」ということになります。監督と監査は、言葉は似ているのですが、監査のほうはどちらかというと違法性を見るということになります。監督というのは、妥当性、当不当も含めて見るということになります。ですから、取締役会では社長の行う経営が妥当かどうかということも含めて判断しますが、監査役の仕事というのは、法令に違反することがないかどうかという違法性をみるというのが、この監査の中身になってきます。

監査役の職務の対象に妥当性が入るのかどうかという一般的な議論はありますが、通常は著しく不当だという場合は違法と同価値になるということで、そういう場合は別にして、一般的な意味での当不当の問題は監査役の監査の対象にはならないという位置付けで理解されています。

監査役としては、取締役会へ出てそこで意見を言うということになりますが、決議のときの賛成・反対の権利はないということで、その点から日本の監査役は特殊ではないかという海外からの批判が出るところになります。

なお、会計監査人の選任解任等についての議案の決定について、今までは

同意権だった部分が、平成27年改正では主体的な決定権という形になりました。会計監査人の選任解任の議案を出すのが取締役ということ、いわば会計監査人からチェックされる人間がチェックする人間の人事権を持つのはおかしいという議論があり、取締役ではなく監査役（会）のほうが会計監査人の選解任権等を持つという改正になりました。

それから、監査役がいる会社での取締役と会社の間の訴訟というものがあります。これは通常あまりないのですが、万が一そういう場面のときに、通常は代表取締役が会社を代表して訴訟を行うということになります。しかし、会社との関係の訴訟ではそれが適切ではありませんので、この場合は監査役が会社を代表するということになります。その意味で、監査という枠組みから離れた位置付けを持ってくることになります。

(2) 役員の会社に対する損害賠償責任

では損害賠償責任として、具体的にはどういう類型があるのかというところです。これは具体的な事実から見た類型ということになります。①は自己行為・業務執行、例えば社長が自分で行為を行ってそれに対して責任を持つという形で、ある意味で分かりやすい類型かと思います。②は取締役会で決議に賛成したということに基づく責任であり、これも賛成したというのが一つの自己行為ですが、業務執行というところからかなり遠いものですので、ここの部分は先生方に関係してくるところになります。つまり、自分は業務執行をしていないから関係ないということではなく、その業務執行を決める取締役会決議の議事録において、反対したということを残しておかなかったということになると、賛成の推定が働いてしまいますので、それをしないと先生方もその取締役会で賛成した1人だということになってしまいます。

③の監督責任、監視義務違反のところですが、先生方の関係ではここがむしろ大きくなると思います。取締役というのは社外であれ非常勤であれ、業務執行をする取締役の監督責任があります。ですから、自分が四六時中見張っているわけではなくても、例えば社内の常勤の人にいろいろ情報を聴く、あるいは内部統制システムを構築して社長が単独でいろいろできないように縛りをかけていく社内ルールを作るといったことをしておかないと、自分がただ知らなかったというだけでは、取締役としては怠慢、職務違反ということ

になってきます。

　④の内部統制体制の構築・改善、実施義務違反という部分は、取締役会の責任ということになりますが、先生方もこの取締役会の一員として、そこのところを見ていかなくてはいけないということがあります。ですから、ご自身で内部統制システムを作る必要はありませんが、社長に対して「きちんと内部統制システムを作ってください」と要求することは必要になります。また、その結果できた内容が、その会社の規模やリスクの具合に応じて身の丈に合っているのかどうか、運用してみてそれで足りているのかまだ足りないのか、足りなかったらもう少しどこを直さなくてはいけないのか、ということについていろいろと指摘していくというのが、取締役としての責任になってきます。

　特に会社法の改正で、今までは明文としてはなかった部分として、親会社である自分のところだけではなく子会社を含めて、つまり「あれは子会社がやったから責任がない」という言い訳をなくすために、子会社を含めた企業グループ全体で内部統制システムを構築しなければいけないという規制になっていますので、この点も取締役会の責任の中身ということになってきます。この点については後ほど触れたいと思います。

(3) 善管注意義務が尽くされたか否かの判断

　大きく分けますと二つあり、一つは手続面で、取締役会や社内規程などしかるべき手続をきちんと踏んでいたかどうか、です。例えば、取締役会決議が必要な案件なのに社長が単独でやってしまった、当社では何億円以上の物件の売買については取締役会決議が必要だという規定があるのにそれを無視して社長が勝手にやってしまったというようなことがあるかどうかという手続面がまず一つ問題になります。

　次に実質面として、レジュメ2頁のア、イ、ウの判断というのは、まず行為のときが問題にされます。従前、ややもすると判例では、裁判のときの事後検証で、別の基準を使って出した結論と当該取締役あるいは取締役会が決めた内容とを比べてみてどうかという後判断をしがちでしたが、新株発行の有利発行かどうかという争いのときに、会社で新株発行した当時、その価格設定が客観的資料に基づいて合理的な算定方法・手続であればそれでよいと

いう、事後的に裁判所が別の算定方法を使って金額を出してみてそれと離れているから行為時の取締役の判断・決定が駄目だったという判断はしないということを最高裁が判示したのが平成27年2月19日の最高裁判例です。これは非常に重要な点で、特に従前下級審では、ややもすると、裁判所で裁判段階での基準を持ってきて、それと行為時の取締役会の判断を比べるという操作をしがちでしたが、そういうことをせずに、取締役会で判断したその行為時の基準を前提にして、その判断が合理的な算定方法・手続であればそれでよいという判断をしています。

次に、②の経営判断の原則です。ビジネスですので、完全な判断材料を集めてから実行するというわけにはいかないわけですが、ただその限られた時間の中でできるだけ判断材料を集め、その上で検討し、その会社のレベルで要求される能力水準・リスクに照らして不合理でない結論を出したかというところが問題になります。

「イ」はかなり積極的に要求される部分ですが、「ウ」はむしろ消極的に不合理な結論でなければよいということになります。

もう一つは、その会社の要求水準というところがポイントになります。中小の会社の場合と大規模の会社ですと、その取締役の能力水準というのは違ってきます。ですから、あくまでその会社の規模やリスク度といったものを基準にして、決まってくるということになります。

次にご参考までの部分として、ビジネス・ジャッジメント・ルール（「経営判断の原則」）については、言葉としてはよく出てくるのですが、厳密な意味で日本の裁判所としてはこれを採用していないと思います。日本の裁判所では、あくまで善管注意義務違反があったかなかったかという中でこれを議論していくことになります。ですから、言葉としてこれを使っても、例えばアメリカの一部の州で使われているような意味でのビジネス・ジャッジメント・ルールということとは全く違ってきます。アメリカ合衆国の一部の州の場合では、例えば取締役と会社の利益相反関係がない、あるいは概略的に見て一定の意思決定の過程に明らかな問題がないというところまで判断できれば、この案件はビジネス・ジャッジメント・ルールの事案だという判断を裁判所がしてくれて、ある州ではもうそれ以上裁判所としては関与しないとい

うことになるなど、いずれにしてもこれに当たるかどうかで非常に大きな違いが出てくることになります。日本の場合は、裁判所が善管注意義務違反に当たるかどうかというところで、最後の最後まで全部を精査してみることになりますので、入り口でこれを主張しても訴訟がそこで終わるということはありません。その意味で参考にはなりますが、これ自体が日本の判例の善管注意義務違反の判断の枠組みとは違うとご理解いただければと思います。

3 判例にみる代表訴訟類型

　代表訴訟というと、いかにも違う訴訟のように思いますが、実質は取締役等の会社に対する善管注意義務違反の中身ということでは一緒になります。通常それを会社から請求するということが実際上期待しにくいものですから、代わりに株主が原告になるというだけの話ですので、その実体法的な意味での要件のところは同様です。あくまで、手続の形が違ってくるということになるだけです。

(1) 子会社支援

　問題になっているケースが多い一つのパターンとしては、子会社の支援をめぐる場合です。この場合も基本はやはり、自分の会社、親会社（当該会社）自体の利益としてどうか、あくまで親会社（当該会社）の取締役としての善管注意義務違反があったかなかったかという問題になります。子会社を援助すれば子会社のためになったのだからということは究極的な理由にはならないわけで、子会社支援をすることによって親会社を含めたグループ全体の信用が高まる、親会社自体の信用も保てる、あるいはここで援助を止めてしまうと親会社が過去に援助をした部分が全部無駄になってしまい、それよりはもう少し追加支援していくほうが過去の援助分も無駄にしないで済むといった意味での、親会社（当該会社）にとっての利益自体があったかなかったかということが問題になります。ですから、単に子会社だからということで無条件に何でも援助するということになると、それは適切でないことになりますので、先生方が取締役会でこういう議論をされるときには、自分の会社にとってどういう利益があるのかということで考えていただきたいと思います。

(2) 銀行の貸付先への追加融資

それから類型的に多いのは銀行の貸付先への追加融資の部分かと思います。1回貸し出してどうかというのは、最初の融資をするときの判断がどうだったかということだけになりますが、より難しいのは、1回目・2回目は適切な判断だとしても、融資先の経営状態が悪化している中でさらに追加融資をすることが、銀行にとっての善管注意義務違反としてどうなのかという部分は難しい問題になってくるかと思います。ですから、回収可能性ということについても、ここで切ってしまうと全く貸し付け金の回収がゼロになってしまうのか、それともこれ以上追加融資をしても損失が拡大するだけなのかという部分で難しい判断になると思いますので、そのときには再建計画の中身や実行可能性、融資先にそれだけの体力があるのかといった点を総合的に判断して決めないといけないということになると思います。

(3) 新規事業型

　事業会社で新しい事業を始めるときには、その分野については未知数なわけですが、一つはできるだけ事前の情報収集を十分にした上で検討して、これでいけそうだという判断をしているかどうかというところが大事になりますし、あとは先ほどありましたように、手続面として特に取締役会決議事項になる部分が多いと思うのですが、きちんと取締役会にかけ、しかも取締役会に必要な情報を全部提供し、その上で議論をして承認を得ているかというところがポイントになってきます。

(4) カルテル・談合型、その他刑事事件（和解）

　これは代表訴訟で取締役のほうが負けるというパターンの典型例になりますが、ややもするとその中で、例えば贈収賄などで、自分は会社の利益のためにやったのだからという抗弁を出したりするというのは弁護士としては恥ずかしい事象ですが、実際、判例の中ではしばしば出てきます。ただ、そういう抗弁は通りません。この類型で実務的に多いのは、和解という形で単にお金を払うだけではなく、「今後こういうことをしません、あるいは再発防止体制をとります」といった形での和解をすることがあるかと思います。また、この類型の関係で先生方にご注意いただきたい部分は監督責任であり、あるいは特に内部統制システムの構築ということになると思います。特に最近の代表訴訟の類型で目立つのは、内部統制システム構築義務違反というも

のです。これは、代表訴訟においては、実行行為者たる取締役に対して「あなたがやった」というのは分かりやすいのですが、それだけでなくやってない人（非業務執行者）に対しても訴訟に取り込んでいくときに、この内部統制システムを構築すべきだったのにそれを構築しなかった、だからこういう事件が起きてしまったという訴訟になります。ある意味で非常に攻めやすいのですが、守りにくい類型になると思います。

⑸ 同族会社

実質は相続の争いなのですが、それが代表訴訟という形をとって裁判になってくるという類型がかなりあると思います。

第2 利益相反取引

これは初めに申し上げましたように、先生方がこれに該当するという意味ではなく、社外役員として特にこういう部分を注意しなくてはいけないというところになります。社外役員としては、特に社長が過度にリスクのある行為をするというのをチェックするというのが一つあると思います。もう一つは、特にオーナー会社では多いと思うのですが、社長と会社との利益相反の関係の部分をきちんとチェックしていくというところが大事になります。役目としては取締役会の仕事になりますし、その中でも特に社外役員に期待される部分が大きくなると思います。

1 直接取引

レジュメ3頁の表は、ポピュラーなところではあるのですが、実務上よく出てきて、一旦出てくると厄介な部分です。さらに厄介なこととして、結論が必ずしも一致していないという部分があります。例えば3番の類型では、基本的にはA社については×で、取締役会承認は要らないのですが、ただ有力説としてやはり必要だという主張も最近かなりされていますので、実務的には取締役会決議をとっておいたほうが安心なのかなというものになると思います。4番は典型的なパターンだと思います。5番は中小の会社で特殊ではありますが、全株持っているという意味では、オーナー会社ではあり得るパターンで、会社とその株主で利益が一体化するというところで、形式上、取締役になっていなくてもこの問題が出てくる可能性があります。

2 監査役と会社との利益相反

(1) 原　則

　これは少し細かい特殊な問題になるのですが、監査役というのは基本的に業務執行はしないので、会社とは利益相反にならないというのが、基本的な考えになると思います。その意味で極端にいうと、商法、会社法を含めて、監査役は会社に対して悪いことをしないという前提で理論が組み立てられています。ところが実際は、個別に見るとごく例外的な部分ですが、必ずしもそうばかりではないのではないかというところがあり、それがここにお書きした部分です。

(2) 例　外

　一つは、会社と取締役間の訴訟で、監査役が会社を代表するという場面です。この場合、例えば先生方が監査役になられて、自分は監査役だからのんびりでいいかなと思っていたら、取締役を相手に訴訟しなくてはならないことになって、その後かなりシビアな判断が要求されることになりますし、和解するのであればどうするのだろうかなど、いろいろな問題が出てくるかと思います。そういう意味で、監査役と会社との間において常に利益相反がないとは言い切れないということです。

　もう一つは、現実的に悩む部分かと思うのですが、万一、株主から代表訴訟の提訴請求がなされたときにどうするかという問題です。監査役としては、60日以内に一定の結論を出さなくてはいけないことになります。そうすると、まず株主が言っているような内容があるのかどうか、あるいはそれを証拠で立証できるのか、その他のことを含めて考え、監査役として社長を訴えるのか、それとも株主に対して「この請求はしません」という回答を出すのかという立場に立たされることになります。これは典型的な監査役のイメージの立場とは少し違った、なかなか悩ましく難しい場面だと思います。

第2-2　競業避止義務

1　規制内容

　これも会社と取締役の利益相反の類型の一つの部分で、特に競業というのは会社自体とバッティングする1部門を他の会社で行うという関係になりま

す。この際、ノウハウや顧客が奪われてしまうおそれがあるので、それを予防的、形式的に規制するという前提になります。これに対して取締役会のチェック、承認という形をとることによって、社長の暴走を防ぐという建て付けになっています。

2 （応用）類似・周辺問題

(1) 会社の機会奪取

これはどちらかというと、中小の会社を前提にして考えていただいたほうがイメージしやすい部分かと思います。会社としてはまだ具体的に事業計画やリサーチ対象等になっていない事業分野について当該取締役が個人的に情報を持っているときに、それに対して取締役としてはどうすべきかという点です。これは先生方がこの立場になるということではなく、会社の業務執行取締役に対して、こういう事例があったときに社外取締役の立場でどのように見るかという観点の問題になります。まず総論的にいえば、取締役というのは自己固有の利益を考えてはいけないという意味でかなり厳しい立場になります。

2点目は少し難しいところなのですが、今度は全く個人的な立場で取得した情報も会社に提供しなくてはいけないのかというところになります。少なくとも上場会社や大きな会社ではこの前提が当てはまるかなと思いますが、小規模の会社のときには必ずしも全部当てはまらないかもしれません。

ただ上場会社を前提にしますと、取締役の研修や啓発のためにいろいろな機会を与えたり、あるいは会社の事業分野というのもかなり広く行われる可能性がありますので、その意味で会社の機会を奪取するという可能性が高いと考えられます。一方で、中小企業であまり他の分野に行く可能性がない、また、明らかに個人の業績だという部分になると、それはいかに取締役であるとはいえ会社が取り上げることはできないのではないかという議論が出てくるかと思います。

(2) 退任予定（間際）取締役の開業予備行為

退任間際の取締役が次の自分の会社の開業予備行為をしてよいかということですが、これはまだ今の会社の取締役ですのでそういうことはしてはいけないということになります。具体的には、部下の引き抜きや顧客への勧誘と

いったことはやってはいけないということになります。

(3) 取締役退任後の競業禁止特約の効力

　ここが多少難しくなるところで、取締役を辞めた後、元の会社の従業員や顧客を引っ張ってよいかという問題になります。これは中小の会社が多いと思うのですが、判例でしばしば出てくるところになります。従前の社内での地位や役割にもよりますので、特に代表取締役だった場合はかなり重くなるでしょう。営業関係で、特にその会社の仕事の性質上顧客がかなり固定的に限られてしまう、あるいは不特定多数の消費者を相手にするという業種ではなく特定の顧客を前提に成り立っている関係、例えば学習塾、小規模な市場での機械の販売といった形で、元々市場が狭く非常に人的なつながりの強い世界の場合では、辞めた後でもこの競業禁止特約に基づいて損害賠償の問題になり得ます。

第3　機関設計

　これは特にこれから教科書的に読むということではなく、先生方の知識の整理とおさらいが中心になります。例えば昨今、監査等委員会設置会社に移行する会社が増えています。従前は今の指名委員会等設置会社と二つで、どちらかだけという選択肢だったわけですが、現状では、監査等委員会設置会社の数が平成28年の6月総会以降を含めて、かなり増えています。指名委員会等設置会社は結局100社を超えない状態でしたが、監査等委員会設置会社の場合は数百社になっていると思います。そうなると、もう一つの要素として、上場会社の場合、東証の要請で社外取締役を最低1名できれば2名置くようにと要求しています。そういう中で、今までの監査役会設置会社で、社外監査役がまず監査役会の半数いて、さらに社外取締役をまた増やさなくてはいけないとなると、社外役員の過剰感が出てきます。それならばこの監査等委員会設置会社に移行したほうがよいのではないかという議論が当然出てくるわけで、また、政策的にもそういう方向で考えているのだろうと思います。それが増えている理由ですし、移行していない会社でも、「うちはどうするんだ」という議論が絶えず出てくるところだと思います。それに対して先生方が法律家の立場で「いや、これはこうだからこうだ」とか、「うち

の会社はこれでいいんだ」という説明をされるときに、お役に立つ議論です。

1 三制度の概観、相互比較その1（監査役会設置会社・指名委員会等設置会社）

言葉が長いので便宜上、監査役会設置会社をA、指名委員会等設置会社をB、監査等委員会設置会社をCと略します。

(1) 監査役会設置会社［A］

特にここでは、③監査役についてお話しいたしますと、監査役の仕事というのは、基本は違法性を見るという違法性監査になりますが、例外的に妥当性の監査という部分もあります。すなわち、内部統制システムの構築、運用等が相当かどうかという判断を監査報告の中でしなくてはいけないことになります。これは会社法施行規則129条1項5号で書かれていますが、監査役であっても例外的に相当性についての判断をすることが必要になってくる場面が出てきます。ですから、内部統制システムについては、その構築・運用が義務付けられた会社では、そもそもそれが存しないということはないと思うのですが、あっても会社に適合しているかどうかという意味で、違法かどうかを判断するだけではなく、その会社に合ったものがきちんと作られているかどうかという相当性の判断が監査役として必要になるというところがポイントになると思います。

(2) 指名委員会等設置会社［B］

このパターンの会社の社外取締役になられる方というのは、数としては少ないとは思うのですが、従前の議論からするとアメリカ型の会社に近く、監査役がいないという点で分かりやすいというところで、バランス上優秀だといわれています。ただ、実際には、不祥事を起こした会社でこのBパターンという会社も多いわけですので、必ずしもこのBパターンであればよいということにはならないのだろうと思います。少なくとも立法関係者は、ABCのパターンでどれが制度的に優れているということは決して言いません。

Bパターンの特色というのは、三つの委員会を設けることによって、一つは社長の独走を抑えると従前いわれていました。やはり社長の権限の基というのは、人事権、指名権を持ち、役員の報酬を事実上自分で決められるということだといわれていましたので、独立した委員会において、少なくとも社

長の権限集中の元種になっているといわれている指名と報酬の部分を社長から切り離すことによってガバナンスを図っていこうというのが、この指名委員会等設置会社の趣旨になります。

　もう一つは、業務執行を執行役に任せることによって、経営のスピードアップを図るというところになります。取締役会はあるのですが、基本的には会社の大まかな基本方針を決め、それから執行役の選任解任という人事を決め、あとは内部統制システムをきちんと作って、執行役に任せてどんどん会社を動かしていくというものです。執行役はいちいちAパターンのように取締役会を開いてお伺いを立て、そこで業務執行を決めていくということではなく、多くのものは執行役が単独でどんどんスピーディーに決めていくという仕組みになっています。車でいうとアクセルが十分に働く形になっています。その分、この三つの委員会でブレーキの役目を果たしてガバナンスをとっているという位置付けになります。

　ここでは内部統制システムというのが非常に重要になってきますので、Aパターンのように、いってみれば常時他の社内取締役がそばに張り付いて業務執行者をチェックしていくという形ではなく、モニタリングという社内の社長なり業務執行者の暴走を抑える一定の仕組みをいろいろ作っていって、それがきちんと機能しているかどうかだけをみていくという形のチェックの仕方になってきます。

2　三制度の概観、相互比較その2（監査等委員会設置会社）

(1)　監査等委員会設置会社［C］の概要

　これに対してCの制度は両者の中間といえば中間、ややBに近いものということになります。ただ、先ほどのBパターンには三つの委員会でブレーキがあったのに対して、Cの制度では監査等委員会という1個のブレーキしかないというところが特徴です。それでいて、社長への権限移譲をしようと思えば、Bパターンと同じように広くできるというところが特徴になります。もちろん制度上は、そこまでBパターンみたいに広くしないということもありますし、Aパターンに近い範囲でやっていくということもあります。その意味で、制度上は社長の権限がAパターンに近いところからBパターンに近いところまで、まちまちということにはなります。ただCパターンをとった

場合に、Bパターンに近いところまで社長の権限を広げてスピードアップを図るということも可能になっています。

　制度としてどうなのかというときに、多少法律家的には議論の余地があるのだろうと思うのですが、現実には先ほど言いましたような、社外役員の数の問題や他の事情で、結構採用されているということになっています。特にこれですと、指名委員会もありませんし報酬委員会もありませんので、Aパターンの社長からすると、「Bパターンは駄目だけどCパターンだったらいいかな」というインセンティブが働きやすい形と言えるかと思います。

　監査等委員会とは何なのかということについて、この「等」というのが少し悩ましいのですが、まず一つ監査等委員会の仕事というのは、監査をするというのが仕事であり、その意味ではBパターンの監査委員会やAパターンの監査役会と共通することになります。Cパターンでは監査役が置かれなくなります。実際は、平成28年の6月総会などを見ていても、今までの監査役が横滑りして監査等委員である取締役になったりしているケースも結構多いと思います。

　この「等」というのは、取締役として監督をするというところに意味があるのだと説明されています。細かく申し上げますと、取締役の指名につき、総会の場で意見を陳述することができる権利を監査等委員会が持つということになります。業務執行取締役の指名については監査等委員会が、自分たち監査等委員の指名については委員それぞれが、意見を言えるという関係になります。これは報酬についても同じになります。いざというときは総会で意見陳述権を持つということが、ひいては日常の中で経営評価機能を持つということで、それがこの監査等委員会の「等」になっており、それがあるからBパターンのように三つのブレーキはないが残りの二つのブレーキに相当するようなものが一応整っているというのが、制度説明ということになると思います。実際にそうなのかどうかはこれから検証されていくことになるかと思います。

　条文を全部読むのは厄介だと思いますので、大きいポイントとしてはまず、身分保障については監査役に近い形のものが図られています。それによって独立性を担保するという形になっています。これは取締役の選任のときに、

業務執行取締役と監査等委員である取締役とを分けて別枠で選任するという意味で総会の議案が別個になります。報酬も別枠で決めるということになります。

　また、条文を読む上でのポイントとして、先ほどの意見陳述権を含めてこの監査等委員である取締役のことについてはそれぞれの委員が意見を言えるという意味では1人の独任者になっており、業務執行の取締役について意見を言うときは監査等委員会が主体になっており、監査等委員会が選定した取締役が意見を言うことになっています。ですから、監査役の場合は、基本的には監査役が1人で権限を持っていてごく例外的なところだけ監査役会で行うという形になっており、その監査役会でも基本は個々の監査役の権限を制限しないようにという前提になっていますが、それに対してＣパターンでは、監査等委員会という委員会自体が基本的には権限を持っており、例外的なところでは各委員が権限を行使できるという縦割りになっています。

　あまり制度の中身を細かく説明しても面白くないと思いますので、ポイントだけお話します。レジュメ8頁を見てください。例えば指名、取締役人事や取締役報酬について、監査等委員会で意見を陳述する権利を持っているということになります。それがこの制度の「等」の中身だというお話をしましたが、ではそのときに総会で意見を言う前提として、監査等委員会でまず評価・判断基準を決めておかなくてはいけない、考えておかなくてはいけないということになります。一つは報酬や人事について、それが社外取締役の人であれば公正適切な人選かどうか、例えば社長さんの知り合いではないか、また、確かに優れた人かもしれないが四つも五つも兼任していてうちの会社のことをきちんとやってくれるのかといった部分が判断のポイントになります。それからもう一つは知見・ノウハウというところで、法律家、あるいは会計や経営自体の専門家といったきちんとした専門分野を持って、その知見に基づいて意見を言ってくれる人なのかどうかというところが判断のポイントになってくるかと思います。

　業務執行をする人については、経営の能力として十分かどうかというところの判断になってくると思います。これはまさに本質的な部分で、例えば社長が自分の子飼いの人ばかりを取締役候補者として挙げてくるというとき

19

に、その人選に対して経営能力という点からどうなのかという意見を総会で言うということが期待されていることになると思います。もちろん現実には総会で意見を言う前に、社長と個別の話を日常的にする中であまり不適切な取締役候補者を抑えていくという機能は発揮されるのだと思いますが、そういう意見を聞いてくれないときは、制度的にみて、最終的には社長に対して総会で意見陳述権を行使しますよということが担保され、それによってこの監査等委員会設置会社というのは全体としてガバナンスが図れるような仕組みになっています。

現状、まだ数として多いのはAパターンの監査役会設置会社です。社外取締役が2名からもっと増えていたりすると、Cパターンが増えてくる可能性もあるのかもしれません。やはり監査役がやたらいて、社外取締役もやたらいてというのは、非常に重複感があることも否めないと思いますし、役員報酬の点から考えても会社によってはかなりの負担になってくると思いますので、そういう点で制度上の問題点を含みつつもCパターンの魅力は実務的にはあるのかなと思います。そういう意味で先生方がなられる場合は、このCパターンの中の監査等委員会を構成する監査等委員である取締役のほうになりますので、ちょうどAパターンでいうと、監査役ともう一つ社外取締役を足したようなものです。ですから、Aパターンの監査役よりもCパターンの監査等委員である取締役のほうが仕事が重いといったら変ですが、仕事の範囲としては広いと言えるのではないかと思います。いわば監査役のほうが単に監査だけすればよいというのに対し、Cパターンでは監査プラス日常の監督もしなくてはいけないという点で、大ざっぱな言い方ですが仕事量としては多いという認識を持っていただければと思います。

3　機能面、ガバナンス面から見た形態

これは法制度ではなく、現実の機能面、ガバナンスの面から見た形態としての分類です。

(1)　モニタリング型

先ほど出た指名委員会等設置会社の典型例になるような、チェックの方法も常時そばで見ているというパターンではなく、内部統制システムを構築し、それによって執行サイドのチェックをするという仕組みを前提にするパター

ンということになります。これは先ほどのCパターンの会社であっても、業務執行権限を大幅に社長に委任している場合は、法律上はBパターンと同じところまで委任することが可能ですので、めいっぱい委任してしまうとBパターンと近くなってきます。そういう場合が、このモニタリング型という形になってきます。

  (2)　オペレーション型

　これまでの監査役会設置会社が典型的な形になるかと思います。社内の業務執行役員が大半で社外の役員はわずかというパターンで、数としては現状これが多いかと思われます。このパターンですと、取締役会で大きいところだけではなく中くらいのところまでの業務執行のことを決めていき、付議される案件も多くなります。取締役会で、例えば海外進出事業のA事業や国内の新規事業のB事業ということについていろいろと議論をして、それで結論を出していくというパターンです。そういった審議、議論を通して、主に社長や業務執行のチェックをしていきます。

  (3)　ハイブリッド型

　パターンとしては先ほどのAパターンの類型なのですが、任意の機関として指名委員会や報酬委員会を置くという形によって、しかもそれが実際上ある程度機能する形で行われている場合には、このハイブリッド型といわれるものになります。

　現実にも、任意の機関としての指名委員会で決めたことが事実上その後の取締役会に大きく影響を与えているという例なども報道されています。

　Aパターンをとるにしてもこのハイブリッド型のように任意の機関を設けることもお勧めですよというのが、コーポレートガバナンス・コードの中にも入っていますので、今後の機関設計をされる上では、AパターンからBパターンに行くという場合だけではなく、任意の機関としてこういうものを付け加えていくというのも選択肢の一つとしてはあり得るだろうと思います。

4　自己監査（自己推薦、報酬決定）等の問題点と制度的制約

　これは機関設計の選択とも絡むのですが、どの制度をとったらよいのかという議論の裏腹で、結局どの制度をとってもこういう問題点は存する、というお話です。株式会社の機関というのは元々役者（機関）の数が少ないもの

ですから、その中でやり繰りしていかなくてはいけないので、ある機関だけが完璧に問題ないというわけにはいきません。ですから、先ほど監査役の話も少しいたしましたが、監査役だからといって全く問題がない、監査委員だからといって全く問題がないというわけでもないのです。そういう点をまとめたものがレジュメ9頁の図です。

(1) 自己監査

この部分は株主総会の質問などでよく聞かれるところです。例えばAパターンの会社で取締役から監査役になったという場合です。4月から6月の株主総会までは取締役をやっていたが、6月の総会で監査役に選ばれてそこからは監査を始めたとなると、少なくとも4月から6月までの分というのは、自分が取締役としてやっていたことを今度は監査役としてチェックするということになり、それはおかしいではないかという議論です。

Bパターンの場合ではどうかというと、監査委員であってももう一つの顔として取締役会のメンバーでもあるわけですので、そうすると、取締役会で決めたことなのに監査委員としては駄目だと言うのかという議論のところです。Bパターンの場合は、取締役会で決める部分がかなり大まかになりますので、直接バッティングしてくる部分というのは少ないだろうと思うのですが、ただ理論上あり得るのは、取締役会で決定した方針なのにその後監査委員の立場では違う判断をするということだろうと思います。

Cパターンでは、もう少し業務執行の各論まで取締役会で議論することがあり得ますので、そのときにこの監査等委員も取締役として取締役会に加わっており、しかも議決権を行使しているわけなので、それにもかかわらず、今度は監査の段階ではあの取締役会決議がよくなかったという監査報告を出すのかという問題になります。

(2) 自己推薦

人事の関係で、監査役は選任同意権という形で一種の拒否権を持っているわけですが、そういうときに悪く考えると、自分が選任されるまでずっと拒否権を行使する、あるいは自分を選ぶように提案権を行使するということが考えられます。

Bパターンの指名委員会の場合では、自分を推薦することによって直ちに

それが株主総会の議案になり、取締役会で人事が覆せません。指名委員会の決定がそのまま株主総会に上がり、そこで自分を推薦すると大体株主総会で通るので、Bパターンでも自己推薦になってしまうのではないでしょうか。

Cパターンの場合は少し間接的にはなりますが、例えば自分を選ばなかったとき、そのことにつき意見陳述権を行使できるという意味で制度上全く問題がなくもないというお話です。

(3) 報　酬
(4) 責任追及・免除、株主代表訴訟における補助参加の同意

報酬についても似たような問題がありますし、レジュメ10頁の(4)については、今までの議論よりは直接利害がぶつかるわけではないのですが、例えば代表訴訟のときにどういう対応をとるか、あるいは会社が補助参加することについて監査役として同意するかどうかという場面で、監査役自己固有の利益というのを考えないのだろうかという問題です。

いずれにしてもこういう問題点はありますが、結論としてはやむを得ないということになると思います。教科書的には多少の説明はありますが、基本的にはやはり役者（機関）が少ないから仕方がないというのが一番の理由だと思います。

第4　会社の業務等の適正を確保するための体制（内部統制システム）の整備

1　基本知識の整理

(1)　開示、報告、監査

内部統制システムの構築、運用の概要については事業報告に書かれることになります。事業報告に書くということはどういうことかというと、それが株主に送られ、株主総会で報告されるということです。

もう一つは、監査役が監査報告を出すときに、内部統制システムについても監査の対象として見るということになってきます。これは先ほど申し上げましたように、ここでは監査役も相当性を判断することになってきます。もっと申し上げますと、金融商品取引法の中では財務報告に関する内部統制報告書というものを出すことになりますが、会計監査人に当たる監査法人が、そ

の会社が作った内部統制報告書についての監査証明を出すことになります。ここでの会社側というのは、取締役だけではなく監査役を含めたものを会社側ということになります。ですから、ここの金融商品取引法の場面では、会計監査人である監査法人から監査役のほうにチェックの矢印が向きます。

　会社法の中では、会計監査人というのは会計をチェックし、その会計監査人のチェックした結果を監査役がさらにチェックするという関係であり、あるいは先ほど出た選任・解任権も持つということで、矢印は全部監査役から会計監査人の方に向いているわけですが、金融商品取引法の中では、財務報告に関する内部統制報告書では、監査役を含めた会社側が全部チェックの対象になるという意味において、監査役も矢印の対象になっているということになります。ですから、例えば取締役が作った内部統制システムがあまりよくなかったときに、監査役がそれをきちんと指摘して直して、結果としてきちんとしたものができたときには、監査証明でオーケーが出るという、反面、そういうときに監査役がさぼっていたらそれは監査役としてアウトになるという関係が出てきます。

(2) 内部統制システムの構築と運用（機能）

　では、どのような内部統制システムを作ればよいのかというのは、なかなか難しい部分もあるかと思います。例えば、その会社でどのくらいの人間が割けるか、費用、予算をどのくらいかけられるかという問題もありますし、会社の事業の種類や規模によって、リスク度が高いところとあまりないところとがあります。統制環境というのはいわば企業風土で、危ない会社かそれとも堅実な会社かというようなものです。統制環境が整っている会社は少量でよいが、それがよくない会社ではかなり内部統制システムを細かく作らなくてはいけない、あるいは法令違反行為やリスクの過度な行為がなされる可能性が高いことを前提に、大量に作らなくてはいけないという関係になってきます。

　例えばソフトウェアの関係の会社では、いわゆる循環取引が行なわれ易いリスクがありますので、それを見抜けるようなチェックする仕組みをどうやって作っていくかということが大事になるだろうと思います。金融機関では、ディーリングを行っている人間とそれをチェックするところを別の人

第4　会社の業務等の適正を確保するための体制（内部統制システム）の整備

や部署に分けることによって、自分で全部ごまかせないようにしておかなくてはいけないという素朴かつ重要な原則があります。判例の大和銀行ニューヨーク支店の事件では、内部チェック方法として、第三者である資金の運用先・預り先に直接照会をせず、ディーラーをやっている人間経由で残高照会等を行ったため、これらの照会が改ざんされたため不正が発見できなかったというものであり、これでは本人がごまかせてしまうのは当然であり、そういう仕組み自体がそもそも間違っていたということになるわけですので、会社の仕事の中身に応じた内部統制システムをきちんと作っていかなくてはいけないと思います。

2　内部統制システムの構築

　会社法の改正でグループ企業を含めた内部統制システムの構築が明文化されたというお話を申し上げましたが、特に法律家として考えなくてはいけない部分としては、親会社、子会社というのがあっても、子会社も独立した法人である、ということです。親会社だから当然に子会社にこれを全部守れと言えるわけではありません。つまり親会社というのは、株主総会を通じた取締役等の人事権を通じて子会社をコントロールしていますが、厳密には、子会社の取締役の手を取り足を取って、個々具体的にこうしろああしろということは指図できないことになります。監査役のところの条文を見ていただくと分かりやすいと思うのですが、親会社の監査役は、親会社の監査役としての職務を行う必要があるときは、子会社の財産などを調査でき、半面、子会社のほうは正当な理由があるときは拒むことができます。つまり、子会社であっても何でもかんでも親会社の言う通りにはならないということになりますし、まして子会社といっても全部が100％子会社ではないわけで、そういうときにその子会社に対してどうやってガバナンス体制を構築していくかというのは意外と難しい問題だということを法律家としては認識していただければと思います。

　ですから、形としてはやはり親会社と子会社の間で経営に関しての一定の契約を結び、その契約に基づいて子会社の取締役の義務を発生させ、それに基づいて子会社が例えば大きいことをするときに親会社の取締役会の同意を得るといったことを入れていかないと、親会社だから何でもできるとしてし

まうと、会社法の議論としては少し乱暴になるわけです。

3 参考判例

　例えばレジュメ12頁(1)②に、野村證券の株主代表訴訟の判例を引いています。アメリカの孫会社がSEC（米国証券取引委員会）から課徴金を課されて納付したことについて日本の野村證券の株主が日本の野村證券の取締役に対して株主代表訴訟を起こしたというケースです。裁判所は、親会社と子会社、孫会社はそれぞれ別の法人だから当然には親会社の取締役の責任が出てくるわけではないという判断をしています。

　では例外的にどういう場合だったらあり得るかというと、野村證券の取締役が、子会社・孫会社の取締役に対して具体的な指示をし、しかもその指示が間違っていてそのために野村證券に損害を発生させたという場合であれば野村證券の株主代表訴訟の対象になりますが、このケースでは孫会社に対して野村證券の取締役が具体的に何もしていないということで、取締役の善管注意義務違反はないという判断をしています。

　内部統制システムの構築では確かにグループ会社を含めて全部整備する必要があるとはいわれているのですが、かといってそれぞれ別の会社でありどこまで強制できるのかというところに一つの限界があるわけで、現実の上場会社の公表されているものを見ますと、結構乱暴ではないかと思われる議論も見受けられます。子会社が一定の行為をするには親会社の取締役会の承認が当然に必要だということをはっきり書いてしまっている会社もあります。しかし、それは法律家として見たときに、やはり少し問題ではないかと思うのですね。そこが非常に難しい問題なので、そこのところを法律家である皆さんは認識していただければと思います。

　(2)の内部統制システムの構築等に関する判例の①に挙げておりますのは、東証2部のソフトウェアの開発販売の会社のケースですが、内部者が非常に巧妙に偽装をすることによって行為を行ってしまったというものです。結論としては、内部者が事情に通じて、通常では想定しがたいような故意による犯罪行為を意識的に行った場合には、内部統制システムの限界になるという考え方を示しています。その反面、内部統制システムというのは、それを作ったら100％違反行為が防げるかというと、どんなに頑張っても防げないので

すね。ただ、それでも限りなく防げるように頑張っていかなくてはいけないというのが、この内部統制システム構築の義務ということになるかと思います。ですから、先生方も役員の立場で内部統制システムをどう考えるかというときに、問題が起きてしまったからもう当社のシステムは駄目なのだと考えるのではなく、悪かったところを直せるものは直していこうという認識でいていただければと思います。

第5　株主総会における説明義務、出席義務

　先生方の中で特に複数の会社の役員を兼任されている場合には、株主総会がバッティングするということがあると思います。そういったときに、総会を欠席したらまずいかという「まずさ」の程度のお話です。結論としては、出られないのはやむを得ないということになると思います。

　説明義務の関係では、全部の役員が出席する必要はなく、質問が出たときに答えられる役員がいればよいということになります。ただ実際は、どういう質問が来るか分からないので、基本的にはできるだけ全員出席ということにはなります。

　抽象的な善管注意義務というところからすれば、取締役としては出席するべきだということにはなるのですが、各論レベルでどうしてもやむを得ない理由があるときは、出席できないということはやむなし、ということになるかと思います。いずれにしても、「取締役だから株主総会に絶対出なくてはいけない」と硬直的にお考えにならないほうがよろしいかと思います。「仮に自分がいなくても、この種の質問に誰か答えてくれる人がいるかな」という観点で考えてもよいでしょう。とはいえ、社外役員の立場から聞きたいという質問について、社外役員が誰かいないとやはりまずいだろうというのはあると思います。特に最近の質問では、社外役員としてどう考えているのかという見解を聞きたいという質問は多いと思います。

　古い時代の総会実務運用では、総会屋が社外の役員あるいは非常勤の役員を狙って質問してきて、それに対して議長が代わりに答えて済ませてしまうということがありました。今の時代では、社外役員の意見を聞きたいという質問でもっともなものについては、やはり社外役員の方が答えたほうが限り

なく望ましいということはあると思います。ですから、例えば当社のガバナンスはどうなのかというときに、社内の人が答えてもあまり説得力がないのですよね。結局、社長に遠慮してものが言えないから社外の役員の人がいるわけなので、その社外の人から見て「当社のガバナンスはどうなのか」、特に法律家の立場から見たときに「当社のガバナンスは遜色ないのか」ということを株主としては聞いて安心したいわけです。ですから、そのときにはやはり社外取締役の立場で答えるというのは、限りなく望ましいと思います。

それと同じレベルで、「内部統制システムは十分に機能をしているか」という質問、あるいは「東証に独立役員として届け出ている人たちがこれだけいるが皆さんきちんと会社から独立しているのか」、「独立役員は何人かいるが例えば銀行出身の人ではないのか、大口の取引先の人ではないのか」といったことに対して、独立性がきちんとあるという説明をするのは、やはり社外の方がなされるのがよろしいのではないかと思います。

第6　コーポレートガバナンス・コード

これまでいわれていたほどには大げさに考えなくてよいのではないかというのが一方であり、もう一方で、とはいえ東証に上場している会社の場合、有価証券上場規程との関係があり、つまり法律ではないものの、上場規程に違反したら上場廃止ということになりますので上場会社にとってはある意味では法律以上の意味があるということで、その両面があるとお考えいただければと思います。

内容的には法律そのものではないので、全部が合理的かというと必ずしもそうでないものもあります。大体はもっともではあるのですが、これどおり強制されるのは少しつらいなというものもないわけではありません。そういうときに、基本的にはこれは一つの経済政策だと考えていただいたほうがよいと思います。

コーポレートガバナンス・コード自体はかなり世界的にあるものですが、内容自体はそれを少し日本版にアレンジしており、日本経済を活性化するのにどうすればよいかという観点から採用されていますので、その意味で「法律」のような合理性は必ずしもありませんし、ましてや数学などにおける公

理のような存在では決してありませんので、そういう認識で見ていただければと思います。

とはいえ、上場している以上はお付き合いしていただくことになると思うのですが。

基本原則1　株主の権利・平等性の確保

特に株主の権利で総会関係というのは、会社自体で十分に配慮しているところだと思いますので、先生方としては、例えば、買収防衛策を作る、それを運用する、あるいは3年ごとなりで更新の機会に当たっているというときに、それに対して社外取締役としてどうするか。多くの場合、こういうときに、例えば社外取締役をメンバーに入れた独立した委員会で一定のことを決め、取締役会だけで完結しないような形をとっていることも多いので、社外取締役の役割というのもかなり重要になってくるかと思います。

基本原則2　株主以外のステークホルダーとの適切な協働

会社法の授業としては、会社イコール株主ということになるのでしょうが、実際は従業員、取引先、お客さま、地域などいろいろなその会社をめぐる利害関係者がおり、それらのステークホルダーのバランスの上に会社というのは成り立っているわけで、取締役の皆さんも絶えず株主あるいは大株主のほうだけを見ていればよいということではなく、このいろいろなステークホルダーも見回し、バランスをいつも考えていかなくてはいけないというところがあると思います。

基本原則3　適切な情報開示と透明性の確保

特に最近いわれているのは、財務以外の情報を公表すべきだという点です。財務以外というのは、今の有価証券報告書では会社の財務状態は分かるのですが、例えば、会社の社会的貢献はどうなっているのか、環境に対してどういう姿勢を持っているのか、あるいはガバナンスについてどういう取組をしているのかといった部分というのは必ずしも十分でないので、そういう非財産的な情報をもっと公表すべきだということが書かれています。

その他、開示の中身としては取締役の報酬です。特に結論としていくらかというよりも、どういうプロセスでどういう基準で決まっていくのかという部分を明らかにしてほしいということです。

もう一つは、取締役の指名のプロセスということで、先ほどの機関設計のところでも出ましたが、「社長と会長とで、何となく闇の中で決まってしまうのではないか」ということに対する批判で、例えば任意だが指名に関する委員会があり、そこの委員会の意見が出て、それを取締役会が尊重する形で取締役を選ぶプロセスをとっているというような指名のプロセスについて開示してもらいたいという内容です。

基本原則4　取締役会等の責務

これは内容が結構多いのですが、実務的に厄介なのは、取締役会の実効性の確保をどうやって図るか、確保するか、また、それをどうやって計測するか、客観的にみるかというところです。一番シンプルなのが今の取締役に対するアンケートで、それで取締役会がきちんと機能しているか、実効性があるかという議論になるのでしょうが、果たしてそれだけで十分なのか、単に社長の言っていることを追随しているだけではないか、もっと会社の基本的な経営方針について議論すべきではないか、あるいは社長の後継者についての議論をもっとすべきではないかといったことを含めて考えたときに、今の取締役会が十分に実効性を持って機能しているのかという検証というのはなかなか難しい問題だろうと思います。

かといって第三者にみてもらえばよいかというと、第三者にそこまで判断できる前提があるかどうかというのもまた難しいところですし、会社の機密的なものを開示してしまうことになりますので第三者機関に委ねるというのも難しく、取締役会の実効性確保をどう検証するかというのは難しい問題だと思います。

監査役会の役割という部分で触れているのは先ほどの経済政策だというお話を申し上げました。監査役会が、いってみれば取締役が積極的なパフォーマンスをすることの足を引っ張っては駄目だというようなことを書いているのですが、ただそこが少し難しいところなのだと思います。例えば、先生方が社外監査役に就かれたときに、やはりリスクの高いものはやめるべきだという方向で発言されると思うのですね。社外取締役の場合はもっと積極的なパフォーマンスをしろということは言ってよいと思うのですが、社外監査役の方が取締役会で、「もっと積極的なパフォーマンスをしろ、多少リスクが

あってもいいじゃないか」ということを監査役の立場で言うというのは、少しどうなのだろうかと思います。

このコーポレートガバナンス・コードをみると、どちらかというと監査役会もそういうリスクテイクを支える、要するに取締役がリスクをとって行動することを支えるような環境を手伝えという形で書いているのですね。ですが、そこに乗っかって監査役の立場でそのように言うのは少しリスクが高いのではないかと思います。

特に社外取締役と監査役の違いとして、社外取締役の場合は積極的なパフォーマンスを促すというのが仕事の一部に入っていると思うのですが、監査役の場合は消極性や過度のリスクを抑えるという部分が仕事の中心になると思いますので、そこを放棄して取締役と同じような調子で声を上げるというのは、先生方の立場からすると適切でないと思います。

基本原則5　株主との対話

どんな株主が来ても社長は仕事を放り出して会わなくてはいけないのかというと、決してそういうことではなく、それは社外取締役の方も一緒で、機関投資家が会いたいと言ったからすぐ会わなくてはいけないのか、あるいは、株主提案権を行使しそうな少数株主がいて会いたいというから必ず会わなくてはいけないのかというと、それはまた別個の問題です。ここでの株主との対話というのは建設的な対話ということで、「会社は今度このような業務計画を考えている、このような経営方針でいきたいと思う、経営資源をこう配分していくといったことについてご理解、ご支援いただけますでしょうか」という話をすることが要求されている中身ということになります。

コーポレートガバナンス・コードもよく読んでいただきますと、目的を持った対話、建設的な対話、あるいは合理的な範囲でという言葉が入っていますので、何でもかんでも個人株主が会社に来たらいつでも会わなくてはいけないということではなく、その点は社外役員の方も一緒ですのでご理解いただければと思います。

以上、本日は先生方が社外役員を要請されたとき、あるいは既に社外役員になられているときに、改めて自分の置かれている立場とリスク、責任とい

うものを再認識していただくためにお役に立ちそうなお話をさせていただきました。

　いずれにしても社外取締役というのは権限もそれなりにありますし、半面、責任も重いということになります。ですから、弁護士としては確かに新たな職域の開拓ではあるのですが、弁護士としての業務活動とはまた違う側面も要求されます。少なくとも取締役としては１年生という観点で、いろいろ勉強したり、あるいは昔習った会社法ももう一度読み返していただいたりということも大事かと思います。

　特にいろいろなステークホルダーの中で、取締役としてどういうふうに立ち居振る舞っていかなくてはいけないのかというのは、なかなか難しい問題だと思います。例えば自分を買ってくれたのは今の社長だが、場合によったらその社長に対して時には厳しいことを言わなくてはいけないというのが社外役員の役目でもありますし、最悪の場合、その社長の首を切るというのが社外取締役の仕事の一つといってもよいと思います。先生方もやはり士（侍）ですので、いざというときは刀を抜くという気概をもって取締役になっていただければと思います。もちろんその刀というのは、のべつまくなしに振り回せばよいというものではないわけで、できればずっと任期中抜かないに越したことはありません。ただ取締役会の間、単に座っていればよいということではなく、いつも社長や業務執行の役員の方に問題がないかどうか、あるいは、同社が抱えている問題がないかどうかというのを絶えず考えながら役員という席に座っていただきたいと思います。

レジュメ

I 社外役員のための会社法講義

弁護士 蜂須 優二

第1 役員等の会社に対する責任
1 役員等の会社に対する責任
(1) 「役員」とは（会社法（以下略）329条1項）
①取締役、②会計参与、③監査役
cf.「役員等」（423条1項）＝①②③＋執行役＋会計監査人
(2) 役員等と会社との関係
① 「委任に関する規定に従う」（330条、402条3項）
善管注意義務（民法644条）（duty of care）
民法643条〜
② 忠実義務（355条）（duty of loyalty）
善管注意義務と同一か？
最判昭和45年6月24日民集24巻6号625頁・判時596号3頁
（八幡製鉄所政治献金事件上告審判決）
　　ア　会社の目的
　　イ　善管≧忠実
(3) 役員等の損害賠償責任
① 423条　役員等の株式会社に対する損害賠償責任
② 429条　役員等の第三者に対する損害賠償責任（不法行為）
「職務を行うについて悪意or重過失」
10年、年5分

2 役員の職務執行と責任行為類型
(1) 役員の主な職務執行
① 取締役
　　ア　業務執行（348条1項）
　　　　株式会社の代表（349条）
　　イ　取締役会設置会社における取締役の地位

—1—

Ⅰ 社外役員のための会社法講義

  ㈦ （取締役会の構成員として）取締役会の業務執行決定に参加（362条2項1号）
  ㈣ （取締役会の構成員として）取締役会の職務執行取締役の監督に参加（362条2項2号）
  ㈥ 業務執行取締役として、業務執行（363条1項）
 ② 会計参与（374条〜）
 ③ 監査役
  ア㈦ 取締役の職務執行の監査（381条1項）
   ㈣ 取締役会への報告、出席（382条、383条）
   ㈥ 会計監査人の選任・解任・再任しないことの議案の決定（344条）
   ㈢ 会計監査人の解任（340条）
  イ 監査役設置会社と取締役間の訴えにおける会社の代表（386条）
   （それ以外は取締役　353条、364条）
(2) 役員の会社に対する損害賠償責任（423条）
 （責任発生事由・行為類型）
 ① 自己行為、業務執行実行型（363条1項）
 ② 取締役会で決議に賛成（362条2項1号、369条5項）
 ③ 監督責任、監視義務違反（362条2項2号）
  取締役会の監督権限の不履行（362条2項2号）
 ④ 内部統制体制の構築・改善、実施義務違反（362条4項6号）
  「当該株式会社及びその子会社から成る企業集団の業務」の適正確保のための体制
(3) 善管注意義務が尽くされたか否かの判断
 ① 実質　判断基準のポイント　＋　手続面　取締役会
  ア　行為当時を基準
  イ　合理的な情報収集、調査、検討等がなされたか（事実認識、意思決定過程）
  ウ　イを前提にその会社の取締役として要求される能力水準に照らして不合理な判断がなされなかったか
 ② 「経営判断の原則」（business judgment rule）
  ア　利益相反なし
  イ　意思決定の過程が合理的

3　判例にみる代表訴訟類型
善管注意義務の具体的差異、個別

(1) 子会社支援
　　親会社自体の利益（自己信用、債権）
(2) 銀行の貸付先への追加融資
　　回収可能性。既貸付の損失
(3) 新規事業型
　① 事前の情報収集、検討
　② 手続、取締役会
(4) カルテル・談合型、その他刑事事件（和解）
　① 自ら違法
　② 監督責任　　内部統制システム
(5) 同族会社
　　相続争い
(6) その他

第2 利益相反取引
1 直接取引（会社法356条1項2号、365条）
類型の検討

	A社	B社
	○は取締役会承認必要、×は不要。×（○）は争あり。	
1	甲代表取締役 ○	甲代表取締役 ○
2	甲代表取締役 ×	甲取締役 乙代表取締役 ○
3	甲代表取締役 ×（○）	乙代表取締役 （甲代表取締役） 甲はBを代表していない （but　代表取締役としての影響力あり） ○
4	甲取締役 ×	甲取締役 ×
5	甲取締役 ○（×）	乙代表取締役 ［甲はB社の全株式保有、非取締役］[1] ×　　甲とBの利益一体化

1　名古屋地裁昭和58年2月18日判決（判例時報1079号99頁〜106頁）。

I　社外役員のための会社法講義

2　監査役と会社との利益相反？
(1) 原則
　監査役は、自ら業務執行を行わず、取締役の職務執行を監査するのが職務であり、会社との利益相反は本来ない。　381条
(2) 例外？　349条4項の例外
　① 会社・取締役間の訴訟（会社386条1項）
　　　監査役設置会社　→　取締役
　　　監査役設置会社　←　取締役
　② 株主代表訴訟提起前の株主から会社に対する提訴請求（取締役の責任追及）を受ける　権限の場面（会社法386条2項、847条）

第2-2　競業避止義務（会社法356条1項1号、365条）
1　規制内容
(1) 規制対象
(2) 競業の承認手続
(3) 違反の効果　会社法423条2項
　　利益額　→　損失額推定

2　(応用) 類似・周辺問題
(1) 会社の機会奪取（会社の事業計画やリサーチ対象等に全くなっていない事業分野）
　① 取締役が当該会社の職務上知り得た外部情報を無断で自己・第三者の事業に利用する行為　×
　　　取締役　自己固有の利益を考えてはいけない
　② 取締役が、全く個人の立場で取得した情報等をどこまで会社に提供しなければならないか？
　　　自己の能力を全て会社に捧げなければならない。（新規事業開発義務、善管注意義務）
(2) 退任予定（間際）取締役の開業予備行為[2]
　　従業員の引抜き、顧客への勧誘　　×
(3) 取締役退任後の競業禁止特約の効力[3]
　・取締役の社内での地位、役割　　　代表取締役、営業
　・その会社の業種、規模等による営業秘密・得意先維持の必要性、人的つなが

---

[2]　前橋地裁平成7年3月14日判決（判例時報1532号135頁〜143頁）。
[3]　東京地裁平成7年10月16日決定（判例時報1556号83頁〜99頁）。

り要素の強弱、営業形態
・代償代替措置・手当

第3　機関設計
1　三制度の概観、相互比較その1（監査役会設置会社・指名委員会等設置会社）[4]
　(1)　監査役会設置会社［A］
　　①　取締役会
　　　ア　構成（362条1項）
　　　　すべての取締役で組織する。
　　　　個々の取締役は機関か？
　　　　取締役会の構成員として監督義務
　　　イ　権限
　　　　(ア)　業務執行の決定（意思決定）（362条2項1号・4項）
　　　　　「重要な業務執行の決定」
　　　　(イ)　代表取締役選定、業務執行取締役の選定（362条2項3号・3項）
　　　　(ウ)　「監督」（362条2項2号）
　　　　　取締役会は、取締役の職務の執行を監督
　　　　　社内取締役（取締役会構成員／業務執行ライン）
　　②　代表取締役・業務執行取締役（363条）
　　　執行行為、日常業務の決定
　　③　監査役
　　　「監査」（381条1項）
　　　「監査役は取締役の職務の執行を監査する。」
　　　違法性監査
　　④　株主総会の権限（295条2項）
　　　（法律・定款）のみ
　　　　○　買収防衛策
　(2)　指名委員会等設置会社［B］
　　①　定義
　　　株式会社のうち、定款の定めにより、3委員会（指名・監査・報酬）を置くもので（2条12号・326条2項）、取締役会設置会社で（327条1項4号）、会計監査人設置会社（327条5項）であることを要するもの。
　　　400条

---

[4]　(公社)日本監査役協会 本部監査役スタッフ研究会「改正会社法等と監査役スタッフ業務」(2015年7月23日)（日本監査役協会ホームページ）。

I　社外役員のための会社法講義

② 執行役　418条
ア　取締役会により選任され、業務執行の決定につき取締役会から大幅な委任を受け、機動的な決定を行うことが予定されている。
イ　取締役会が執行役に決定を委任できる事項　416条4項
③ 取締役会の権限
ア　416条1項1号イ　経営の基本方針
イ　執行役の選任・解任、監督
ウ　委員の選定・解職
エ　内部統制システム
オ　組織
カ　利益相反
④ 指名委員会　404条1項　　　　　　　⇔執行役は取締役会
株主総会に提出する議案内容の決定
取締役選任解任
⑤ 監査委員会
⑥ 報酬委員会
個人別報酬の決定（最終）⇔取締役会
404条3項

2　三制度の概観、相互比較その2（監査等委員会設置会社）

(1) 監査等委員会設置会社［C］の概要
① 定義
株式会社のうち、定款の定めにより、監査等委員会を置く取締役会設置会社で（327条1項3号）、会計監査人設置会社（327条5項）であることを要するもの（2条11号の2・326条2項、399条の2〜）。
② 平成26年改正の趣旨
ア　組織に対する規制が柔軟、選択の余地が広い（モニタリング型からオペレーション型まで）[5]。
重要な業務執行決定の委任の範囲
イ　Bの3つの委員会のうち、指名・報酬の2つの委員会がないが、株主総会における意見陳述権でそれらを代替する機能が期待されている（監査「等」委員会）。

---

[5]　「改正会社法への対応／改正会社法による監査等委員会設置会社への移行／監査役設置会社における社外取締役の選任状況」（旬刊商事法務No.2085（株主総会白書2015年版）、148〜153頁）。

ウ　Bと同レベルの業務執行の決定権限の委任が可能（経営のスピードアップ）。
　　エ　監査等委員会が利益相反取引を承認すると、取締役の任務懈怠推定が働かなくなる（423条4項、356条1項2号・3号）。
③　特色
　ア　取締役の選任・解任
　　(ｱ)　監査等委員である取締役（独立性の担保）
　　　　 i　選任方法
　　　　ii　解任
　　(ｲ)　監査等委員である取締役以外の取締役
　　　　監査等委員会の意見の陳述権
　イ　監査等委員会
　　監査等委員3人以上で、その過半数は社外取締役
　　（331条6項、399条の2第1項・2項）
　ウ　任期
　　(ｱ)　監査等委員である取締役　　2年　短縮不可（332条1項・4項・5項）
　　(ｲ)　監査等委員である取締役以外の取締役　　1年　短縮可（332条3項）
　エ　重要な業務執行の決定の全部又は一部の委任　399条の13
　　機動的意思決定
　　(ｱ)　要件
　　　　 i　過半数社外取締役（5項）／補欠
　　　　ii　定款（6項）
　　(ｲ)　範囲（Bと同じ）416条4項
　　　　399条の13第5項但書、各号
　　　　 i　基本（株式、株主総会招集、計算書類承認、剰余金配当、組織再編）
　　　　ii　利益相反（競業、自己取引、訴訟）
　オ　報酬等
　　(ｱ)　区別して決議
　　(ｲ)　意見陳述
　カ　責任
　キ　監査等委員会
　　(ｱ)　監査権限
　　　　 i　妥当性監査
　　　　　　以外取締役の選任等、報酬についての委員会の意見決定に必要
　　　　ii　調査権限

—7—

iii 是正権限
会社―取締役間訴訟、違法行為差止、取締役会報告
iv 報告権限
監査報告
v 会計監査人の選任・解任・不再任議案の内容の決定
(イ) 経営評価権限　　　監査「等」
i 指名
委員会
監査等委員でない取締役について意見決定
ii 報酬
・社外　(i) 公正適切か
　　　　(ii) 兼任、時間労力
　　　　(iii) 知見・ノウハウ
・内　　経営能力

3 機能面、ガバナンス面から見た形態[6]

(1) モニタリング型
　① 典型例
　　ア 指名委員会等設置会社
　　イ 監査等委員会設置会社で、業務執行決定権限を大幅に代表取締役等に委任している場合
　② 取締役会は経営戦略などの根幹事項に限られてくる。内部統制システムの構築重要、これを通じてチェック。
(2) オペレーション型
　① 監査役会設置会社で、独立社外取締役が少数で、業務執行取締役が大半の場合が典型例。
　② 取締役会に業務執行決定権限あり、付議事項多。取締役会における審議、議論を通じて問題点をチェック。
(3) ハイブリット型[7]
　監査役会設置会社だが、任意の指名・報酬等の委員会を置き、それが一定の独立性と効能性を有している場合（独立社外取締役が3分の1程度おり、また、委

---

[6] 「ガバナンスの体制・構成面・機能面に着目しての整理」（旬刊商事法務No.2089、12頁）。
[7] ㈱東京証券取引所「取締役会関連　参考データ」（2015年10月20日）（金融庁ホームページ、スチュワードシップ・コード及びコーポレートガバナンス・コードのフォローアップ会議（第2回）、配付資料、資料1）。

員会の諮問に対する回答が尊重されている場合など）
　　CGC

4　自己監査（自己推薦、報酬決定）等の問題点と制度的制約
(1)　自己監査
　A)　監査役
　　　横すべり監査

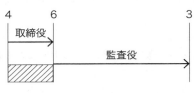

　B)　監査委員
　　　（社外は過半数）

　C)　監査等委員
　　　（社外は過半数）

　・モニタリング型
　　　「監査の主たる対象は、取締役の職務執行であって、取締役会における意思決定ではない」
　・オペレーション型
　　　「委員は取締役会における意思決定に参加することで業務執行の決定を個別に審査し、実質的な監視を行っているといえる」
(2)　自己推薦
　A)　監査役
　　　選任同意権（343条）　提案
　B)　指名委員
　　　指名委員会は、株主総会に提出する取締役の選任・解任に関する議案の内容を決定する権限を有する（404条1項）。⇔　取締役会
　　○　自己を推薦
　C)　監査等委員
　　　意見陳述権の行使（342条の2第1項（委員である取締役）、4項）

I　社外役員のための会社法講義

(3) 報酬
　A) 監査役
　　① 株主総会で取締役と区別して決定、意見陳述権（387条）
　　② 配分は監査役の協議で
　B) 報酬委員会
　　個人別の内容を決定（404条3項、409条）
　　○ 報酬委員
　C) 監査等委員
　　① 株主総会で監査等委員である取締役とそれ以外で区別して定める（361条2項）。
　　② 監査等委員である取締役は、その報酬について意見を述べることができる（361条5項）。
　　　監査等委員会は、監査等委員以外の取締役の報酬について意見を述べることができる（361条6項）。
　　③ 配分は監査等委員の協議で（361条3項）。
(4) 責任追及・免除、株主代表訴訟における補助参加の同意
　425条3項、426条2項、427条3項、849条3項
　A) 各監査役
　B) 各監査委員
　C) 各監査等委員

第4　会社の業務等の適正を確保するための体制（内部統制システム）の整備
1　基本知識の整理
(1) 開示、報告、監査
　① 決定の内容の概要、及び当該体制の運用状況の概要は事業報告に記載され、開示される（会社法施行規則118条2号）。
　② 決定内容、運用状況の相当性が監査役による監査の対象となる。
　　（会社法施行規則118条2号の内容）
　　会社法施行規則129条1項5号、130条
(2) 内部統制システムの構築と運用（機能）
　取締役・監査役の善管注意義務の内容[8]

---

[8] 破産会社セイクレストの役員責任査定決定に対する異議の訴え・同反訴・損害賠償請求控訴事件（大阪高裁平成27年5月21日判決。旬刊商事法務No.2069、63～64頁）。大和銀行株主代表訴訟事件第一審判決（大阪地裁平成12年9月20日判決。判例時報1721号7頁・32～37頁）。

① システム水準、経営判断の原則[9]
　　　会社の事業規模・内容・リスク度、統制環境
　　　コスト
　　② 取締役・監査役の信頼の保護
　　　ア　情報収集、調査
　　　　他の取締役、使用人の情報[10]
　　　イ　故意による違反行為

2　内部統制システムの構築
　一律画一的、固定的なものではない
　　Ⅰ　①会社の事情ごと、②時期ごとの差（要求水準）
　　Ⅱ　経営判断、広裁量
　(1)　親会社の類型
　　①　企業集団（グループ企業）管理規程
　　②　子会社経営に対する親会社のガバナンス（支配、管理）（親会社→子会社）
　　　・親会社の監査役による子会社監査
　　　（子会社の事業報告、子会社の業務、財産の状況の調査）
　　　381条3項「その職務を行うため必要があるときは、……できる。」
　　　381条4項「子会社は正当な理由があるときは報告、調査を拒むことができる。」
　　③　子会社ガバナンス体制や経営管理態勢の実効性・有効性
　　　（親がモデルを作って子も参加　子に波及）
　　　・親会社監査役と子会社監査役との情報、意見交換
　(2)　子会社の類型
　　①　子会社の独立性の確保（子会社の利益確保）
　　②　親会社の不正行為への加担防止体制（親会社ないしグループ全体の損失回避）
　　　ア　親会社の粉飾決算、インサイダー行為その他不正行為への加担、協力の拒否対応
　　　イ　親会社の監査役、内部監査部門との連携
　　　ウ　社外役員の意見、リーガルオピニオンの取得
　　　　社外取締役の意見

---

[9]　ダスキン株主代表訴訟事件（控訴審）（大阪高裁平成18年6月9日判決。判例タイムズ1214号115頁・118頁・146〜147頁）。
[10]　ヤクルト株主代表訴訟控訴審判決（東京高裁平成20年5月21日判決。判例タイムズ1281号274頁・293〜300頁）。①デリバティブ行為者、②代表取締役、経理取締役、③その他取締役、④監査役。

Ⅰ 社外役員のための会社法講義

※会社法施行規則118条1項5号（親会社との取引に関する事業報告、附属明細書の記載（会社法施行規則128条3項））（個別注記表　計算規則112条1項　関連当事者との取引）
　　イ）子会社の利益を害さないように留意した事項
　　ロ）取締役会の判断、理由
　　ハ）社外取締役が異なる意見のときの意見
　　　　（子会社の少数株主）
(3) 監査役への報告、連絡、情報提供、通報窓口
（会社法施行規則100条3項3号、4号、5号、6号）
監査役の権限
381条　取締役の職務の執行を監査する。

3　参考判例

(1) 親会社取締役の子会社に対する責任
　① 福岡魚市場株主代表訴訟事件
　　・第一審
　　福岡地裁平成23年1月26日判決。資料版商事法務No.327、53〜75頁。
　　・控訴審
　　福岡高裁平成24年4月13日判決。資料版商事法務No.360、44〜46頁。
　　・上告審
　　最高裁平成26年1月30日判決。資料版商事法務No.360、43〜44頁。
　② 野村證券株主代表訴訟事件（東京地裁平成13年1月25日判決。判例時報1760号144〜146頁）
　③ コスモ証券株主代表訴訟事件（大阪地裁平成14年2月20日判決。判例タイムズ1109号226〜235頁）
　④ 三菱商事株主代表訴訟事件（東京地裁平成16年5月20日判決。判例時報1871号125〜141頁）
(2) 内部統制システム構築等に関する取締役、監査役の責任
　① 最高裁平成21年7月9日判決（判例時報2055号147〜150頁）
　② 西松建設政治献金に係る株主代表訴訟事件（東京地裁平成26年9月25日判決。資料版商事法務No.369、74頁・100〜101頁）
　③ 東日本旅客鉄道の信濃川からの取水許可取消しに係る株主代表訴訟（東京地裁平成27年4月23日判決。旬刊商事法務2071号67頁）
　　ア　取水　　イ　報告

第5 株主総会における説明義務、出席義務（314条）
(1) 社外役員の立場からの説明を求められたとき
「当社のガバナンスについてどう認識しているか」
「当社の内部統制システムは十分機能しているか」
(2) その他

第6 コーポレートガバナンス・コード
基本原則1　株主の権利・平等性の確保
基本原則2　株主以外のステークホルダーとの適切な協働
基本原則3　適切な情報開示と透明性の確保
基本原則4　取締役会等の責務
基本原則5　株主との対話

Ⅱ 社外役員のための金融商品取引法講義

弁護士 服部 秀一

Ⅱ　社外役員のための金融商品取引法講義

　服部でございます。この講座の講師の依頼を受けたときに、「受講者の方は、会社法はともかく、必ずしも金融商品取引法には詳しくない方がいる」というイメージでした。平成26年の会社法の改正で新設された327条の2の社外取締役を置いていない場合の理由の開示、東京証券取引所の有価証券上場規程436条の2による独立役員の確保、コーポレートガバナンス・コードの原則4-7、4-8の独立社外取締役との関係で、平成26・27年辺りから社外役員というのは相当増えているのではないでしょうか。数十人の弁護士の方が上場会社の役員に就任されているのではないかと思います。

　そういうものを見ていると、社外役員に就任される弁護士といっても、企業法務の専門ではなく、一般民事の先生や刑事のほうが得意だという先生もいらっしゃるかと思います。本日の講義は企業法務のご専門ではない先生の方にも分かる程度のレベルを前提にして、お話したいと思っております。

　私は、慶應義塾大学のロースクールで金融商品取引法の講義をして今年でもう9年目になりました。秋学期で90分の15回講義です。本日お話しする内容は、そのうちの主な部分になります。レジュメに注が付いていますが、本日は時間に限りがありますので、お役に立つだろうと思うような説明を注に回しました。

1　金融商品取引法令

(1)　法　令

　金融商品取引法というのは、平成18年に旧証券取引法が法令名も含めて改正されたものです。法律である金融商品取引法、政令である金融商品取引法施行令、それから多数の内閣府令があります。さらに金融庁の監督指針、ガイドライン、金融庁の告示等もあります。これらまで内容を認識しないと正しい理解には到達できません。

(2)　六　法

　金融商品取引法の六法としては、新日本法規出版の『証券六法』（2分冊）があり、平成28年版で7,200円となっています。

　金融商品取引法は、平成18年に証券取引法が改正になってできた後、平成20年、21年、22年、23年、24年、25年、26年、27年と8年間、毎年

改正がなされています。

(3) 条　文

金融商品取引法はもともと大蔵省管轄の証券取引法でしたので、条文が税法と同じ構成になっています。ですから、長文でかつかっこ書きがたくさんあります。中にはかっこ書きの中にかっこ書きがあって、そのかっこ書きの中にまたかっこ書きがあるというものがあります。私は、1個目のかっこに赤い色を付け、2個目に青い色を付け、3個目に緑色を付けというような作業をして読んでいます。

(4) 文　献

レジュメ1頁の1(4)に文献として体系書とコンメンタール類の主なものを挙げました。また、私の著書として『一般投資家にもよくわかる金融商品取引法』『新版　インサイダー取引規制のすべて』があります。慶應の法科大学院の教科書として使うために前者を出版しました。ただ、度々の金融商品取引法令の改正があるため、これをフォローすべく、私の事務所のホームページにこの2冊の本の補正表を掲示しております。

2　金融商品取引法

(1) **金融商品に関する基本法でない**

金融商品取引法というのは金融商品に関する基本法ではなく、内容としては有価証券の取引とデリバティブ取引についての規制に関する法律です。ですから、この法律を勉強したからといって金融商品やその取引の全てが分かるというものではありません。レジュメの注1（6頁）には金融商品取引法上の「金融商品」と「金融指標」の説明を挙げておきました。

(2) **目　的**

金融商品取引法の目的は1条にあり、レジュメ1頁2(2)に書いてあるとおりです。

(3) **解　釈**

金融商品取引法にも他の法律と同じように解釈があります。ここで解釈の指針のポイントは、1条の後ろのほうにある有価証券の発行、取引、流通の円滑化、それから資本市場の十分な発揮による金融商品取引法の公正な価格

形成、国民経済の健全な発展と投資家保護というところです。したがって、解釈の問題が出てきたときには、この辺から考えていただければ解釈の方向性は出てくるはずです。

もう1点、金融商品取引法の性質については、いわゆる民事法的な側面もあるのですが、罰則がありますので刑罰法規です。また、課徴金と行政処分もありますので行政法規です。これらの民事法規、刑事法規、行政法規が集まってできていますので、それぞれの条文の解釈は会社法や民法、刑法、民事訴訟法、刑事訴訟法に関する法律理論を使って行うことが、基本になります。各条文上の概念も刑法に近いものが数多く出てきます。また、損害賠償のところは民法の不法行為の損害賠償理論が前提になって条文解釈がなされます。

3 金融商品取引法の規制内容

(1) 目 次

上場会社の社外役員として金融商品取引法について知っておいていただきたい内容を、金融商品取引法の目次に沿ってご説明させていただきたいと思います。

(2) 総則＝定義

第一章「総則」の2条は定義規定です。

レジュメの注2（6頁）は、金融商品取引法上の「有価証券」の説明です。金融商品取引法の「有価証券」概念は、2条1項・2項で限定的列挙です。「有価証券」に該当すると金融商品取引法の適用があるという意味で、いわゆる金融商品取引法の射程距離を有価証券概念が決めています。

注2の(2)ですが、大ざっぱにいうと6種類の有価証券があります。①いわゆる社債のような貸付債権及び類似のもの、②株式及び類似のもの、③新株予約権及び類似のもの、④組合出資及び類似のもの、⑤信託及び類似のもの、それから⑥その他というようなところで、この六つの種類を頭に置いて見ていただけると、弁護士の方々には分かりやすいかなと思います。

(3) 発行開示・流通開示

金融商品取引法目次に戻って第二章ですが、これは有価証券の発行開示と

流通開示です。発行開示、有価証券を発行するときに財務局長宛てに「有価証券届出書」を提出します。そして流通開示、毎年定時株主総会が終了した日に（終了前に提出することも可能です。）「有価証券報告書」を財務局長宛てに提出します。

ア　有価証券届出書

4条と5条が「有価証券届出書」です。有価証券届出書には、5条1項1号で、発行するときの募集、売出しに関する情報、発行・売出しする有価証券の情報、2号で発行する会社の企業情報が記載されます。

レジュメの注3（8頁）が「募集」と「売出し」の定義です。会社法では株式の募集という概念ができました（会社法199条）。新株の発行と自己株式の処分です。「売出し」は既に発行された（既発の）有価証券を皆さんに買っていただく、例えば大株主が有価証券を売出すというような場合です。

上場会社の新株の発行の多くは「有価証券届出書」ではなくて、「発行登録書」と「発行登録追補書類」を有価証券届出書に代えて提出しています。23条の3によりあらかじめ発行の概要を記載した「発行登録書」を出しておき、詳細が取締役会決議等で決まった段階で23条の8に定める「発行登録追補書類」を提出します。すなわち、まずは何万株くらいの規模で新株を発行する予定があると「発行登録書」で開示し、現に新株を発行する決議をするとき、例えば1株1,500円ということが決まったときに「発行登録追補書類」を提出して直ちに発行します。「有価証券届出書」はかなり厚いもので最初から作っていくと相当時間がかかりますので、「発行登録書」を作って提出し、その後「発行登録追補書類」を提出することによってタイムリーに新株発行することができます。

最近新株発行をめぐるインサイダー取引の新聞報道等がありますが、上場会社の業務の状況とその会社において発行登録書が出ているかどうかを見ると、この会社はそろそろ新株発行をやりそうだなという雰囲気は分かることがあります。その予想により投資家がその株を買うと、あたかもインサイダー情報を知っているかのように外からは見えるということがあります。現にインサイダー取引の課徴金事件で、否認の事件については、そのような主張が審判の対象になっている人（被審人）のほうから出るというようなことがあ

ります。

　有価証券届出書、発行登録書、発行登録追補書類については、これから説明する有価証券報告書や公開買付届出書、大量保有報告書などと同様に、昔は紙ベースで出していたのですが、今はインターネットを通じて金融庁へEDINETで提出しております。EDINETで金融庁にデータを送りますと、直ちに金融庁のホームページで公衆縦覧、すなわち皆さんが見ることができるという制度になっています（27条の30の2以下）。

イ　有価証券報告書

　「有価証券報告書」は、24条に定めるもので、市場で転々流通する有価証券について、それを買ったり売ったりする投資家のための、有価証券の発行者である上場会社の企業情報を記載した書面です。提出期限は事業年度経過後3か月以内です。具体的には、3月決算期末の会社の監査役会設置会社を前提にして話しますと、4月中旬くらいに会社法上の計算書類と事業報告、これらの附属明細書、それから連結計算書類を代表取締役が作ります。その後、会計監査人と監査役会に提出されます。その頃に、上場会社が「決算短信」をTDnetで開示します。5月の中旬くらいに会計監査人、監査役会の各監査報告書が取締役に提出され、5月下旬くらいに決算取締役会が開催されて計算書類、事業報告、これらの附属明細書と連結計算書類が承認されて定時株主総会の招集が決定されます。株主に対する定時株主総会招集通知に添付して計算書類、事業報告、連結計算書類が提供されるということになります。そして定時株主総会において、計算書類、事業報告、連結計算書類の内容が報告事項として報告されます。定時総会の終結直後に、監査法人の監査報告書が添付された「有価証券報告書」が「確認書」と「内部統制報告書」とともにEDINETで財務局長宛てに提出されます。有価証券報告書には、計算書類、事業報告、連結計算書類に記載された内容を含む、連結ベース・単体ベースの経理の状況、その他事業の内容が記載されています。

　本当は有価証券届出書や有価証券報告書の実例をお見せしたほうが分かりやすいのですが、相当な量がありとてもレジュメには載せきれないので、EDINETやTDnetでぜひご覧いただければと思います。

「確認書」ですが、有価証券報告書の記載内容が金融商品取引法令に基づいて適正であるということを、代表取締役若しくは財務担当の最高責任者が確約するものです（24条の4の2）。「内部統制報告書」は、会社が連結、単体の財務計算に関する書類による財務報告が法令等に従って適正に作成されるという体制を評価した報告書です（24条の4の4）。この会社の財務報告が適正であることを評価するための体制がいわゆるJ-SOXといわれているものです。会社法362条4項6号における内部統制システムは、取締役の職務の執行が法令定款に適合すること、単体と連結の業務が適正であることを確保するための体制です。金融商品取引法は財務計算、会社法は職務執行の適法性、業務の適正性についての内部統制システムです。オーバーラップするところはありますが同じではありません。ここを認識しておいていただかないと、どちらの議論をしているのかが分からなくなってしまいます。

　また、先ほどお話しました「決算短信」は、東京証券取引所の有価証券上場規程404条による単体の事業年度と連結会計年度の決算の内容の開示制度です。事業年度終了後45日以内に、3月決算期末の上場会社ですと5月の中旬までにインターネットを通じて証券取引所にTDnetで送信し、それが直ちに証券取引所のホームページで開示され、皆さんが閲覧できます。決算内容の開示であり、当事業年度の売上高、営業利益、経常利益、純利益等のほか、翌期の売上高、営業利益、経常利益、純利益ほか配当の予想値も記載されます。

ウ　四半期報告書

　「四半期報告書」というのは、24条の4の7に定めのある3か月毎の連結の経理の状況を記載した書面です。第1四半期、第2四半期、第3四半期の3回提出します。最後は有価証券報告書ということになります。この四半期報告書もEDINETで財務局長宛てに提出します。これとは別に、東京証券取引所の有価証券上場規程404条に基づき、単体の四半期累計期間、連結の四半期累計期間の決算の内容が「四半期決算短信」によって開示されています。

　証券取引所の有価証券上場規程による開示、会社法による開示、金融商品取引法による開示を統一しようということで、金融庁を中心にして現在議論がなされているところです。今は各制度が並立しています。

(4) 公開買付け

　金融商品取引法第二章の二が「公開買付けに関する開示」です。第一節が発行者以外の第三者による公開買付けです。例えば企業買収をするための公開買付けで、これが27条2以下です。第二節（27条の22の2）以下が、発行会社による自己株式を買い付けするための公開買付けです。レジュメ3頁の上に、公開買付けの定義を載せました。

　「不特定かつ多数の者に対し、公告により株券等の買付け等の申込み又は売り付け等の申込みの勧誘を行い、取引所金融商品市場外で株券等の買付けを行うことをいう。」

　皆さんに公告をして、「株式を買いますので売ってください」という手続ということになります。

　また、第三者が株券を買い集める場合は必ず公開買付け手続をしなければいけないというのが、27条の2第1項1号から6号の強制公開買付けです。

　簡単に説明します。1号というのはまず5％を超えて買い集める場合です。ただし、著しく少数の者、60日間で10名以内の者から買い集める場合は要りません。

　2号が、60日間で10名以内から買い集める場合であっても、3分の1を超えて買い集めるときです。

　3号は、ToSTNeT等の立会外取引で3分の1を超えて取得するときです。

　4号は、レジュメの3頁の図にありますが、市場外の取引、市場内の取引を組み合わせることによって3分の1を超えて取得する場合です。ⅰ）3か月以内に10％を超える株券等の取得を株券等の買付け又は発行される新株の取得により行う場合で、ⅱ）うち、ToSTNeT等の立会外取引による株券等の買付け又は取引所金融商品市場外での株券等の買付け等によって5％を取得するもので、ⅲ）結果として3分の1を超えて取得するときです。新株発行や市場外の買付け、市場内の買付けなどいろいろと織り交ぜて3分の1超を短期に取得するような場合は、公開買付け手続が必要です。

　5号は、3分の1を超えて保有している方が、他人が行っている公開買付けに並行して5％以上の買い集めをする場合です。

　そして、6号が、PTSによる3分の1を超える取得、もう一つは先ほど申

し上げた4号の取得を2人以上共同して行う場合です。

　PTSの定義、説明はレジュメの注4（9頁）に入れておきました。証券市場は9時から11時半、12時半から3時に立会いをやっており、その間取引ができます。ところで、昔は証券取引所だけでしか上場株券等の売買はできなかったのですが、今は証券会社のコンピューターで取引ができるようになっています。つまり、今はその立会い外の時間、とりわけ夜間取引などができます。例えばインサイダー取引に関しても、立会いをしている時間だけに株の取引があるわけではありません。市場が閉まった後も株等の取引がなされているという認識を持っていただかなければいけません。平成11年4月までは築地の魚市場みたいに、立会いは人間が行っていたのですが、その後はコンピューターになりました。ですから、証券取引所でも証券会社でもコンピューターでやっているのは同じことなので、規制緩和という意味から、証券会社はそれなりの機能を備えたコンピューターを導入すれば、そこで上場株券等の売買ができるようになりました。

　公開買付け手続がどう進むかの説明をしていきたいと思います。公開買付けの手続への上場会社としての対応について、社外役員として意見を述べるということがあり得ると思います。

　発行会社以外の第三者が公開買付けを行う場合、「公開買付開始公告」をした同じ日に、「公開買付届出書」をEDINETで財務局長に提出します（27条の3第1項、2項）。買付け対象の発行会社にも公開買付届出書の写しが送付されます（27条の3第4項）。

　公開買付けの期間は20日以上60日以内です（27条の2第2項、施行令8条1項）。発行会社は、公開買付けの開始公告から10日以内に公開買付けに対する会社の意見を記載した「意見表明報告書」を財務局長にEDINETで提出することになります（27条の10第1項、施行令13条の2第1項）。この意見表明報告書には、買付者に対する質問を記載することができます（27条の10第2項）。発行会社から質問が記載された場合には、意見表明報告書の送付を第三者が受けた日から5日以内に、質問に対する回答を記載した「対質問回答書」を作成して提出することになります（同条11項、施行令13条の2第2項）。公開買付け期間の翌日に公開買付けに対する株券の応募状況等が

記載された公告がなされ、同日に公開買付報告書が提出されます（27条の13第1項、2項）。

　レジュメの注5（10頁）は、MBO（マネジメント・バイアウト）の場合の公開買付けの届出書の記載事項です。MBOの場合、役員若しくはその買付者と一般の投資家、株主との間で利益相反が発生する可能性がありますので、それについての記載事項がここに書かれています。これはMBOに限らず、例えば第三者に対する新株の発行の場合も、同様の利益相反が発生する可能性があります。ですから、支配権が移動する場合には、一般の株主との利益相反という事を考えて判断をしていただくことになります。社外役員の場合には第三者委員会の中に入る方も多いと思いますので、ご留意いただければと思います。

(5) 大量保有報告書

　第二章の三「株券等の大量保有の状況に関する開示」。条文では27条の23です。上場会社の株券等の5％を保有するに至ったときは5日以内に、大量保有報告書を提出しなければいけないことになります。これもEDINETで財務局長宛てに提出します。この報告書を出した後に保有割合が1％以上変動したときには、変更報告書を提出することになります（27条の25）。大量保有報告書の制度は、上場会社の株券等の大量取得、大量保有、放出が、株券等の需給状況、会社に対する支配の変更に関する情報として投資家に重要であることから開示を要求されています。企業防衛や産業政策に基づく制度ではありません。

　なお、27条の26で特例が認められています。証券会社等の第一種金融商品取引業者・ファンドなど投資運用を行う金融商品取引業者・銀行・保険会社などは、あらかじめ財務局長宛てに届出をした月2回の期日から5日以内に、大量保有報告書、変更報告書を出せば足ります。あらかじめ月2回の日を届けておき、その日から5日以内に提出すればよいということになっています。例えば15日と末日という届出をすれば、20日と5日が報告書提出の期限になります。これらの業者は、日常の営業活動として継続、反復して大量多種の株券等を扱っていますので、大量保有報告書、変更報告書の作成提出の事務負担が大きいため特例が認められています。「特例報告」と呼ばれ

ています。

　ただし、業務執行、役員の選解任、組織再編成、配当など「重要提案行為等」を会社に対して行うことを目的とする場合は、この特例報告は認められません。「重要提案行為等」については、施行令14条の8の2、株券等の大量保有の状況の開示に関する内閣府令16条で定義されています。

4　インサイダー取引

　金融商品取引法166条と167条がインサイダー取引規制です。条文を見ていただくとそれだけで3～4頁になっています。

　さて、平成25年の金融商品取引法の改正で、まずJ-REIT、不動産投資法人の発行する有価証券がインサイダー取引の対象になりました。つまり、上場不動産投資法人の発行する有価証券もインサイダー取引の対象になりました。もう一つ、167条の2に未公表の重要事実の伝達等の禁止の規制が入りました。従前のインサイダー取引は、「売ってはいけない、買ってはいけない」という売買の取引規制だったわけですが、重要事実などインサイダー情報を伝達すること自体を禁止するというのが167条の2です。

(1)　構成要件

　資料Aの1〔1〕（11頁）が166条の会社関係者のインサイダー取引の構成要件であり、〔2〕が167条の公開買付者等関係者のインサイダー取引構成要件です。平成16年の証券取引法の改正でインサイダー取引について課徴金制度が導入される前までは、インサイダー取引の罰則は懲役、罰金でしたので刑罰法規でした。その関係でインサイダー取引規制を分析するときには、刑法理論上の概念を使っています。資料A、12頁の①「誰が」というのは身分犯の身分です。②の「いつ」は構成要件的状況で、例えば消火妨害罪の火災の際、水防妨害罪の水害の際（刑法114条、121条）と同様です。それから、③「何をどうした」が客体と行為です。

　資料A、12頁2〔1〕が167条の2第1項の未公表の重要事実の伝達等の禁止です。〔2〕が167条の2第2項の未公表の公開買付け等事実の伝達等の禁止です。これらについても資料A、13頁にあるとおり、①誰が、②誰に対して、③何の目的をもって、④何をしたという構成になっており、罰則の

構成要件としては①が身分犯の身分、②が相手方、③が目的犯の目的、④が行為ということになっています。

(2) 重要事実一覧

資料B（14頁以下）が166条の重要事実の一覧です。先ほど述べた不動産の上場投資法人の重要事実が書いてありません。本日は特に上場会社の役員のためということなので、J-REITは除いてあります。

166条2項の1号から4号まで、すなわち資料Bの冒頭から20頁「4.バスケット条項」までが上場会社自体に関するインサイダー情報、20頁の「5.子会社の決定事実」から最後までが上場会社の子会社のインサイダー情報です。

平成26年に改正されたところですが、一般の会社と持株会社では軽微基準の算定の方法が違っています。一覧表の中にある「※」印が付いているものは、持株会社では重要事実の重要基準を連結ベースに読み替える必要があります。

さて、次に資料A（11頁）にもう一度戻り、1〔1〕の②にそれぞれ「重要事実の公表がなされる前に」と書かれてあります。1〔2〕の②は「公開買付け等の実施に関する事実又は公開買付け等の中止に関する事実の公表がなされる前に」です。2〔1〕の③（12頁）が「重要事実の公表がなされる前に」、〔2〕の③は「公開買付け等事実の公表がなされる前に」です。

つまり、インサイダー情報である重要事実、公開買付け等事実は公表されてしまえば、証券市場にそれらの事実を織り込んだ価格が形成されますから、それ以降はインサイダー取引でもないし伝達の禁止もないということです。

東京証券取引所有価証券上場規程402条、414条は、「上場会社は、インサイダー情報である重要事実、公開買付け等実施に関する事実、中止に関する事実を含む「会社情報」をTDnetで「適時開示」してください」という規定になっています。

例えば、新株を発行することが決定すると、その内容をTDnetで開示しなければいけません。合併ですと、こういう内容でこの会社とこの条件で合併しますとTDnetで開示しなければいけません。TDnetで開示しなければならない事実は、重要事実、公開買付け等事実を含んだもう少し広い範囲での開示で、投資家のための情報開示です。

この402条の条文上は「直ちに」その内容を開示しなければいけないと書

いてありますが、趣旨としてはタイムリーディスクロージャーです。例えば、今申し上げた合併等は交渉が進行していますから、一般的には合併覚書を締結した時点でTDnetで開示し、それ以前には開示していません。また、上場会社である銀行などは守秘義務があり、例えば貸付先のデフォルトなどというものを開示できるわけもありません。開示することができるものをできるだけ早くというタイムリーディスクロージャーです。

　重要事実の公表時期について東京証券取引所に質問すると、「すぐに開示してください」と回答が返ってきますが、上場会社としてはすぐ開示できない場合もあります。

(3)　開示の書式

　東京証券取引所から発行されている『会社情報適時開示ガイドブック』があります。これに従って、TDnetで適時開示していただくということになっています。

(4)　臨時報告書

　金融商品取引法24条の5第4項において、適時開示を必要とする「会社情報」よりも限定された範囲内で、発行会社は「臨時報告書」をEDINETで財務局長宛てに提出することを義務づけています。提出を必要とする事由は、企業内容等の開示に関する内閣府令19条に記載してあります。これらの事由がある場合には、TDnetによる適時開示とEDINETによる臨時報告書の開示とを同時に行っているというのが実務です。例えば合併では、もちろん臨時報告書も出しますが、TDnetでも適時開示します。

5　自己株式の取得

(1)　自己株券買付状況報告書

　上場会社の自己株式を取得する決議があった後は、金融商品取引法24条の6により「自己株券買付状況報告書」の提出が義務づけられています。「自己株券買付状況報告書」は、自己株式の取得の決議をした月から自己株式の取得の期間の満了する月までの間、自己株式の取得、処理、保有の状況を記載した報告書で、EDINETで財務局長に提出することになっています。何株をいつ取得し、例えばそのうち何株は償却して、今は何株保有しているといっ

(2) 金融商品取引法162条の2、有価証券の取引等の規制に関する内閣府令16条以下

　上場会社が証券取引所の市場において自己株式を買い付けて取得するという場合、相場操縦の可能性がありますので、上場会社が自己株式を取得するため市場で買付けるというときには、この府令に基づいた要件に従って取得する必要があります。上場会社が自分で買わずに信託銀行等に委託をして自己株式を取得するという場合もよくあるわけですが、その場合も信託銀行等はこの府令の要件を遵守して取得しています。

6　有価証券報告書虚偽記載

　本日（平成28年9月16日）の新聞報道等でも電機メーカーの有価証券報告書虚偽記載という記事が掲載されています。有価証券の虚偽記載というのは会社に多額の損失を与えますし、信用も失いますし、それだけではなく、従業員、さらに子会社の従業員の人生を変えると思います。さらに、金融商品取引法の立場からいうと投資家に対して多額の損失を与えます。有価証券虚偽記載が発覚した途端に株価が急激に落ちます。損失としては何百億円、何千億円です。役員の方、それから幹部職員の社員の方、もちろんその監査法人の方にも、これらの点は十分に認識していただく必要があると思います。

　自分が社外役員を務めている会社の中でこういうことが起きたときに、若しくは起きそうになったときに、どういった法的責任が発生するか、を頭の中に置いていただく必要があると思います。

(1) 罰　則

　重要な事項につき虚偽の記載ある有価証券報告書を提出した者は、10年以下の懲役若しくは1000万円以下の罰金又はその併科です（197条1項1号）。同号の「提出した者」に虚偽の記載ある文書の作成者も含まれます。この場合に両罰規定による法人処罰があり、7億円以下の罰金です（207条1項1号）。

(2) 課徴金

　金融商品取引法172条の4第1項です。発行会社に課徴金が課され、金額

は発行する有価証券の時価総額の10万分の6です。この発行する有価証券は株だけではなく、例えば社債といったものも含めての話です。有価証券がどこまでかというのが、施行令33条の5の2です。

(3) 損害賠償
・発行会社

有価証券報告書を提出した発行会社に損害賠償責任があります。重要な事項について虚偽の記載があり、又は記載すべき重要な事項若しくは誤解を生じさせないため必要な重要な事実の記載が欠けているときに、損害賠償責任が発生します（21条の2、25条1項4号）。

請求権者としては、有価証券報告書が公衆縦覧に供されている間に、提出者が発行する有価証券を取得した者又は処分した者です。25条1項により有価証券がEDINETで提出されて公衆縦覧、いわゆる皆さんが見られる状態になっていますが、その間にその発行会社が発行する有価証券を取得した、若しくは処分した人が損害賠償請求を請求できます。

賠償額は、記載が虚偽であり、又は欠けていることにより生じた損害ですが、取得価額と処分価額（未処分の場合は、請求時〔口頭弁論締結時〕の市場価額）、すなわち買った価格と売った価格の差額（19条1項）が上限になります。以上が発行会社の責任です。

・役員

有価証券報告書を提出した時の発行会社の役員（取締役、監査役、執行役又はこれらに準ずる者）についても損害賠償責任があります（24条の4、22条、21条1項1号）。

責任原因としては、有価証券報告書のうちに重要な事項に虚偽の記載があり、又は記載すべき重要な事項若しくは誤解を生じさせないため必要な重要な事実の記載が欠けているときです。

請求権者は、記載が虚偽であり、又は欠けていることを知らないで、有価証券報告書の提出者が発行者である有価証券を取得した者又は処分した者です。

賠償額としては、記載が虚偽であり又は欠けていることによって生じた損害です。

なお、記載が虚偽であり又は欠けていることを知らず、かつ、相当な注意を用いたにもかかわらず知ることができなかったことを役員が証明したときには、免責されます（24条の4、22条2項、21条2項1号）。

　・監査法人

　監査法人についても金融商品取引法上の損害賠償責任があります（24条の4、22条、21条1項3号）。

　責任原因としては、有価証券報告書のうちに重要な事項に虚偽の記載があり、又は記載すべき重要な事項若しくは誤解を生じさせないため必要な重要な事実の記載が欠けているときです。

　請求権者は記載が虚偽であり、又は欠けていることを知らないで、有価証券報告書の提出者が発行者である有価証券を取得した者又は処分した者です。損害額は記載が虚偽であり又は欠けていることにより生じた損害です。賠償義務者は、有価証券報告書の監査証明において、監査証明の対象書類について記載が虚偽であり又は欠けているものを虚偽でなく又は欠けていないものとして証明した監査法人です。

　なお、証明したことについて故意又は過失がなかったことを監査法人が証明したときは免責されます（24条の4、22条2項、21条2項2号）。

(4)　東京証券取引所の措置

　上場会社が有価証券報告書に虚偽の記載を行った場合、直ちに上場を廃止しなければ市場の秩序を維持することが困難であることが明らかであると証券取引所が認めるときは、上場廃止となります（東京証券取引所有価証券上場規程601条1項11号、501条1項2号a）。上場廃止となるおそれがある場合は、証券取引所はその事実を投資家に周知させるため、上場株券を「監理銘柄（審査中）」に指定することができます（同規程610条、同規程施行規則605条1項14号）。上場廃止が決定された場合、上場廃止日まで上場株券は「整理銘柄」に指定されます（同規程611条、同規程施行規則606条）。

　また、上場廃止とならない場合でも、上場会社が有価証券報告書に虚偽記載を行った場合であって、かつ、上場会社の内部管理体制について改善の必要性が高いと証券取引所が認める場合は、上場株券を「特設注意市場銘柄」に指定することができます（同規程501条1項2号a）。その後、上場会社は「内

部管理体制確認書」を証券取引所に出しますが、改善の見込みがないと証券取引所が認めるときは上場廃止となります（同規程501条2項から7項、601条1項11号の2）。

その他、改善報告書の提出要求、公表措置、上場契約違約金の証券取引所の実効性確保の措置が定められています（同規程502条〜509条）。

(5) 会社法上の責任

会社法423条の役員等の会社に対する損害賠償責任、430条の連帯責任があり、これらについては株主代表訴訟ができます（会社法847条）。

また、429条で役員等の第三者に対する責任については、同条2項1号ロ、3号、4号では、いわゆる計算書類に関して第三者責任が発生します。

レジュメの注7（10頁）ですが、(1)の罰金、(2)の課徴金、(3)の発行会社の損害賠償請求、(4)の上場違約金等については会社の損害となり、代表訴訟の対象になります。ですから、株主代表訴訟を通じて役員の損害賠償責任として訴えられ、逆に株主側の弁護士であれば代表訴訟を提起することも考えるということになると思います。

(6) 民法上の責任

民法709条に基づいてもちろん責任が発生し、これは発行会社と役員等とそれぞれあります。

(7) 公認会計士法上の責任

公認会計士法上の責任として、まず、課徴金です（公認会計士法34条の21の2第1項2号）。有価証券報告書の監査証明について監査法人の社員が相当の注意を怠ったことにより、重大な虚偽、錯誤又は脱漏ある財務書類を重大な虚偽、錯誤及び脱漏のないものとして証明したとき、というのが責任原因になっています。課徴金額は監査報酬相当額です。

次に、監査法人への懲戒処分があり、業務改善命令、2年以内の業務の全部又は一部の停止命令、解散命令です（公認会計士法34条の21第2項）。新聞報道されている事案でも業務改善命令と3か月の新規業務停止の懲戒処分ということで、本年の株主総会では株主から「監査法人を再任する理由は何か若しくは解任しない理由は何か」という質問が聞かれているということはご承知かと思います。また、公認会計士個人についても戒告、2年以内の業務

停止、登録の抹消の懲戒処分があります（公認会計士法30条2項、29条）。

なお、四半期報告書についても、(1)から(4)、(6)、(7)に準じた罰則、課徴金、損害賠償、証券取引所の措置、公認会計士法上の責任があります。

7 コーポレートガバナンス

東京証券取引所有価証券上場規程445条の3でコーポレートガバナンス・コードの尊重という努力義務を定めています。同規程436条の3はコーポレートガバナンス・コードの各原則を実施するか、実施しない場合にはその理由を説明する、いわゆるコンプライ・オア・エクスプレインを定めています。同規程419条はこれらを記載、説明する「コーポレートガバナンス報告書」の提出を義務付けています。これらの条文と金融商品取引法の関係はレジュメの注8（10頁）です。

コーポレートガバナンス報告書の不提出若しくはコンプライ・オア・エクスプレインを実施しないことについて、上場規程上は、東京証券取引所が実効性確保の措置をとることができるということになっています。先ほど申し上げた特設注意市場銘柄の指定、改善報告書の提出要求、それから公表措置、上場契約違約金です（上場規程501条1項3号、4号、502条1項1号、2号、508条1項1号、2号、509条1項1号、2号）。

ただ、日本経済新聞の平成27年6月22日の記事によれば、東京証券取引所の宮原社長のコメントとして、「上場会社が行動を実施せず、実施しない理由の説明もない場合、罰則を設けることになっている。ただ、罰則はあまり現実的ではない。あくまで自発的な動きを期待するものだから、まず対応をお忘れではないですかといった注意喚起を促すことになるだろう」と記載されています。ですから、コーポレートガバナンス・コード若しくはコンプライ・オア・エクスプレインの遵守がされていないからといって、このような実効性確保の措置が証券取引所によっていきなりなされるということはまずないと思います。

平成20年にリーマンショックがあった以降、ファンドの活動、とりわけヘッジファンドの活動が沈静化していました。ところがこの2、3年また少し活性化してきています。一方でコーポレートガバナンス・コード、若しく

は金融庁の指導による株式の持ち合いの解消の問題などもあります。いわゆる「もの言うファンド」から接触があった場合に、社外役員ではなく、総務や顧問弁護士さんが対応することになると思いますが、そのファンドが提出した自分の会社の大量保有報告書、他の会社の株式を持っている場合もあるのでその大量保有報告書の分析、その他社に対して重要提案行為等としてどのようなことをしたか、それから会計帳簿閲覧権の行使があったかどうかというような情報を収集し、そういったことが自社に対し行われた場合にどう対応するかということを顧問弁護士の先生は検討されると思います。さらに加えてライツプランや対抗買いといった全ての買収防衛策の検討、それから買い付けしているファンドの情報の収集や第三者委員会設置の準備などをすることになります。それはあくまでも発行会社の立場なので顧問弁護士としてはそれが大事だと思います。

東京証券取引所の定める独立社外役員の立場においては、会社側ではなく投資家を中心にした会社のステークホルダーという客観的な立場に立ってご判断をいただく必要があるのではないかと思います。

その他

レジュメ注1（6頁）の「金融商品」の定義なのですが、この定義は金融商品取引法上のデリバティブ取引の範囲を画するもので、実はそれ以外に機能はありません。金融商品を経済的に簡単に定義すれば、ある人がお金を出資若しくは投資し、それを預かった人が運用をして出資者に対してお金を返す、すなわち利益配当をする、収益を還元する、場合によってはそれを転売して利益を得られるといった投資商品です。

次にレジュメ注2の(1)(6頁)です。金融商品取引法の有価証券というのは、第一項有価証券と第二項有価証券とに区別されています。そして、第一項有価証券というのは、2条1項各号の有価証券と2項柱書の有価証券表示権利です。

第一項有価証券は、2条1項各号に定められた有価証券であり、転々流通するものです。一般的に証券があるものです。有価証券表示権利というのは、典型例は株券の電子化であり、上場株券については株券がありません。電子

化された株券はこの２項柱書の有価証券表示権利です。証券が発行されてはいないが、性質としては１項各号の証券と同じ性質を持っているものです。上場会社のストックオプションなどは新株予約権ですが、証券が発行されていないものが多いです。

　第二項有価証券は、２条２項各号に掲げられた有価証券です。これは転々流通することが予定されていないものです。例えば、２条２項３号の合名会社・合資会社・合同会社の社員権、５号では民法上の組合といった、個性が強くて転々流通しないというようなものです。

　それから、２条２項５号と６号に集団投資スキーム持分というものがあります。これは、いわゆるファンドです。ファンドの権利が５号と６号に掲げられています。例えば、ラーメンファンド、すなわち皆さんが投資をしてそれを受けた方がラーメン屋さんを経営してその収益を分配するという権利であり、証券は発行されていないのですが、金融商品取引法上の有価証券です。また、映画会社に皆さんが出資をしてそのお金を使って映画を作り、それがものすごく売れると収益になって出資者に戻ってくるという映画ファンドといったものがこの集団投資スキーム持分です。このようなものについても金融商品取引法の規制がなされているところです。

レジュメ

Ⅱ 社外役員のための金融商品取引法講義

弁護士　服部　秀一

1　金融商品取引法令
(1) 法令

　　平成18年「旧証券取引法」改正

　　金融商品取引法施行令、内閣府令、金融庁告示

　　金融庁の監督指針、ガイドライン

(2) 六法

　　新日本法規出版『証券六法』(平成28年版7,200円)

　　金融商品取引法は平成20年から毎年改正されています。

(3) 条文

(4) 文献

　　神崎克郎＝志谷匡史＝川口恭弘著『金融商品取引法』青林書院

　　日野正晴著『詳解　金融商品取引法　第4版』中央経済社

　　長島・大野・常松法律事務所編『アドバンス　金融商品取引法　第2版』商事法務

　　岸田雅雄監修『注釈　金融商品取引法』第1巻～第3巻。きんざい

　　神田秀樹＝黒沼悦郎＝松尾直彦編著『金融商品取引法コンメンタール』2～4。商事法務

　　中村聡＝鈴木克昌＝峯岸健太郎＝根本敏光＝齋藤尚雄著『金融商品取引法-資本市場と開示編　第3版』商事法務

　　なお、拙著として、

　　『一般投資家にもよくわかる金融商品取引法』青林書院

　　『新版　インサイダー取引規制のすべて』きんざい

2　金融商品取引法
(1) 金融商品（注1）に関する基本法でない

(2) 目的

　　第1条　この法律は、企業内容等の開示の制度を整備するとともに、金融商品

—1—

Ⅱ 社外役員のための金融商品取引法講義

取引業を行う者に関し必要な事項を定め、金融商品取引所の適切な運営を確保すること等により、有価証券の発行及び金融商品等の取引等を公正にし、有価証券の流通を円滑にするほか、資本市場の機能の十全な発揮による金融商品等の公正な価格形成等を図り、もつて国民経済の健全な発展及び投資者の保護に資することを目的とする。
(3) 解釈

3 金融商品取引法の規制内容

(1) 目次
(2) 総則＝定義（注2）
(3) 発行開示・流通開示
　ア 「有価証券届出書」（金融商品取引法4条、5条）（注3）
　　「発行登録書」（金融商品取引法23条の3）、「発行登録追補書類」（金融商品取引法23条の8）
　　EDINET（金融商品取引法第二章の四。27条の30の2以下）
　イ 「有価証券報告書」（金融商品取引法24条）
　　有価証券報告書の提出期限は事業年度経過後3カ月以内です。3月決算期末の監査役会設置会社の上場会社を例にとると、4月中旬頃に会社法上の計算書類及び事業報告並びにこれらの附属明細書、連結決算書類が代表取締役により作成され、会計監査人と監査役会に提出されます。その頃に、上場会社は「決算短信」をTDnetで開示します。そして、5月中旬には会計監査人・監査役会の各監査報告書が取締役に提出されます。5月下旬に決算取締役会が開催され、計算書類及び事業報告並びにこれらの附属明細書、連結計算書類が承認され、定時株主総会の開催が決定されます。株主に対する定時株主総会の招集通知に添付して計算書類、事業報告、連結計算書類が提供されます。そして定時株主総会において、計算書類、事業報告、連結計算書類の内容が報告されます。定時株主総会の終結直後に監査法人の監査報告書が添付された「有価証券報告書」、「確認書」（同法24条の4の2）、「内部統制報告書」（同法24条の4の4）が、関東財務局あてにEDINETで提出されます。
　ウ 「四半期報告書」（金融商品取引法24条の4の7）
　　第1四半期、第2四半期、第3四半期の年3回提出
　　「四半期決算短信」（東京証券取引所有価証券上場規程404条）
(4) 公開買付け
　発行者以外の第三者による公開買付け（金融商品取引法27条の2以下）
　発行会社による自己株式の買付けのための公開買付け（金融商品取引法27条の22

—2—

の2以下）

「公開買付け」の定義（金融商品取引法27条の2第6項）
　不特定かつ多数の者に対し、公告により株券等の買付け等の申込み又は売付け等の申込みの勧誘を行い、取引所金融市場外で株券等の買付け等を行うことをいう。

【強制公開買付け】（金融商品取引法27条の3第1項1号から6号）（注4）
　■金融商品取引法27条の2第1項4号

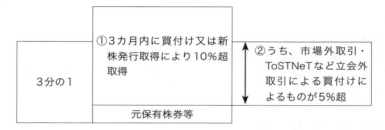

【手続】
　「公開買付開始公告」「公開買付届出書」（金融商品取引法27条の3第1項、2項）（注5）（同条4項）
　「公開買付け等の期間」（金融商品取引法27条の2第2項、施行令8条1項）
　「意見表明報告書」（金融商品取引法27条の10、施行令13条の2第1項）
　「対質問回答書」（金融商品取引法27条の10第2項1号、11項、施行令13条の2第2項）
　公告・「公開買付報告書」（金融商品取引法27条の13第1項・2項）

(5)　大量保有報告書（5％ルール）
　「大量保有報告書」（金融商品取引法27条の23）
　「変更報告書」（同法27条の25）
　「特例報告」（金融商品取引法27条の26）
　「重要提案行為等」（同条1項、施行令14条の8の2、株券等の大量保有の状況の開示に関する内閣府令16条）

4　インサイダー取引（金融商品取引法166条、167条）

　平成25年の金融商品取引法の改正により、①J-REIT、上場不動産投資法人の発行する有価証券もインサイダー取引の対象となり、②167条の2に「未公表の重要事実の伝達等の禁止」が新設
　会社関係者のインサイダー取引（金融商品取引法166条）、公開買付者等関係者のインサイダー取引（同法167条）、未公表の重要事実の伝達等の禁止（同法167条の2第1項）、未公表の公開買付け等事実の伝達等の禁止（同法167条の2第2項）

Ⅱ　社外役員のための金融商品取引法講義

- 資料A ＝ 構成要件
- 資料B ＝ 法166条の重要事実の一覧。重要事実は、166条2項1号から4号までが上場会社自体に関するもの、5号から8号までが上場会社の子会社に関するもの、9号から14号は上場投資法人に関するものです。
- 東京証券取引所「会社情報適時開示ガイドブック」
- 「臨時報告書」（金融商品取引法24条の5第4項）（企業内容等の開示に関する内閣府令19条）

5　自己株式の取得

(1)　「自己株券買付状況報告書」（金融商品取引法24条の6）
(2)　金融商品取引法162条の2、有価証券の取引等の規制に関する内閣府令16条以下（注6）

6　有価証券報告書虚偽記載

(1)・重要な事項につき虚偽の記載ある有価証券報告書を提出した者
　　10年以下の懲役若しくは1000万円以下の罰金又は併科（金融商品取引法197条1項1号）
　・法人処罰（同法207条1項1号）
　　7億円以下の罰金
(2)　課徴金（同法172条の4第1項）
　・発行会社
　　金額 ＝ 発行する有価証券（施行令33条の5の2）の時価総額×10万分の6
(3)　損害賠償
　・発行会社（金融商品取引法21条の2、25条1項4号）
　　ア　重要な事項について虚偽の記載があり、又は記載すべき重要な事項若しくは誤解を生じさせないために必要な重要な事実の記載が欠けているとき
　　イ　請求権者　有価証券報告書が公衆縦覧に供されている間に、発行会社が発行する有価証券を取得した者又は処分した者
　　ウ　記載が虚偽であり、又は欠けていることにより生じた損害（取得価額－処分価額〔未処分の場合は請求時の市場価額〕が上限）
　・役員（有価証券報告書を提出した時の発行会社の役員〔取締役、監査役、執行役又はこれらに準ずる者〕）（金融商品取引法24条の4、22条、21条1項1号）
　　ア　重要な事項に虚偽の記載があり、又は記載すべき重要な事項若しくは誤解を生じさせないため必要な重要な事実の記載が欠けているとき
　　イ　請求権者　記載が虚偽であり、又は欠けていることを知らないで、発行

レジュメ

　　　　会社の発行する有価証券を取得した者又は処分した者
　　　ウ　記載が虚偽であり又は欠けていることにより生じた損害
　　　エ　免責（金融商品取引法24条の4、22条2項、21条2項1号）
　・監査法人（有価証券報告書の監査証明において、監査証明の対象書類について記載が虚偽であり、又は欠けているものを虚偽でなく又は欠けていないものとして証明した監査法人）（金融商品取引法24条の4、22条、21条1項3号）
　　　ア　重要な事項に虚偽の記載があり、又は記載すべき重要な事項若しくは誤解を生じさせないため必要な重要な事実の記載が欠けているとき
　　　イ　請求権者　記載が虚偽であり、又は欠けていることを知らないで、発行会社が発行する有価証券を取得した者又は処分した者
　　　ウ　記載が虚偽であり又は欠けていることにより生じた損害
　　　エ　免責（金融商品取引法24条の4、22条2項、21条2項2号）
(4)　東京証券取引所の措置
　・上場廃止（東京証券取引所有価証券上場規程601条1項11号、501条1項2号a）
　・「監理銘柄（審査中）」の指定（同規程610条、同規程施行規則605条1項14号）
　・「整理銘柄」の指定（同規程611条、同規程施行規則606条）
　・「特設注意市場銘柄」の指定（同規程501条1項2号a。なお、同条2項から7項及び601条1項11号の2）
　・改善報告書（同規程502条）
　　公表措置（同規程508条）
　　上場違約金（同規程509条。金額は同規程細則504条）
(5)　会社法上の責任
　・役員等（取締役、監査役、会計監査人、執行役）の会社に対する責任（注7）（会社法423条、430条。株主代表訴訟　同法847条）
　・役員等の第三者に対する責任（会社法429条1項、2項1号ロ、3号、4号、430条）
(6)　民法上の責任（民法709条）
　・発行会社
　・役員等
※　公認会計士法上の責任
　・課徴金　＝　監査報酬相当額（公認会計士法34条の21の2第1項2号）
　　　有価証券報告書の監査証明について監査法人の社員が相当の注意を怠ったことにより、重大な虚偽、錯誤又は脱漏ある財務書類を重大な虚偽、錯誤及び脱漏のないものとして証明したとき
　・懲戒処分
　　(1)　監査法人

II　社外役員のための金融商品取引法講義

　　　業務改善命令・2年以内の業務の全部又は一部の停止命令・解散命令（同法34条の21第2項）
　　(2)　公認会計士
　　　　戒告・2年以内の業務停止・登録の抹消（同法30条2項、29条）

7　コーポレートガバナンス

・コーポレートガバナンス・コードの尊重の努力義務（東京証券取引所有価証券上場規程445条の3）
・コンプライ・オア・エクスプレイン（同規程436条の3）
・「コーポレートガバナンス報告書」（同規程419条）（注8）

　コーポレートガバナンス報告書の不提出、コンプライ・オア・エクスプレインの不実施について、東京証券取引所は次の実効性の確保の措置をとることができます。

(1)　特設注意市場銘柄の指定（有価証券上場規程501条1項3号、4号）
(2)　改善報告書の提出要求（同規程502条1項1号、2号）
(3)　公表措置（同規程508条1項1号、2号）
(4)　上場契約違約金（同規程509条1項1号、2号）

（注1）
　金融商品取引法2条24項に「金融商品」の定義規定があります。これはデリバティブ取引（同条20項〜23項）の定義のための概念を定めたものです。デリバティブ取引の原資産となる「金融商品」を定義することにより、デリバティブ取引の範囲を画する機能を有するものです。

　同条25項には「金融指標」の定義規定があります。これも同様に、デリバティブ取引の参照指標となる「金融指標」を定義したもので、デリバティブ取引の範囲を画する機能を有します。

　デリバティブ取引につき、法律家向けの簡単な説明として、平下美帆著『実務のための金融商品取引法　第2版』（民事法研究会）69頁以下。

（注2）
(1)　金融商品取引法2条1項、2項は「有価証券」の定義規定です。

　金融商品取引法の「有価証券」は、「第一項有価証券」と「第二項有価証券」に分けられます（同法2条3項柱書）。「第一項有価証券」は、同法2条1項各号の有価証券と「有価証券表示権利」です（同条3項柱書）。「有価証券表示権利」は、同条1項1号から15号までに掲げる有価証券、17号に掲げる有価証券（16号に掲げる有価証券の性質を有するものを除く）及び18号に掲げる有価証券に、表

示されるべき権利です。つまり、上場会社の電子化された株券、証券の発行されないストックオプションの新株予約権など、有価証券が発行されていない権利も「第一項有価証券」とされます。

「第二項有価証券」は、金融商品取引法2条2項各号の権利です（2条3項柱書）。

(2) 金融商品取引法2条1項、2項で規定される「有価証券」の権利の法的性質は、大ざっぱに分類すると次の6種類です。

① 貸付債権及び類似のもの

国債証券（同法2条1項1号）、地方債証券（同項2号）、特殊債（同項3号）、特定社債券〔資産流動化法2条9項〕（金融商品取引法2条1項4号）、社債券（同項5号）、投資法人債券〔投資信託及び投資法人に関する法律2条20項〕（金融商品取引法2条1項11号）、コマーシャルペーパー（同項15号、金融商品取引法第2条に規定する定義に関する内閣府令2条）、外国法人の譲渡性預金の預金証券・学校債券（金融商品取引法2条1項21号、施行令1条、金融商品取引法第2条に規定する定義に関する内閣府令4条）、学校貸付債権（金融商品取引法2条2項7号、施行令1条の3の4）

② 株式及び類似のもの

特殊法人の出資証券（同項6号）、優先出資証券〔協同組織金融機関の優先出資に関する法律4条〕（金融商品取引法2条1項7号）、優先出資証券〔資産流動化法2条9項〕（金融商品取引法2条1項8号）、株券（同項9号）、投資証券〔投資信託及び投資法人に関する法律2条15項〕・外国投資証券（金融商品取引法2条1項11号）

③ 新株予約権及び類似のもの

新優先出資引受権証券〔資産流動化法139条〕（金融商品取引法2条1項8号）、新株予約権証券（同項9号）、新投資口予約権証券〔投資信託及び投資法人に関する法律2条18項〕（金融商品取引法2条1項11号）

④ 組合出資及び類似のもの

合名会社・合資会社・合同会社の社員権（金融商品取引法2条2項3号、4号）

組合契約〔民法667条1項〕、匿名組合契約〔商法535条〕、投資事業有限責任組合契約〔投資事業有限責任組合契約に関する法律3条1項〕、有限責任事業組合契約〔有限責任事業組合契約に関する法律3条1項〕、に基づく権利、社団法人の社員権のうち出資者が出資又は拠出した金銭を充てて行う出資対象事業から生ずる収益の配当又は出資対象事業に係る財産の分配を受ける権利であるもの＝集団投資スキーム持分（金融商品取引法2条2項5号、6号）

⑤ 信託及び類似のもの

投資信託の受益証券〔投資信託及び投資法人に関する法律2条7項〕、外国

Ⅱ 社外役員のための金融商品取引法講義

投資信託の受益証券（金融商品取引法2条1項10号）、貸付信託の受益証券〔貸付信託法8条〕（金融商品取引法2条1項12号）、特定目的信託の受益証券〔資産流動化法2条15項〕（金融商品取引法2条1項13号）、受益証券発行信託の受益証券〔信託法185条〕（金融商品取引法2条1項14号）、外国貸付債権信託受益証券等（金融商品取引法2条1項18号、金融商品取引法第2条に規定する定義に関する内閣府令3条）、信託の受益権〔信託法2条1項、7項〕（金融商品取引法2条2項1号、2号）

⑥ その他
　カバード・ワラント（金融商品取引法2条1項19号）、預託証券〔DR＝Depositary Receipt〕（同項20号）

　以上、①～⑥を頭に入れると、有価証券の理解が少しは容易になると思います。

(注3)
　金融商品取引法2条3項、4項に「有価証券の募集」「有価証券の売出し」の定義規定があります。
　私が平成23年に担当した東京弁護士会研修講座でこれを説明しました。概要は次の通りです（東京弁護士会弁護士研修センター運営委員会編『金融商品取引法の知識と実務』（ぎょうせい）11頁）。

【有価証券の募集】（金融商品取引法2条3項）
　第1項　有価証券
　　新発（新たに発行される）の有価証券の取得の申込みの勧誘で、次の1号、2号にあたる場合
〈1号〉50名以上の者を相手方とする場合（施行令1条の4、5）
〈2号〉50名未満を相手方とする場合であっても、次のイ、ロ、ハ以外の場合
　イ　適格機関投資家私募（施行令1条の4）
　ロ　特定投資家私募（施行令1条の5の2）
　ハ　少人数私募（施行令1条の6、7）

50人以上		｝募集
50人未満	イ、ロ、ハ以外	
	イ　適格機関投資家私募	
	ロ　特定投資家私募	｝私募
	ハ　少人数私募	

第2項　有価証券
　　新発の有価証券の取得の申込みで、その取得勧誘に応じることにより500名以上の者がその取得勧誘に係る有価証券を所有することとなる場合（施行令1条の7の2）

【有価証券の売出し】（金融商品取引法2条4項）
　第1項　有価証券
　　既発（既に発行された）の有価証券の売付け勧誘等（売付けの申込み又はその買付けの申込みの勧誘）で、次の1号、2号にあたる場合
　〈1号〉50名以上の者を相手方とする場合（施行令1条の7の4、1条の8）
　〈2号〉50名未満を相手方とする場合であっても、次のイ、ロ、ハ以外の場合
　　イ　適格機関投資家私売出し（施行令1条の7の4）
　　ロ　特定投資家私売出し（施行令1条の8の2）
　　ハ　少人数私売出し（施行令1条の8の3、4）

50人以上		売出し
50人未満	イ、ロ、ハ以外	
	イ　適格機関投資家私売出し	
	ロ　特定投資家私売出し	私売出し
	ハ　少人数私売出し	

　第2項　有価証券
　　既発の有価証券の売付け勧誘等で、その売付け勧誘等に応じることにより500名以上の者がその売付け勧誘等に係る有価証券を所有することとなる場合（施行令1条の8の5）
　※　自己株式の処分は、その性質上、株式の発行と同様なので、取得類似行為として売出しにあたらず、募集と扱われます（金融商品取引法2条3項、4項、金融商品取引法第2条に規定する定義に関する内閣府令9条1号）

（注4）
　　平成11年4月30日まで証券取引所は、証券会社の担当者が立会場に立って、身振り手振りで売買の処理を行っていました。築地の魚市場と同じです。その後は、コンピューターで売買が処理されています。とすれば、証券会社においても十分な機能を有するコンピューターシステムがあれば、証券取引所と同様に売買の処理が可能です。これが金融商品取引法2条8項10号で証券会社の業務として認められ、PTS業務と呼ばれています。
　　証券取引所の立会時間は、午前9時から11時30分の前場、12時30分から午後3時の後場です。いわゆるネット証券のPTS業務により立会時間外、夜間に上

場株券の取引が可能です。

(注5)

　MBOの場合、発行者以外の者による株券等の公開買付けの開示に関する内閣府令13条1項8号、同府令第二号様式記載上の注意(6) e.f.㉗参照。

　公開買付者が対象会社の役員、役員からの依頼を受けた者、対象会社の親会社である場合、公開買付者と株主の間に利益相反が生じる。スクイーズアウトや大株主が出現する新株発行の場合も同様の利益相反が生じうるので、その手続において同様の配慮を行うことが考えられる。

　なお、「企業価値の向上及び公正な手続確保のための経営者による企業買収（MBO）に関する指針」（平成19年9月4日経済産業省）参照。MBOと業績予想の下方修正につき、東京高決平成20年9月12日金融・商事判例1301号28頁、大阪高決平成21年9月1日判例タイムズ1316号219頁。

(注6)

　以上のほか、自己株式取得の決議が重要事実となり（金融商品取引法166条2項1号ニ）TDNETでの適時開示を要し、自己株式の取得がインサイダー取引の適用除外を受け（同条6項4号の2）、自己株式の取得のための公開買付けの実施の際には未公表の重要事実の公表等が義務づけられる（同法27条の22の3）ことがあげられる。

(注7)

　6(1)の罰金、(2)の課徴金、(3)の発行会社の損害賠償金、(4)の上場違約金は、会社の損害となりえます。

(注8)

　これらの規定と金融商品取引法の関係は以下のとおり。

　金融商品取引法117条1項4号は、金融商品取引所は業務規程で「有価証券の売買に係る有価証券の上場及び上場廃止の基準及び方法」に関する細則を定めなければならないと規定する。そして、東京証券取引所は、業務規程の1条の3第4項で「有価証券の上場、上場管理、上場廃止その他の上場有価証券に関する事項は、有価証券上場規程をもって定める」と規定している。有価証券上場規程445条の3、436条の3、419条は同規程第二編第四章「上場管理」に規定されている。

資　料

資料A
構成要件

1　インサイダー取引

〔1〕法166条により、会社関係者のインサイダー取引となるのは、

①会社関係者であって、重要事実［1］を1項各号に定めるところにより知ったものが、②当該重要事実の公表がなされる前に、③当該上場会社等の特定有価証券等に係る売買等をすること（1項前段）。

①重要事実を1項各号に定めるところにより知った会社関係者であって、当該各号に掲げる会社関係者でなくなった後1年以内のもの（元会社関係者）が、②当該重要事実の公表がなされる前に、③当該上場会社等の特定有価証券等に係る売買等をすること（1項後段）。

①会社関係者（元会社関係者を含む）から当該会社関係者が1項各号に定めるところにより知った重要事実の伝達を受けた者（情報受領者）が、②当該重要事実の公表がなされる前に、③当該上場会社等の特定有価証券等に係る売買等をすること（3項前段）。

①情報受領者がその職務上当該重要事実の伝達を受けた場合に、その伝達を受けた者が所属する法人の他の役員等であって、その役員等の職務に関し当該重要事実を知ったものが、②当該重要事実の公表がなされる前に、③当該上場会社等の特定有価証券等に係る売買等をすること（3項後段）。

である。

〔2〕法167条により、公開買付者等関係者のインサイダー取引となるのは、

①公開買付者等関係者であって、公開買付者等の公開買付け等の実施に関する事実又は公開買付け等の中止に関する事実を1項各号に定めるところにより知ったものが、②当該公開買付け等の実施に関する事実又は公開買付け等の中止に関する事実の公表がなされる前に、③公開買付け等の実施に関する事実に係る場合にあっては当該公開買付け等に係る株券等に係る買付け等、③公開買付け等の中止に関する事実に係る場合にあっては当該公開買付け等に係る株券等に係る売付け等をすること（1項前段）。

①当該公開買付け等の実施に関する事実又は公開買付け等の中止に関する事実を1項各号に定めるところにより知った公開買付者等関係者であって、当該各号に掲

げる公開買付者等関係者でなくなった後6カ月以内のもの（元公開買付者等関係者）が、②当該公開買付け等の実施に関する事実又は公開買付け等の中止に関する事実の公表がなされる前に、③公開買付け等の実施に関する事実に係る場合にあっては当該公開買付け等に係る株券等に係る買付け等、③公開買付け等の中止に関する事実に係る場合にあっては当該公開買付け等に係る株券等に係る売付け等をすること（1項後段）。

　①公開買付者等関係者（元公開買付者等関係者を含む）から当該公開買付者等関係者が1項各号に定めるところにより知った公開買付け等の実施に関する事実又は公開買付け等の中止に関する事実（公開買付け等事実）の伝達を受けた者（情報受領者）が、②当該公開買付け等事実の公表がなされる前に、③公開買付け等の実施に関する事実に係る場合にあっては当該公開買付け等に係る株券等に係る買付け等、③公開買付け等の中止に関する事実に係る場合にあっては当該公開買付け等に係る株券等に係る売付け等をすること（3項前段）。

　①情報受領者がその職務上当該公開買付け等事実の伝達を受けた場合に、その伝達を受けた者の所属する法人の他の役員等であって、その役員等の職務に関し当該公開買付け等事実を知ったものが、②当該公開買付け等事実の公表がなされる前に、③公開買付け等の実施に関する事実に係る場合にあっては当該公開買付け等に係る株券等に係る買付け等、③公開買付け等の中止に関する事実に係る場合にあっては当該公開買付け等に係る株券等に係る売付け等をすること（3項後段）。

　である。

　つまり、①誰が、②いつ、③何をどうした、で構成されている。

　刑法学上は、①は身分犯の身分、②は構成要件的状況、③は客体と行為にあたり、これらが構成要件要素となっている。

[1]　重要事実とは、「上場会社等に係る業務等に関する重要事実」である。

2　伝達等の禁止

〔1〕法167条の2第1項により、伝達等の禁止違反となるのは、

　①会社関係者（元会社関係者を含む）であって、重要事実を法166条1項各号に定めるところにより知ったものが、②他人に対し、③当該重要事実の公表がなされる前に、当該上場会社等の特定有価証券等に係る売買等をさせることにより当該他人に利益を得させ又は当該他人の損失の発生を回避させる目的をもって、④当該重要事実を伝達し、又は当該売買等をすることを勧めること。

　である。

〔2〕法167条の2第2項により、伝達等の禁止違反となるのは、

資　料

　①公開買付者等関係者（元公開買付者等関係者を含む）であって、公開買付け等事実を法167条1項各号に定めるところにより知ったものが、②他人に対し、③当該公開買付け等事実の公表がなされる前に、公開買付け等の実施に関する事実に係る場合にあっては当該公開買付け等に係る株券等に係る買付け等をさせ又は公開買付け等の中止に関する事実に係る場合にあっては当該公開買付け等に係る株券等に係る売付け等をさせることにより当該他人に利益を得させ又は当該他人の損失の発生を回避させる目的をもって、④当該公開買付け等事実を伝達し、又は当該買付け等若しくは売付け等を勧めること。
　である。
　つまり、①誰が、②誰に対して、③何の目的をもって、④何をした、で構成されている。
　刑法学上は、①は身分犯の身分、②は相手方、③は目的犯の目的、④は行為に当たり、これらが構成要件要素となっている。

Ⅱ　社外役員のための金融商品取引法講義

資料B

重要事実一覧

（協同組織金融機関、外国法人、投資法人を除く。トラッキングストックを除く）
※は、特定上場会社等（取引府令49条2項）では、企業集団（連結ベース）の数値とする。

1. 決定事実（法166 Ⅱ①）

上場会社等の業務執行を決定する機関が次に掲げる事項を行うことについての決定をしたこと、当該機関が公表された当該決定に係る事項を行わないことを決定したこと（軽微基準に該当するものを除く）

	事項	軽微基準（取引府令）
(1)	新株・自己株式処分の引受者の募集又は新株予約権の引受者の募集 （会社法199 Ⅰ、238 Ⅰ）　　　　　（①イ）	払込価額の総額が1億円未満の見込み （49Ⅰ①イ）
(2)	資本金の額の減少　　　　　　　　　（①ロ）	ナシ
(3)	資本準備金又は利益準備金の額の減少 　　　　　　　　　　　　　　　　　（①ハ）	ナシ
(4)	自己株式の取得 （会社法156 Ⅰ、163、165 Ⅲ） 　　　　　　　　　　　　　　　　　（①ニ）	ナシ
(5)	株式無償割当て又は新株予約権の無償割当て　　　　　　　　　　　　　　　　（①ホ）	
	ⅰ）株式の無償割当て	1株に対し0.1株未満　　　（49Ⅰ②イ）
	ⅱ）新株予約権の無償割当て	払い込むべき金額の合計額が1億円未満の見込み かつ、 1株に対し0．1株未満　　（49Ⅰ②ロ）
(6)	株式の分割　　　　　　　　　　　　（①ヘ）	1株に対し0.1株未満増加　　（49Ⅰ③）
(7)	剰余金の配当　　　　　　　　　　　（①ト）	前事業年度の配当額からの変動率が20%未満 （49Ⅰ④）
(8)	株式交換　　　　　　　　　　　　　（①チ）	
	ⅰ）完全子会社となる場合	ナシ
	ⅱ）完全親会社となる場合	完全子会社の最近事業年度末の総資産の簿価が完全親会社※の最近事業年度末における純資産の30%未満、かつ、完全子会社の最近事業年度の売上高が完全親会社の最近事業年度の売上高※の10%未満 又は 子会社が完全子会社となる場合　　（49Ⅰ⑤）
(9)	株式移転　　　　　　　　　　　　　（①リ）	ナシ
(10)	合併　　　　　　　　　　　　　　　（①ヌ）	
	ⅰ）新設合併	ナシ

	事項	軽微基準（取引府令）
	ⅱ）吸収合併（消滅会社となる場合）	ナシ
	ⅲ）吸収合併（存続会社となる場合）	合併による資産の増加額※が最近事業年度末の純資産※の30％未満の見込み、かつ、合併予定日の事業年度及び翌事業年度における売上高の各増加額※が最近事業年度の売上高※の10％未満の見込み 又は、 100％子会社との合併の場合　　　　（49Ⅰ⑥）
⑾	会社の分割　　　　　　　　　　（①ル）	
	ⅰ）事業の全部又は一部を承継させる場合	最近事業年度末の分割資産の簿価が純資産※の30％未満 かつ 分割予定日の事業年度及び翌事業年度の分割による売上高の各減少額※が最近事業年度の売上高※の10％未満の見込み　　　　　（49Ⅰ⑦イ）
	ⅱ）事業の全部又は一部を承継する場合	資産増加額※が最近事業年度末の純資産※の30％未満の見込み かつ 分割予定日の事業年度及び翌事業年度の分割による売上高の各増加額※が最近事業年度の売上高※の10％未満の見込み　　　　　（49Ⅰ⑦ロ）
⑿	事業の全部又は一部の譲渡又は譲受け （①ヲ）	
	ⅰ）譲渡	最近事業年度末の譲渡資産の簿価が純資産※の30％未満の見込み、 かつ、 譲渡予定日の事業年度及び翌事業年度における譲渡による売上高の各減少額※が最近事業年度の売上高※の10％未満の見込み　　　　（49Ⅰ⑧イ）
	ⅱ）譲受け	資産増加額※が最近事業年度末の純資産※の30％未満の見込み、 かつ、 譲受け予定日の事業年度及び翌事業年度における譲渡による売上高の各増加額※が最近事業年度の売上高※の10％未満の見込み　又は、100％子会社からの事業譲受け　　（49Ⅰ⑧ロハ）
⒀	解散　　　　　　　　　　　　　（①ワ）	ナシ
⒁	新製品又は新技術の企業化 　　　　　　　　　　　　　　　（①カ）	事業の開始予定日から3年以内に開始する各事業年度の売上高の各増加額※が最近事業年度の売上高※の10％未満の見込み かつ 事業開始のために特別に支出する額が最近事業年度末の固定資産の簿価※の10％未満の見込み 　　　　　　　　　　　　　　　（49Ⅰ⑨）
⒂	イ．業務上の提携　　　　（金商令28①）	

II 社外役員のための金融商品取引法講義

事項	軽微基準（取引府令）
ⅰ）資本提携を伴う場合	業務提携の予定日から3年以内に開始する各事業年度の業務上の提携による売上高の各増加額※が最近事業年度の売上高※の10％未満の見込み かつ 相手方会社の株式・持分を新たに取得する場合は、取得価額が最近事業年度末の純資産※と資本金※のいずれか少なくない額の10％未満の見込み、相手方に株式を新たに取得される場合は、取得される株式数が最近事業年度末の発行済株式総数の5％以下の見込み　　　　（49Ⅰ⑩イ）
ⅱ）新会社設立の場合	業務提携の予定日から3年以内に開始する各事業年度の業務上の提携による売上高の各増加額※が最近事業年度の売上高※の10％未満の見込み かつ 新会社の設立の予定日から3年以内に開始する各事業年度末の新会社の総資産の各簿価に出資比率を掛けたものが最近事業年度末の純資産※の30％未満の見込み、かつ、その3事業年度の各売上高に出資比率を掛けたものがいずれも最近事業年度の売上高※の10％未満の見込み　　　　（49Ⅰ⑩イ）
ⅲ）ⅰ）ⅱ）以外の場合	業務提携の予定日から3年以内に開始する各事業年度の業務上の提携による売上高の各増加額※が最近事業年度の売上高※の10％未満の見込み　　　　（49Ⅰ⑩イ）
ロ．業務上の提携の解消（金商令28①）	
ⅰ）資本提携の解消を伴う場合	業務提携の解消の予定日から3年以内に開始する各事業年度の業務上の提携の解消による売上高の各減少額※が最近事業年度の売上高※の10％未満の見込み かつ 相手方会社の株式・持分を取得している場合は、その簿価が最近事業年度末の純資産※と資本金※のいずれか少なくない額の10％未満、相手方に株式を取得されている場合は、取得されている株式数が最近事業年度末の発行済株式総数の5％以下　　　　（49Ⅰ⑩ロ）
ⅱ）新会社設立を伴う業務上の提携を解消する場合	業務提携の解消の予定日から3年以内に開始する各事業年度の業務上の提携の解消による売上高の各減少額※が最近事業年度の売上高※の10％未満の見込み かつ 新会社の最近事業年度末の総資産の簿価に出資比率を掛けたものが最近事業年度末の純資産※の30％未満、かつ、新会社の最近事業年度の売上高に出資比率を掛けたものが最近事業年度の売上

	事項	軽微基準（取引府令）
		高※の10％未満　　　　　　　　（49Ⅰ⑩ロ）
	ⅲ）ⅰ）ⅱ）以外の場合	業務提携の解消の予定日から3年以内に開始する各事業年度の業務上の提携の解消による売上高の各減少額※が最近事業年度の売上高※の10％未満の見込み　　　　　　　　　　　　　　　（49Ⅰ⑩ロ）
⒃	子会社の異動を伴う株式又は持分の譲渡又は取得　　　　　　　　（金商令28②）	
	ⅰ）連動子会社の場合	ナシ
	ⅱ）子会社を設立する場合	子会社設立の予定日から3年以内に開始する子会社の各事業年度末の子会社総資産の各簿価が親会社の最近事業年度末の純資産※の30％未満の見込み かつ その3事業年度の各売上高が親会社の最近事業年度の売上高※の10％未満の見込み　（49Ⅰ⑪ロ）
	ⅲ）ⅰ）ⅱ）以外の場合	子会社の最近事業年度末の総資産の簿価が親会社の最近事業年度末の純資産※の30％未満の見込み かつ 子会社の最近事業年度の売上高が親会社の最近事業年度の売上高※の10％未満の見込み （49Ⅰ⑪イ）
⒄	固定資産の譲渡又は取得　（金商令28③）	
	ⅰ）譲渡	最近事業年度末の譲渡固定資産の簿価※が純資産※の30％未満　　　　（49Ⅰ⑫イ）
	ⅱ）取得	固定資産の取得価額が会社の最近事業年度末の純資産※の30％未満の見込み　　　　（49Ⅰ⑫ロ）
⒅	事業の全部又は一部の休止又は廃止 （金商令28④）	休止又は廃止の予定日から3年以内に開始する各事業年度の休止又は廃止による売上高の各減少額※が最近事業年度の売上高※の10％未満の見込み　　　　　　　　　　　　　　　（49Ⅰ⑬）
⒆	金融商品取引所に対する株券の上場廃止に係る申請　　　　　（金商令28⑤）	ナシ
⒇	認可金融商品取引業協会に対する株券の登録の取消しに係る申請　（金商令28⑥）	ナシ
㉑	認可金融商品取引業協会に対する株券の取扱有価証券としての指定の取消しに係る申請　　　　　　　　　（金商令28⑦）	ナシ
㉒	破産、再生又は更生手続開始の申立て （金商令28⑧）	ナシ
㉓	新たな事業の開始（新商品の販売又は新たな役務の提供の企業化を含む。） （金商令28⑨）	新事業の開始予定日から3年以内に開始する各事業年度の新たな事業の開始による売上高の各増加額※が最近事業年度の売上高※の10％未満の見込み かつ 新事業開始のために特別に支出する額が最近事業年度末の固定資産の簿価※の10％未満の見込み　（49Ⅰ⑭）

II　社外役員のための金融商品取引法講義

事項	軽微基準（取引府令）
⑷ 防戦買いの要請　　　　（金商令28⑩）	ナシ
⑸ 預金保険法74条5項の申出　　　　　　　　　　　　　（金商令28⑪）	ナシ

2. 発生事実（法166Ⅱ②）

上場会社等に次に掲げる事実が発生したこと（軽微基準に該当するものを除く）

	事実	軽微基準（取引府令）
⑴	災害に起因する損害又は業務遂行の過程で生じた損害　　　　　　　　（②イ）	損害の額が最近事業年度末の純資産※の3％未満の見込み　　　　　　　　　　　　（50Ⅰ①）
⑵	主要株主の異動　　　　　　（②ロ）	ナシ
⑶	特定有価証券又は特定有価証券に係るオプションの上場の廃止又は登録の取消しの原因となる事実　　　　　　（②ハ）	社債券、優先株のみの廃止・取消原因となる事実（50Ⅰ②）
⑷	イ．財産権上の請求に係る訴えの提起　　　　　　　　（金商令28の2①）	訴額が最近事業年度末の純資産※の15％未満 かつ 直ちに全面敗訴した場合、提訴から3年以内に開始する各事業年度の敗訴による売上高の各減少額※が最近事業年度の売上高※の10％未満の見込み　　　　　　　　　　　　（50Ⅰ③イ）
	ロ．財産権上の請求に係る訴えについての判決等（判決又は訴訟の全部若しくは一部の裁判によらない完結）　　　　　　　　（金商令28の2①）	イの基準に該当する訴えに係る判決等又はイの基準に該当しない訴えに係る訴訟の一部の完結の場合で、判決等により会社の給付する財産の額が最近事業年度末の純資産※の3％未満の見込み かつ 判決等から3年以内に開始する各事業年度の判決等による売上高の各減少額※が最近事業年度の売上高※の10％未満の見込み　　　（50Ⅰ③ロ）
⑸	イ．事業の差止めその他これに準ずる処分を求める仮処分命令の申立て　　　　　　　　（金商令28の2②）	仮処分命令が直ちに申立てのとおりに発せられた場合、申立てから3年以内に開始する各事業年度の仮処分命令による売上高の各減少額※が最近事業年度の売上高※の10％未満の見込み　　　　　　　　　　　　（50Ⅰ④イ）
	ロ．イの申立てについての裁判等（裁判又は申立てに係る手続の全部若しくは一部の裁判によらない完結）　　　　　　　　（金商令28の2②）	裁判等から3年以内に開始する各事業年度の裁判等による売上高の各減少額※が最近事業年度の売上高※の10％未満の見込み　　（50Ⅰ④ロ）
⑹	免許の取消し、事業の停止その他これらに準ずる行政庁による法令に基づく処分　　　　　　　　（金商令28の2③）	処分から3年以内に開始する各事業年度の処分による売上高の各減少額※が最近事業年度の売上高※の10％未満の見込み　　　　（50Ⅰ⑤）
⑺	親会社の異動　　　（金商令28の2④）	ナシ
⑻	債権者その他当該上場会社等以外の者による破産手続開始の申立て等（再生手続開始、更生手続開始又は企業担保権実行の申立てを含む）　　　　　（金商令28の2⑤）	ナシ

—18—

	事実	軽微基準（取引府令）
(9)	不渡り等（手形・小切手の不渡り〔支払資金の不足によるものに限る〕又は取引停止処分） （金商令28の2⑥）	ナシ
(10)	親会社に係る破産手続開始の申立て等 （金商令28の2⑦）	ナシ
(11)	債務者又は保証債務に係る主たる債務者について不渡り等、破産手続開始の申立て等その他これらに準ずる事実が生じたことにより、債務者に対する債権又は主たる債務者に対する求償権について債務の不履行のおそれが生じたこと （金商令28の2⑧）	債権又は求償権について債務不履行のおそれのある額が最近事業年度末の純資産※の3％未満の見込み （50 I ⑥）
(12)	主要取引先との取引の停止 （金商令28の2⑨）	取引停止から3年以内に開始する各事業年度の取引の停止による売上高の各減少額※が最近事業年度の売上高※の10％未満の見込み （50 I ⑦）
(13)	債務の免除、第三者による債務の引受け若しくは弁済 （金商令28の2⑩）	免除・引受け・弁済の額が最近事業年度末の債務総額※の10％未満 （50 I ⑧）
(14)	資源の発見 （金商令28の2⑪）	資源の採掘・採取の開始から3年以内に開始する各事業年度の資源を利用する事業による売上高の各増加額※が最近事業年度の売上高※の10％未満の見込み （50 I ⑨）
(15)	特定有価証券又は特定有価証券に係るオプションの取扱有価証券としての指定の取消しの原因となる事実 （金商令28の2⑫）	優先株のみの取消原因となるもの （50 I ⑩）
(16)	特別支配株主〔会社法179 I〕が株式等売渡請求を行うことについての決定をしたこと、公表された当該決定に係る株式等売渡請求を行わないことを決定したこと （金商令28の2⑬）	ナシ

3. 決算情報（法166 Ⅱ③）

　上場会社等の次の事項について、公表された直近の予想値（当該予想値がない場合は、公表された前事業年度の実績値）と、上場会社等が新たに算出した予想値又は当事業年度の決算との差異が生じたこと（重要基準に該当するものに限る）

	事項	重要基準（取引府令）
(1)	売上高	10％以上の増減 （51①）
(2)	経常利益	30％以上の増減◎ かつ 増減額が前事業年度末の純資産と資本金の額の少なくない額の金額の5％以上 （51②）

—19—

Ⅱ　社外役員のための金融商品取引法講義

	事項	重要基準（取引府令）
(3)	純利益	30％以上の増減◎ かつ 増減額が前事業年度末の純資産と資本金の額の少なくない額の金額の2.5％以上　　　　（51③）
(4)	剰余金配当	20％以上の増減◎　　　　　　　　　　　（51④）
(5)	上場会社等の属する企業集団の売上高	10％以上の増減　　　　　　　　　　　　（51①）
(6)	上場会社等の属する企業集団の経常利益	30％以上の増減◎ かつ 増減額が前事業年度末の純資産と資本金の額の少なくない額の金額の5％以上　　　　　（51②）
(7)	上場会社等の属する企業集団の純利益	30％以上の増減◎ かつ 増減額が前事業年度末の純資産と資本金の額の少なくない額の金額の2.5％以上　　　　（51③）

（注）公表がされた直近の予想値又は当該予想値がない場合における公表がされた前事業年度の実績値が0の場合は、◎に該当する。

4. バスケット条項（法166Ⅱ④）

　1から3までに掲げる事実のほか、上場会社等の運営、業務又は財産に関する重要な事実であって投資者の投資判断に著しい影響を及ぼすもの

5. 子会社の決定事実（法166Ⅱ⑤）

　上場会社等の子会社の業務執行を決定する機関が子会社について次に掲げる事項を行うことについての決定をしたこと、当該機関が公表された当該決定に係る事項を行わないことを決定したこと（軽微基準に該当するものを除く）

	事項		軽微基準（取引府令）
(1)	株式交換	（⑤イ）	企業集団の資産の増加額が企業集団の最近事業年度末の純資産の30％未満の見込み かつ 企業集団の売上高の増加額が企業集団の最近事業年度の売上高の10％未満の見込み 又は 企業集団の資産の減少額が企業集団の最近事業年度末の純資産の30％未満の見込み かつ 企業集団の売上高の減少額が企業集団の最近事業年度の売上高の10％未満の見込み　（52Ⅰ①）
(2)	株式移転	（⑤ロ）	同上　　　　　　　　　　　　　　　　　（52Ⅰ②）

資　料

事項	軽微基準（取引府令）
(3) 合併　　　　　　　　　　　（⑤ハ）	企業集団の資産増加額が企業集団の最近事業年度末の純資産の30％未満の見込み かつ 合併予定日の企業集団の事業年度及び翌事業年度の合併による売上高の各増加額が企業集団の最近事業年度の売上高の10％未満の見込み　　（52Ⅰ③イ） 又は 企業集団の資産の減少額が企業集団の最近事業年度末の純資産の30％未満の見込み かつ 合併予定日の企業集団の事業年度及び翌事業年度の合併による売上高の各減少額が企業集団の最近事業年度の売上高の10％未満の見込み　　（52Ⅰ③ロ）
(4) 会社の分割（⑤ニ）	
イ．営業の全部又は一部を承継する場合	企業集団の資産増加額が企業集団の最近事業年度末の純資産の30％未満の見込み かつ 分割予定日の企業集団の事業年度及び翌事業年度の分割による売上高の各増加額が企業集団の最近事業年度の売上高の10％未満の見込み　　（52Ⅰ④イ）
ロ．営業の全部又は一部を承継させる場合	企業集団の資産の減少額が企業集団の最近事業年度末の純資産の30％未満の見込み かつ 分割予定日の企業集団の事業年度及び翌事業年度の分割による売上高の各減少額が企業集団の最近事業年度の売上高の10％未満の見込み　　（52Ⅰ④ロ）
(5) 事業の全部又は一部の譲渡又は譲受け 　　　　　　　　　　　　　　　（⑤ホ）	
ⅰ）譲渡	企業集団の資産の減少額が企業集団の最近事業年度末の純資産の30％未満の見込み かつ 譲渡予定日の企業集団の事業年度及び翌事業年度の譲渡による売上高の各減少額が企業集団の最近事業年度の売上高の10％未満の見込み　　（52Ⅰ⑤ロ）
ⅱ）譲受け	企業集団の資産増加額が企業集団の最近事業年度末の純資産の30％未満の見込み かつ 譲受け予定日の企業集団の事業年度及び翌事業年度の譲受けによる売上高の各増加額が企業集団の最近事業年度の売上高の10％未満の見込み（52Ⅰ⑤イ）
(6) 解散　　　　　　　　　　　（⑤ヘ）	企業集団の資産の減少額が企業集団の最近事業年度末の純資産の30％未満の見込み かつ 解散予定日の企業集団の事業年度及び翌事業年度の解散による売上高の各減少額が企業集団の最近事業年度の売上高の10％未満の見込み　　（52Ⅰ⑤の2）

	事項	軽微基準（取引府令）
(7)	新製品又は新技術の企業化　　　（⑤ト）	事業の開始予定日から3年以内に開始する各事業年度の売上高の各増加額が企業集団の最近の事業年度の売上高の10％未満の見込み かつ 新事業のために特別に支出する額が企業集団の最近事業年度末の固定資産の簿価の10％未満の見込み　　　　　　　　　　　　　　（52Ⅰ⑥）
(8)	イ．業務上の提携　　　（金商令29①）	
	ⅰ）資本提携を伴う場合	業務提携の予定日の企業集団の事業年度開始日から3年以内に開始する各事業年度の業務上の提携による企業集団の売上高の各増加額が企業集団の最近事業年度の売上高の10％未満の見込み かつ 相手方会社の株式・持分を新たに取得する場合は、取得価額が企業集団の最近事業年度末の純資産と資本金のいずれか少なくない額の10％未満の見込み、　相手方に株式を新たに取得される場合は、株式の取得価額が企業集団の最近事業年度末の純資産と資本金のいずれか少なくない額の10％未満の見込み　　　　　　　（52Ⅰ⑦イ）
	ⅱ）新会社設立の場合	業務提携の予定日の企業集団の事業年度開始日から3年以内に開始する各事業年度の業務上の提携による企業集団の売上高の各増加額が企業集団の最近事業年度の売上高の10％未満の見込み かつ 新会社の設立の予定日から3年以内に開始する各事業年度末の新会社の総資産の各簿価に出資比率を掛けたものがいずれも企業集団の最近事業年度末の純資産の30％未満の見込み、 かつ、 その3年以内に開始する各事業年度の新会社の各売上高に出資比率を掛けたものがいずれも最近事業年度の企業集団の売上高の10％未満の見込み　　　　　　　　　　　　　　（52Ⅰ⑦イ）
	ⅲ）ⅰ）ⅱ）以外の場合	業務提携の予定日の企業集団の事業年度開始日から3年以内に開始する各事業年度の業務上の提携による企業集団の売上高の各増加額が最近事業年度の売上高の10％未満の見込み　　（52Ⅰ⑦イ）
	ロ．業務上の提携の解消　（金商令29①）	
	ⅰ）資本提携の解消を伴う場合	業務提携の解消の予定日の企業集団の事業年度開始日から3年以内に開始する各事業年度の業務上の提携の解消による企業集団の売上高の各減少額が企業集団の最近事業年度の売上高の10％未満の見込み かつ 相手方会社の株式・持分を取得している場合は、その簿価が企業集団の最近事業年度末の純資産と資本

資　料

事項	軽微基準（取引府令）
	金のいずれか少なくない額の10％未満、相手方に株式を取得されている場合は、株式の取得価額が企業集団の最近事業年度末の純資産額と資本金のいずれか少なくない額の10％未満　　　（52Ⅰ⑦ロ）
ⅱ）新会社設立を伴う業務上の提携を解消する場合	業務提携の解消の予定日の企業集団の事業年度開始日から3年以内に開始する各事業年度の業務上の提携の解消による企業集団の売上高の各減少額が企業集団の最近事業年度の売上高の10％未満の見込み かつ 新会社の最近事業年度末の総資産の簿価に出資比率を掛けたものが企業集団の最近事業年度末の純資産の30％未満、かつ、新会社の最近事業年度の売上高に出資比率を掛けたものが企業集団の最近事業年度の売上高の10％未満　　　（52Ⅰ⑦ロ）
ⅲ）ⅰ）ⅱ）以外の場合	業務提携の解消の予定日の企業集団の事業年度開始日から3年以内に開始する各事業年度の業務上の提携の解消による企業集団の売上高の各減少額が企業集団の最近事業年度の売上高の10％未満の見込み （52Ⅰ⑦ロ）
⑼　孫会社の異動を伴う株式又は持分の譲渡又は取得　　　（金商令29②）	
ⅰ）孫会社を設立する場合	孫会社設立の予定日から3年以内に開始する各事業年度末の孫会社総資産の各簿価が企業集団の最近事業年度末の純資産の30％未満の見込み かつ その3年以内に開始する各事業年度の各売上高が企業集団の最近事業年度の売上高の10％未満の見込み　　　（52Ⅰ⑧ロ）
ⅱ）ⅰ）以外の場合	孫会社の最近事業年度末の総資産の簿価が企業集団の最近事業年度末の純資産の30％未満 かつ 孫会社の最近事業年度の売上高が企業集団の最近事業年度の売上高の10％未満の見込み　　　（52Ⅰ⑧イ）
⑽　固定資産の譲渡又は取得　　　（金商令29③）	譲渡又は取得による企業集団の資産の増減額が企業集団の最近事業年度末の純資産の30％未満の見込み　　　（52Ⅰ⑨）
⑾　事業の全部又は一部の休止又は廃止　　　（金商令29④）	休止又は廃止の予定日から3年以内に開始する各事業年度の休止又は廃止による企業集団の売上高の各減少額が企業集団の最近事業年度の売上高の10％未満の見込み　　　（52Ⅰ⑩）
⑿　破産、再生又は更生手続開始の申立て　　　（金商令29⑤）	ナシ

―23―

	事項	軽微基準（取引府令）
(13)	新たな事業の開始（新商品の販売又は新たな役務の提供を含む。） （金商令29⑥）	事業の開始予定日から3年以内に開始する各事業年度の新たな事業の開始による企業集団の売上高の各増加額が企業集団の最近事業年度の売上高の10％未満の見込み かつ 新事業開始のために特別に支出する額が企業集団の最近事業年度末の固定資産の簿価の10％未満の見込み　　　　　　　　　　　　　　　（52Ⅰ⑪）
(14)	預金保険法74条5項の申出 （金商令29⑦）	ナシ
(15)	連動子会社の剰余金配当 （金商令29⑧）	トラッキングストック以外の特定有価証券の売買等を行う場合　　　　　　　　　　　（52Ⅰ⑫）

6. 子会社の発生事実（法166Ⅱ⑥）

上場会社等の子会社に次に掲げる事実が発生したこと（軽微基準に該当するものを除く）

	事実	軽微基準（取引府令）
(1)	災害に起因する損害又は業務遂行の過程で生じた損害　　　　　　　　（⑥イ）	損害の額が企業集団の最近事業年度末の純資産の3％未満の見込み　　　　　　　　　（53Ⅰ①）
(2)	イ．財産権上の請求に係る訴えの提起 （金商令29の2①）	訴額が企業集団の最近事業年度末の純資産の15％未満であり かつ 直ちに全面敗訴した場合、提訴から3年以内に開始する各事業年度の敗訴による企業集団の売上高の各減少額が企業集団の最近事業年度の売上高の10％未満の見込み　　　　　　　　　（53Ⅰ②イ）
	ロ．財産権上の請求に係る訴えについての判決等（判決又は訴訟の全部若しくは一部の裁判によらない完結） （金商令29の2①）	イの基準に該当する訴えに係る判決等又はイの基準に該当しない訴えに係る訴訟の一部の完結の場合で、判決等により当該子会社の給付する財産の額が企業集団の最近事業年度末の純資産の3％未満の見込みであり かつ 判決等から3年以内に開始する各事業年度の判決等による企業集団の売上高の各減少額が企業集団の最近事業年度の売上高の10％未満の見込み　　　　　　　　　（53Ⅰ②ロ）
(3)	イ．事業の差止めその他これに準ずる処分を求める仮処分命令の申立て （金商令29の2②）	仮処分命令が直ちに申立てのとおりに発せられた場合、申立てから3年以内に開始する各事業年度の仮処分命令による企業集団の売上高の各減少額が企業集団の最近事業年度の売上高の10％未満の見込み　　　　　　　　　（53Ⅰ③イ）
	ロ．イの申立てについての裁判等（裁判又は申立てに係る手続の全部若しくは一部の裁判によらない完結） （金商令29の2②）	裁判等から3年以内に開始する各事業年度の裁判等による企業集団の売上高の各減少額が企業集団の最近事業年度の売上高の10％未満の見込み　　　　　　　　　（53Ⅰ③ロ）

	事実	軽微基準（取引府令）
(4)	免許の取消し、事業の停止その他これらに準ずる行政庁による法令に基づく処分 （金商令29の2③）	処分から3年以内に開始する各事業年度の処分による企業集団の売上高の各減少額が企業集団の最近事業年度の売上高の10%未満の見込み （53Ⅰ④）
(5)	債権者その他当該子会社以外の者による破産手続開始の申立て等（金商令29の2④）	ナシ
(6)	不渡り等（金商令29の2⑤）	ナシ
(7)	孫会社に係る破産手続開始の申立て等（金商令29の2⑥）	ナシ
(8)	債務者又は保証債務に係る主たる債務者について不渡り等、破産手続開始の申立て等その他これらに準ずる事実が生じたことにより、債務者に対する債権又は主たる債務者に対する求償権について債務の不履行のおそれが生じたこと （金商令29の2⑦）	債権又は求償権について債務不履行のおそれのある額が企業集団の最近事業年度末の純資産の3%未満の見込み （53Ⅰ⑤）
(9)	主要取引先との取引の停止 （金商令29の2⑧）	取引停止から3年以内に開始する各事業年度の取引の停止による企業集団の売上高の各減少額が企業集団の最近事業年度の売上高の10%未満の見込み （53Ⅰ⑥）
(10)	債務の免除、第三者による債務の引受け若しくは弁済 （金商令29の2⑨）	免除・引受け・弁済の額が企業集団の最近事業年度末の債務総額の10%未満 （53Ⅰ⑦）
(11)	資源の発見（金商令29の2⑩）	資源の採掘・採取の開始から3年以内に開始する各事業年度の資源を利用する事業による企業集団の売上高の各増加額が企業集団の最近事業年度の売上高の10%未満の見込み （53Ⅰ⑧）

7. 子会社の決算情報（法166Ⅱ⑦）

　上場会社等の子会社の次の事項について、公表された直近の予想値（当該予想値がない場合は、公表された前事業年度の実績値）と、当該子会社が新たに算出した予想値又は当事業年度の決算との差異が生じたこと（重要基準に該当するものに限る）

	事項	重要基準（取引府令）
(1)	売上高	10%以上の増減 （55Ⅱ①）
(2)	経常利益	30%以上の増減◎ かつ 増減額が前事業年度末の子会社の純資産と資本金の額の少なくない額の金額の5%以上 （55Ⅱ②）
(3)	純利益	30%以上の増減◎ かつ 増減額が前事業年度末の子会社の純資産と資本金の額の少なくない額の金額の2.5%以上 （55Ⅱ③）

Ⅱ　社外役員のための金融商品取引法講義

(注)　7の子会社は、取引府令55条1項により、その子会社が上場会社等（金商令27条の2に定める有価証券の発行者）又は連動子会社にあたる場合に限られる。ただし、連動子会社の決算情報が重要事実となるのは、トラッキングストックの売買等を行う場合に限る（取引府令55Ⅰ）。

　　公表がされた直近の予想値又は当該予想値がない場合における公表がされた前事業年度の実績値が0の場合は、◎に該当する。

8. 子会社のバスケット条項（法166Ⅱ⑧）
　5から**7**までに掲げる事実のほか、上場会社等の子会社の運営、業務又は財産に関する重要な事実であって投資者の投資判断に著しい影響を及ぼすもの

Ⅲ 不祥事対応と第三者委員会の実務
信頼のⅤ字回復のために必要な行動

弁護士・公認不正検査士 　竹 内 　朗

Ⅲ　不祥事対応と第三者委員会の実務　信頼のV字回復のために必要な行動

　ただいまご紹介いただきました弁護士の竹内朗と申します。よろしくお願いします。東京弁護士会の会社法部の会員でもありますが、本日は会社法の専門講座ということでお話をさせていただきます。

　演題に「不祥事対応と第三者委員会の実務」とあるとおり、会社法の講座ではありますが、法律の話というよりは、実務上生成されてきたことですので実務の話を中心にしようと思います。また、サブタイトルとして「信頼のV字回復のために必要な行動」ということで、これが一つの不祥事対応のキーワードなのかなと思いますので、そんな話をしてまいりたいと思います。

　私は48期の司法修習で弁護士21年目です。途中5年間ほど証券会社の企業内弁護士をし、企業の中からいろいろなコンプライアンスや不祥事対応といったこともしておりました。今はたまたま2つとも社外取締役ですが、上場会社の社外役員として企業に携わっているということで、専門は企業のリスクマネジメントというようなところです。また、共編著で『企業不祥事インデックス』（商事法務、2015年）という書籍も出しております。

　本日の大きな流れを簡単にお話しします。本日のテーマは不祥事対応と第三者委員会ですが、第三者委員会の委員だけではなく、皆様は企業法務に携わっているわけですから、いろいろな立場でやはり不祥事対応というものに関与しておられると思います。どの立場で関与されても、一つの大きな軸みたいなものがあり、自分がある立場で関与しても、他の立場で関与される弁護士さんと一緒に協働しながら危機を乗り越えていくようなこともたくさん経験します。そういう意味で軸を共有するということが大事なのかなということで、4つの関わり方ということからお話をします。軸といっているのが2番目の「不祥事対応の全体像と行動原理」であり、この辺を押さえた上で各論に入っていこうと思います。

　不祥事対応というのは、要はオール・ステークホルダー対応、すなわち、いろいろなステークホルダーが不祥事の場面で関わってきます。それに対して、どのようにバランスを取りながら対応していくかというようなお話になるかと思います。それと少し法律的な話としまして、不祥事対応と役員の善管注意義務というような話です。昔のダスキン事件というのが有名な事件ですが、直近では東芝や東洋ゴムで起きた不祥事でも代表訴訟が起こされてい

る、まさに役員責任が問われている事象が生じています。

5番の「適時開示」というのは、少し聞きなれないことかと思いますが、不祥事がいわゆるインサイダー情報に当たり、インサイダー取引で摘発されるケースというのが、後ほど具体的に紹介しますが、もう既に少なくとも3件出てきています。直近の東洋ゴムの事例でも、まさにそういうことが生じているわけですが、この辺は少し実務の中で盲点になりがちなところなので、一つ注意喚起としてテーマに入れています。

それから、本日の一つのテーマの第三者委員会ですね。第三者委員会の実務自体は、もうかなり定着してきていますし、皆様がいつ第三者委員会の委員として委嘱されるという事態が起こらないとも限らない中で、日弁連ガイドライン等もありますが、少しその辺の実務的なお話を中心にしてまいりたいと思います。

それと最後にケーススタディを2つということで、先ほど来出てきている東芝の不正会計の事件と東洋ゴム工業の免震ゴム偽装問題。これは直近で私が原稿を書いたものがありますので、それを眺めながら、このかなり社会的な注目を集めた2つのケースにつき、有事対応についてどうだったのか、どのように評価されるのかという辺りもお話をして最後にまとめというように進めてまいりたいと思います。

レジュメ1頁下段は参考資料の一覧です。本日は弁護士さんが聴衆の方であり、皆様資料を読みこなす力はあると思いますので、少し資料を多めに付けています。資料の1番から4番までは当局が出しているものですね。5番として日弁連が出している「企業等不祥事における第三者委員会のガイドライン」を資料に付けています。6番～9番（略）はこの関連の問題に対して、私が書いた拙い論文ではありますが、4つほど付けております。このようなものに触れながら進めてまいります。

1　弁護士の4つの関わり方

会社法、会社を説明するときに、私はレジュメ2頁上段のモデルをよく使って説明をします。上下の三角形がちょうど社長のところで重なり合っているようなものになります。

III 不祥事対応と第三者委員会の実務　信頼のV字回復のために必要な行動

　下から説明すると、これは業務執行機関ですね。皆様は会社法をご存じなのでご理解いただけると思いますが、社長を頂点とし、社長の下に業務執行担当の取締役がいて、その下に執行役員や管理職、平社員がいるといったピラミッド構造の業務執行機関です。ここでの話は、例えばリスク管理体制、内部統制システム、コンプライアンスというのは大体こちらの話です。言い換えると、リスク管理、内部統制の主催者は誰かというと、社長ですよね。社長による業務執行としてリスク管理業務をやっているという話です。リスク管理担当の役員がいるかもしれませんが、それを最終的に統括するのは社長であるというのがリスク管理の話です。

　これに対してガバナンスです。コンプライアンスとガバナンスとがどう違うのかという話は、私は次のように整理しています。コーポレートガバナンスというのは、要は社長を頂点とする業務執行機関全体がうまく回るように監督するということであり、これは「社長による規律」に対するものとして、「社長に対する規律」と書いていますが、株主が取締役と監査役を選任して取締役から構成される取締役会で代表取締役を選任するという会社法の世界ですよね。こういうヒエラルキーの中では、代表取締役社長というのは業務執行者として一番下位に存在するのですが、実際の社長は会社ではトップに君臨しているということを表すのに、このような図を使っています。

　これに弁護士をマッピングしていこうというのが、次の4つの関わり方という話なのです。

　1つ目は、顧問弁護士です。私も含めてそうですが、皆様が会社と関われる形では一番多いのではないかと思います。顧問業務を会社の外のアウトサイドカウンセルとしてやる場合。顧問ではなくスポットで案件をやる場合でも同じだと思うのですが、法務リーガル部門の管理職や担当役員といった辺りとお付き合いが多いのではないでしょうか。会社の規模にもよりますが、大体、顧問業務というのは、高さでいうとこの辺りが一般的なのではないか、ある程度経営層にも近いけれども社長と何か話すわけではないというのが一般的だと思います。

　図の右側に「★」で示しているのは、私自身が顧問弁護士なり顧問業務として過去に携わった不正事例です。例えば、不正会計の事件であるとか、製品事

故の事件であるとか、対外公表をしてその回収等、市場対応をも含むようなものを顧問弁護士としてアドバイス、サポートしたようなことがありました。

　2つ目は、企業内弁護士です。企業内弁護士は業務執行機関の中にいて、法務業務、リーガル業務をしている業務執行者ですよね。ですから、企業内弁護士にガバナンス機能があるかといいますと、業務執行機関の一員ですので、ないと言わざるを得ません。企業内弁護士にガバナンスを求めるということが、そもそもナンセンスな話だと思います。企業内弁護士には、社員の方もいれば、執行役員クラスの方もいれば、役員になられる方もいる。今、ジェネラルカウンセルとかチーフリーガルオフィサー的なことも、だんだん増えてきていると思いますが、大体はこの辺りに分布している方が多いのかなというところです。

　私が証券会社で企業内弁護士をしていたときには、情報漏えいの話ですとか、従業員が不当な勧誘をしたとか、お客さんのお金をどこかにやってしまったというような不祥事対応はかなり日常的に行っていたと思います。

　3つ目は、社外役員です。ガバナンスコードの影響もあると思いますが、今、弁護士の中でも社外役員の経験者は格段に増えています。私も今まで通算5つの会社の上場会社の社外役員を務めてきましたが、会社ではやはりいろいろな不正行為、不祥事が起きます。そのときには顧問弁護士とはまた違う立場で関与していきます。社外役員をやった方なら顧問弁護士と何が違うのか分かると思いますが、善管注意義務が問われる場面ですから、社外役員として正しい行動をとるとか、社長に正しい行動をとらせることが、社外役員としての善管注意義務なので、顧問業務とは違う景色で仕事をすることになると思います。

　不幸なことですが、私が実際に社外役員をしている会社で1件不正会計が起き、第三者委員会を作って、決算発表を株主総会の日まで遅らせるといった対応をし、膝詰めで監査法人と折衝するということを実際にやったケースがありました。

　最後に4つ目は、本日のテーマの1つでもある第三者委員会です。第三者委員会の委員というのは、むしろ今までこの会社とは何の関係もなかった方が就任するケースが多いですよね。むしろ顧問弁護士はやりません。今まで

Ⅲ　不祥事対応と第三者委員会の実務　信頼のV字回復のために必要な行動

この会社の仕事をしたことのない方のほうが、第三者委員会の委員としては適任だと一般的にいわれていますし、実際にそのような方が選任されることが多いと思います。

私が今年携わった件で、餃子の王将（王将フードサービス）が平成28年1月の頭に弁護士2人と会計士1人の3人で第三者委員会を作り、3月の下旬に調査報告書を出したというものがあります。それは一面、反社会的勢力絡みの第三者委員会といってよいと思います。

それから、私が経験したものでいうと、トップのハラスメントの案件です。ハラスメントの問題が難しいのは、被害者の方がいるので、開示するか、しないかが重要です。一般的な第三者委員会の報告書は開示ありきですが、このケースは開示をしないという選択をしました。かなり調査をして、報告書もそれなりのボリュームのものを出しましたが、被害者に配慮して開示は一切しなかったというイレギュラーな形でした。

あとは、海外での贈賄の案件です。これは2年ぐらい前ですが、ベトナムとインドネシアとウズベキスタンの3国で1億6000万円に上る賄賂を海外の公務員に払ったというものです。刑事でも不正競争防止法違反で起訴されて有罪になった件ですが、そのような第三者委員会の調査業務です。あとは、インサイダー取引です。銀行員のインサイダー取引やファンドのパートナーのインサイダー取引、少し遡ると、NHKの報道記者のインサイダー取引とか、そのような案件に調査業務等として携わった経歴があります。

皆様の中でも、不祥事対応あるいは第三者委員会というものにどこかの形で携わる、もう既に携わられているといった経験があると思います。大体弁護士が入ることが多いと思いますが、この4つの各プレーヤーがお互い連携しながら事を進め、よりベストな解決にもっていくことがこれから増えていくと思います。そのときに同じゴールを目指す、理念を共有している方だと、仕事を非常にスムーズに進めることができるのかなと思います。

2　不祥事対応の全体像と行動原理

(1)　不祥事発生時の再発防止策

次は少し一般論的な話になってしまいますが、不祥事対応について、大事

2 不祥事対応の全体像と行動原理

な行動原理的なことをお話ししようと思います。まず、平時と有事に分けたときに、平時のリスク管理には不祥事を予防することもありますが、もう一つ見落としがちなのは不祥事を発見することです。多くの会社で不祥事を予防するために、例えば、規定作りやマニュアル作り、研修をやっていますが、不祥事が起きたときにいかにスピーディーに見つけることができるかといった機能をどれだけ作っているでしょうか。私はこれを「発見統制」と呼んでいますが、会社の中で不祥事が起きてからそれを発見するまでの時間が長ければ長いほど、会社のダメージが大きいわけですよね。人間の体にたとえれば、普段から摂生をして健康に気を遣っていても、がんが体の中にできてしまう可能性はあるわけです。「普段から予防しているからがん検診になんか行かない」という人はいないわけで、必ず定期的にがん検診等を受けて早期発見、早期治療、早期対応に努めている。それと同じことを会社はしているのだろうか、というのが発見統制というわざわざ「予防」と「発見」を書き分けていることの問題意識ですね。発見が早ければ早いほど、不祥事対応もうまくいくということは言えると思います。

次に、有事の話です。不祥事を発見してから後ろの話ですが、事実をよく調査して、原因を突き止めて、それが二度と起こらないような、あるいは起こる確率を極限まで下げることができるような再発防止策をとるという3つがセットだと思っています。これが有事の危機対応ですね。レジュメ2頁下段の「再発防止」から「従前の予防統制、発見統制の脆弱性を克服する再発防止策を、平時の予防統制、発見統制に実装することで、不祥事対応はようやく一巡する」と矢印が回っています。再発防止が完了するとようやく有事から平時に戻れます。いろいろな会社の不祥事を見ていると、要は有事対応をやっているときはまともなビジネスができないわけですよね。営業マンが名刺を持っていったところで、「あなたの会社は、今こんなことをやっているじゃないか。どの面下げて営業に来るんだ」といった状態なわけですよ。

例えば、私がいた証券会社だと、やはり不祥事対応をしているときには、機関投資家は、株の取引の注文をくれないわけですよね。「禊が終わらないと注文なんか出せないよ」ということが当たり前の世界です。会社の期間業績を考えても、いかに有事をスピーディーに終わらせて平時に戻すかという

ことが、非常に大事になってきます。時間軸の感覚が非常に大事だということです。

この図の中に、「第三者委員会」という矢印を入れています。その長さが非常に中途半端なのですが、これには理由があります。まず、不祥事を発見してから、初動調査は会社がやりますよね。それがどれぐらいの規模感、ダメージなのか、その規模感によってこれは会社だけでは済まないだろうとか、これは第三者委員会を作らないといけないとか、顧問弁護士がサポートする場合もあると思いますが、その初動調査は必ず会社がやりますよね。相当な規模だというときに、第三者委員会が作られて、当然事実調査からやって原因を突き止めて、再発防止の提言をする。いろいろな第三者委員会の報告書をみてみると、その再発防止の提言をしているだけです。「今回の不祥事を調べたところ、あなたの会社にはこのような問題があり、それについてはこのような処方箋を出すから、これで改善したらどうですか」という提言はするものの、それを受け取って再発防止を実際にしていくのは会社の方です。ですから、図中の矢印は途中で切れています。そのため、第三者委員会の委員ではない方、あるいは第三者委員会に入る方であっても、不祥事対応の全体のサイクルの中で自分が今どこを担っているのかという立ち位置は、意識されたほうがよいと思います。

第三者委員会は不祥事に対するコミットメントが非常に短いと、1か月集中的に調査し、報告書を出し、請求書を出して、あとは帰るといった言われ方を、企業の方にされることが結構多いのですが、それは全体の中で自分がどの役割を担っているのか、どのような報告書を出したら会社がそれを受け取って、再発防止なり信頼回復につなげやすいのかということは、常に意識する必要があるだろうと思います。

(2) 事業継続ガイドライン（BCP）

レジュメ3頁上段の図は、BCPといわれている事業継続ガイドラインです。内閣府が出しており、東日本大震災などで有名になったBCPですが、この図は本来、次のようなことをいっています。

操業度100％の会社がある日大きな災害に見舞われて、操業度が急落します。しかし、BCPを普段からきちんとしている会社は、その落ち込みが図

中の「目標」や「許容限界」の範囲内にとどまるということです。もう一つ大事なことは、いかに速やかに元の操業度に回復するかという時間軸の発想です。これが遅れれば遅れるほど、まともな企業活動ができず、まともにキャッシュが入ってきません。それだけで事業継続が立ち行かなくなるということですから、そうならないように、時間軸の発想というのは非常に大事です。

なぜこの図を持って来たかというと、不祥事対応も全く同じだと思うからです。社会的信頼度100％の会社があるとして、ある日、大規模な不祥事に見舞われて社会的評価が急落します。これは仕方のないことで、一旦受け止めないといけないことです。これで隠蔽に走ると、さらに最悪なことになります。落ち込んだ信頼をいかにスピーディーに回復するか、図の右肩上がりの曲線をいかにきれいに描いていくかが、不祥事対応にアドバイスをする我々弁護士の一番価値のある仕事だと思います。

そのスピードが大事だということで、「V字回復」という言葉をあえて使っていますが、不祥事で失墜した信頼をV字回復することが不祥事対応の最終目的であって、この目的を共有しながら、①顧問弁護士〜④第三者委員会の人が協働しながら進めていくことが非常に大事ではないかと思います。

(3) 被害の最小化と信頼回復の最速化

レジュメ3頁下段の表は、行動原理とは、企業が具体的にどのような行動をすればよいのかというものです。まずタテ軸ですが、被害の落ち込みを最小化するためには、被害の早期発見ですよね。これで発見統制の重要性が出てくると、いち早く被害発生を食い止める。

例えば、タカタというエアバッグの会社があり、ここ数年来ずっと報道されていますが、残念ながらその発見が遅れて対応が遅れたことによって、あれだけの数のエアバッグを車に取り付けてしまいその車が走っているわけですよね。それでいろいろな所で事故が生じて異常破裂が生じて人が亡くなる。でも、今は自分の財務体力だけではその解決ができないところまで進んでしまって、ではどこの救済を受けるのかという話を今報道されているような状況ですけれど、これも早期発見できないばかりに自分の体力を超える偶発債務をばらまいてしまったということに等しい状況だと思います。だから、早

期発見は非常に大事です。メーカーの製品事故においては、特にということです。

　それから二次被害の防止です。欠陥製品や事故による、事故や健康被害、企業恐喝に屈して金を払う。健康被害で思い出すのはカネボウ化粧品の美白化粧品の問題、企業恐喝で有名なのはダスキンの判決です。あれは企業恐喝を受けて6300万円の口止め料を払ったという有名な事件ですが、そのような二次被害を防ぐということもあると思います。

　より大事なことは、「信頼回復の最速化」というヨコ軸です。これを行動に因数分解すると、まず自浄作用という言葉がよく出てきますが、それは先ほど言った事実を調べて原因を突き止めて再発を防止することです。もう1つ大事なことは、このような自浄作用のプロセスを踏みましたということを、きちんとステークホルダーに説明することです。先ほどの上段の図中の曲線は何かというと、社会からの信頼度、ステークホルダーからの信頼曲線です。会社が独りよがりに自浄作用を発揮したところで、それがステークホルダーにきちんと説明されてステークホルダーが納得しなければ、信頼は決して回復しないわけです。ですから、開示が大事であり、説明責任を果たしましょうというのが、そのような部分に出てくるわけです。目的と直結している非常に重要なことです。危機管理広報を失敗すると信頼を回復しないということがいわれるのも、この辺の文脈からご理解いただけるところだと思います。

　レジュメ3頁下段の中央下側の囲いで示している部分ですが、第三者委員会は何をするかというと、事実を調べて原因を突き止めて再発を防止することです。そして、それをステークホルダーに説明することも、第三者委員会の仕事です。例えば数十頁とか、時には百頁を超えるような詳細な報告書で、何が起きたのか、なぜ起きたのか、どうやったら起きないのかというステークホルダーが知りたいことが全て書いてある報告書を出す。それを第三者委員会は、あくまで会社に出すのですが、会社がそれを自社のウェブサイトに上げたり、マーケットに適時開示したりすることでステークホルダーがそれを読んで納得をする。それによって、会社が再発防止をきちんと遂げていけば、この不祥事を克服する、企業価値が回復すると思ってもらえるかどうかということが非常に大事であって、この辺が第三者委員会の独立性と専門性

というのがキーになると思います。身内ではなく、独立した人から見て、悪材料が全部書いてあり、これ以上悪いニュースはないというものを出しきることが、信頼の下落の底を打つ上で、非常に大事なことだと思います。

⑷ 上場会社における不祥事対応のプリンシプル

　資料1は、日本取引所自主規制法人という証券取引所が、2016年2月24日に出した上場会社における不祥事案のプリンシプルです。わずか2頁のものですが、エッセンスが濃縮された、今後の不祥事対応の座標軸となる大事なプリンシプルです。

　プリンシプル本体は2頁のうち1枚に全て収まっているのですが、「企業活動において自社（グループ会社を含む）に関わる不祥事又はその疑義が把握された場合には、当該企業は、必要十分な調査により事実関係や原因を解明し、その結果をもとに再発防止を図ることを通じて、自浄作用を発揮する必要がある。その際、上場会社においては、速やかにステークホルダーからの信頼回復を図りつつ、確かな企業価値の再生に資するよう、本プリンシプルの考え方をもとに行動、対処することが期待される」と、先ほどから述べているようなキーワードが、このように入っています。これを構造的に表すとレジュメ4頁上段の下の図のようになりますが、BCPの図などと同じことを述べていると思います。これは我々にとっても教科書のようなものです。不祥事対応をしていくのであれば、上場会社でなくてもデファクトスタンダードとして、今後当然参照、準拠せざるを得ないという中身になります。

　もう少し具体的に中身をみていくと、資料1の2頁目に「①」から「④」まで4つ並んでいます。「①不祥事の根本的な原因の解明」に「不祥事の原因究明に当たっては、必要十分な調査範囲を設定の上、表面的な現象や因果関係の列挙にとどまることなく、その背景等を明らかにしつつ事実認定を確実に行い、根本的な原因を解明するよう努める。」とあり、「そのために、必要十分な調査が尽くされるよう、最適な調査体制を構築するとともに、社内体制についても適切な調査環境の整備に努める。その際、独立役員を含め適格な者が率先して自浄作用の発揮に努める」とあります。この①だけで、いろいろなことが書いてあります。根本的な原因、真因やルート構図という言葉を使う方もいらっしゃいますが、どんなに個人レベルの不祥事であっても、

III　不祥事対応と第三者委員会の実務　信頼のV字回復のために必要な行動

必ず組織的な要因があります。

　例えば、末端の社員が100万円を着服横領したという些末な着服横領が挙げられます。ある支店で着服横領があって3年間で100万円を盗った社員がいて、見つけたので即刻懲戒解雇にし、100万円を無事回収したということで一件落着といった報告を受けることが社外役員をやっているときによく経験します。でもそれは何かが足りないのです。その人を組織からつまみ出したのも、100万円を戻させたのも、それはそれでよいのですが、ではなぜその人が3年間で100万円も盗れるような会社側の体制、組織側の体制であったのか、なぜそのようなことを3年間も気付かなかったのでしょうか。そこにメスを入れない限り、再発防止はできません。会社は、100万円を返させてクビにして、一件落着と言いたがりますが、ちょっと待ってください。このような場面は本当によく目にします。きちんと再発防止をすることが、リスク管理体制を作っていく上で非常に大事です。予防と発見ですよね。組織側の構造的な要因といった根本的な原因に立ち返らない限り、次の不祥事は必ず防げないという観点が必要だと思います。

　そして、「②第三者委員会を設置する場合における独立性・中立性・専門性の確保」です。皆様の典型的な質問として、第三者委員会はどのようなときに作るのかというものがあると思いますが、今から読むところにその答えが全部書いてあります。「内部統制の有効性や経営陣の信頼性に相当の疑義が生じている場合、当該企業の企業価値の毀損度合いが大きい場合、複雑な事案あるいは社会的影響が重大な事案である場合などには、調査の客観性、中立性、専門性を確保するため、第三者委員会の設置が有力な選択肢となる」とあります。当局なので「設置しなさい」とは当然書きませんが、有力な選択肢となるということは、例えば皆様が社外役員をやっている会社であれば、第三者委員会を作るのか作らないのかということについて、取締役レベルで議論をして結論を出さないといけないということです。もしこのようなものに当たるのに第三者委員会を作らないということであれば、相当な説明責任が役員に対して課されると思います。作らないことの効果が実際に出てくると思います。

　その先に、「そのような趣旨から、第三者委員会を設置する際には、委員

の選定プロセスを含め、その独立性・中立性・専門性を確保するために、十分な配慮を行う」とあります。これも新しい実務です。今まで委員の選定プロセスに光が当たったことは正直ありませんでした。選択肢が多くあるわけでもないので、誰の知り合いか分からないような人を何となく、いろいろなツテをたどって何とか3人集めるというのが今までの実務です。しかしながら、プリンシプルにこう書かれてしまったので、委員の選定プロセスに、特に社外役員は関与しているのか、全く社外役員の関与しないところで社長のお友達を連れて来たのかといったところが、これからはまさに問題になります。プリンシプルのこの表現は、実務をかなり動かす記載だと思います。

それから、「また、第三者委員会という形式をもって、安易で不十分な調査に、客観性・中立性の装いを持たせるような事態を招かないよう留意する」とあります。当局は、このような表現を使っていわゆる不良第三者委員会的なものを牽制しているわけです。

それから次に③です。「実効性の高い再発防止策の策定と迅速な実行。再発防止策は、根本的な原因に即した実効性の高い方策とし、迅速かつ着実に実行する。この際、組織の変更や社内規則の改訂等にとどまらず、再発防止策の本旨が日々の業務運営等に具体的に反映されることが重要であり、その目的に沿って運用され、定着しているかを十分に検証する」。この検証は誰がするかというと、おそらく非業務執行役員(具体的にいうと、社外取締役と監査役)です。特に監査役にとっては、この事故検証、再発防止が実際に実務の中にビルトインされて機能しているのかということは、まさに監査の直接の対象になる部分だと思います。

それから④「迅速かつ的確な情報開示。不祥事に関する情報開示は、その必要に即し、把握の段階から再発防止策実施の段階に至るまで迅速かつ的確に行う」とあります。「この際、経緯や事案の内容、会社の見解等を丁寧に説明するなど、透明性の確保に努める」とあり、開示が大事だということも書かれています。

わずか1枚のプリンシプルですが、かなり多くの内容を含んでいます。何か企業で問題が起きたときには、まず社長にこれを一通り読んでもらった上で、さてどうしますかという話を今後はすることになると思います。

3 オール・ステークホルダー対応

　レジュメ4頁下段は、オール・ステークホルダー対応についての図です。不祥事の類型にもよりますが、大体全部で8つのステークホルダーを、会社を取り囲む形で並べて、考える必要があると思います。第三者委員会ではなく会社に対してアドバイスする立場では、この8つぐらいは頭に置きながら、どこかに偏ってどこかをないがしろにするような対応ではいけないということを常に考えながら、バランスを大事にして進めていくことが不祥事対応だと思います。

　実務的に感じるつながりみたいなものが図の右側にあります。やはり一番大事なのは被害者ですよね。製品事故であればそれによって被害を受けた方、健康被害を受けたり、場合によっては死傷された方やそのご遺族がいらっしゃるのでその被害者に対して、あるいは情報が漏えいしてしまった方への対応が、私は一番の軸、中心だと思います。

　このようなメカニズムがあるため、被害者の被害感情が非常に強く、会社の対応が不誠実だと思って納得できないということになると、大体マスメディアがそれに乗っかって報道するわけです。マスメディアはマスメディアで自分たちが社会正義だと思っていますので、不誠実な会社は成敗してやるという使命感にかられて、いろいろと報道します。当然悪意的なバッシング報道になることが多いです。そうすると今度は、こんな不誠実な会社を許しておいてよいのかと、取材は当局のほうに当然向くわけです。そうすると当局も、それだけ騒いでいるにもかかわらずこの会社は大丈夫だと言うわけにいかないため、何らかの権限行使を考えざるを得ません。当然、当局から当該会社に対する風当たりも強くなってくるという状況ができあがると、今度は消費者、つまり被害者以外のこれまで当社製品を買ってくれていたお客さまやこれまで当社とお取引してくれていた先が、だんだん引いてくわけです。「この会社は大丈夫か」、あるいは「こんな会社と取引していたら、とばっちりを食らうのではないか」という流れができてきます。それによってかなり企業価値が毀損しますよね。

　本期間業績、例えばクオーターの業績に直結し、数字として表れてくると

今度は株主、投資家、銀行、債権者、メインバンクなどがもう放っておけなくなります。まさに期間業績に関わってくる、財務が毀損してくるという状態になりますので、そうすると誰かのクビを差し出さないと収まらないのではないかということにもなっていきます。これは当局が言う場合もあります。経営陣がこういった段取りの悪い対応をしていると、最後は役職員が「やっていられない。もうこんな経営者早く変えてくれ。もっと早くまともな経営者を連れてきてくれ」などと飲み屋で言うような状況にもなってしまいます。これは非常に悪い流れです。一連のステークホルダー対応というのは、やはりいろいろなところでつながってくることなので、そういうことも考えながら対応していくことになるのではないかと思います。不祥事対応とは、オール・ステークホルダーに最善の対応を尽くすことと言い換えてもよいと思います。

　こういうときに必要なものは情報の開示です。開示に消極的な会社はさまざまなステークホルダーから見ても、何をやっているのか分かりませんし、これだけ言われているのに何も情報が出てきません。役員の感覚が社会とずれているのではないかと危惧を抱かせるような開示の不正というのが一番、ステークホルダーに対しては不審を買う行動です。ですから、それも含めて隠さない開示が非常に大事だと思います。

　実際には非常に難しく、例えば、ある製品事故の問題が起きたときに、その1つの製品を作るのにサプライチェーンがありますが、その足並みがそろうかといったことです。

　私が1件経験したケースでは、ストーブを作っている会社がご相談に来られました。取扱説明書では当然注意喚起をしているのですが、温風が強く出てくるようなストーブで、ボヤの手前のような衣服が少し焦げてしまったといった事故が何件か報告されてくるため、その会社はこれ以上重大な事故が起きたらまずいので、何らかの市場対応をしたいとのことでした。ストーブを使っている方に対して更に注意喚起をする、場合によってはそこにガードのようなものを付けて衣服が触れないような市場対応をしたいとご相談に来られ、「それはすごくいいことだと思います」というアドバイスをしました。「そうですか」と言って持って帰ったのですが、実はそのストーブを販売し

ている取引先が非常に強い会社で、しかもその会社が、「だって取扱説明書にこれだけしつこく書いてあるのだからそんなものは要らないでしょう」と言い出しました。そこで、どうやっても足並みがそろいません。その販売会社に顧客のリストがあるのですが、メーカーは持っていません。ですから、販売会社から顧客のリストをもらわない限り、顧客に対する直接の通知も出せないという状況です。「協力してください」「いや、そんなものは要らないだろう」といったやり取りをずっとしており、結局、その会社は販売会社の圧力に屈して市場対応しませんでした。このケースは、その後重大な事故が起きて問題になるといったことがなかったので事なきを得たと思いますが、このように同じサプライチェーンの中でも、同じベクトルで協調的な行動が取れるかどうかということは分かりません。

　逆のパターンもあると思います。販売会社に「この商品ってどうなの」と問合せが来てそれをメーカーに上げても、メーカーがその商品について欠陥認定をすることは相当勇気がいることですし、まさに期間業績にヒットし特別損失をいくら出すかといった話になります。そこでやはり足並みがそろわずメーカーが動かないという逆の場合もあると思います。特に製品事故の場合は、言うほどなかなか足並みがそろわない難しさがあるとは思います。

4　不祥事対応と役員の善管注意義務

(1)　ダスキン事件の例から

　ここからはやや法律的な話をします。ダスキン事件は、ダスキンの肉まんに未認可添加物が混入してしまったのですが、役員たちがそれを知りながら結局公表しないことに決め、一部の役員はそれに対する口止め料として6300万円を払ったというものが概要です。大阪高裁の平成18年の判決が出ており、不祥事対応の役員の善管注意義務内容を非常に詳細に解き明かしているものといってよいと思います。

　すなわち、「取締役及び監査役には、「現に行われてしまった重大な違法行為によって受ける企業としての信頼喪失の損害を最小限度に止める方策を積極的に検討する」ことを内容とする善管注意義務が課せられる」。そして、「具体的には自ら進んで事実を公表して、既に安全対策が採られ問題が解消して

4　不祥事対応と役員の善管注意義務

いることを明らかにする」、あるいは「「既に過去の問題であり克服されていることを印象づける」「積極的に消費者の信頼を取り戻すために行動し、新たな信頼関係を構築していく」という行動が求められる」といっています。

　先ほどのBCPの図（レジュメ3頁上段）を念頭に置きながら読んでいただくと意味はよく分かると思いますが、まさに行動を起こす義務です。何もしない、先送りをするということが一番危険です。例えば、車や化粧品は常にユーザーの手元で使われているわけですから、今日、明日、健康被害が起きる可能性があります。ところが、特にダスキン事件が象徴的なのは、普通の製品事故と違って、未認可添加物が混入した肉まんが12月の段階で全部販売され、もう売り切れていたのです。ミスタードーナツという店舗で肉まんがカウンター越しに手渡され、それを12月の段階で売り切っており、それから7か月経ったときにこの一連の話を聞いた取締役と監査役が結局公表しないという判断をしました。ですから、その7カ月経った時点では、もう肉まんは世の中には存在せず、明日、明後日、健康被害が生ずるという状況ではありません。

　それにもかかわらず、大阪高裁は食品会社として会社の信頼回復を妨げるあるまじき行動をとったとしました。未認可添加物が混入していると知りながら売り切ってしまったという間違った先行行為があり、しかも6300万円の口止め料を払っているという間違った先行行為もあり、それが明るみに出るだけで会社の信用が地に落ちるような状況なのになおさら隠すことに対して、それは善管注意義務違反であり、こういう行動をとらなかったことが任務懈怠との判断をしたという非常に象徴的な事例だと思います。先ほどのBCPの図に照らして、将来に向けて信頼回復をしていくための具体的行動をとったかといわれたら何一つとっていないという意味では、任務懈怠だといわれても仕方がないと思います。

　先ほどのBCP図において平時の100％の横線がありますが、ここから落ち込んだ面積が広くなればなるほど、会社のダメージは拡大しますよね。ですから概念的にいうと、この面積をいかに狭くするか、それは縦の落ち込みもそうですが、横軸をいかに短くしてスピーディーに信頼回復するかということになります。広い面積ではなく小さくとどめることが役員の善管注意義

Ⅲ　不祥事対応と第三者委員会の実務　信頼のⅤ字回復のために必要な行動

務の内容だというイメージを私は持っていますし、おそらくそういうことだと思います。そのための具体的な行動と信頼のⅤ字回復のための行動が求められます。必要なことは行動であり、議論して、でも立ち尽くしていることは決して仕事をしていることにはならないと思います。

　また、「JPX「プリンシプル」が公表された後は、これが上場会社における不祥事対応のベンチマークとなる。このプリンシプルに反する取締役及び監査役の行動は、善管注意義務違反の提訴リスク及び敗訴リスクを高める」ということは、間違いなく言えるのではないでしょうか。プリンシプルというのはソフトローではありますが、非常に影響度の高いものだということで、最初にご紹介しました。

⑵　日本監査役協会／監査役監査基準第27条

　もう１つこれも知識として、特に社外監査役等をされる方は知っておくべきものです。日本監査役協会というところが「監査役監査基準」というひな形を出しています。以前は24条だったのですが、今は27条になっています。内容は変わっていないのですが、「企業不祥事発生時の対応及び第三者委員会」ということについて、３項を割いてかなり詳しく書いています。

　まず１項は、「監査役は、企業不祥事が発生した場合、直ちに取締役等から報告を求め、必要に応じて調査委員会の設置を求め調査委員会から説明を受け、当該企業不祥事の事実関係の把握に努めるとともに、原因究明、損害の拡大防止、早期収束、再発防止、対外的開示のあり方等に関する取締役及び調査委員会の対応の状況について監視し検証しなければならない」ということで、これはまだ。執行サイドがやっていることを監視し検証するモニタリングのレベルですよね。

　２項はさらに突っ込んで書いています。「前項の取締役の対応が、独立性、中立性、透明性等の観点から適切でないと認められる場合には、監査役は、監査役会における協議を経て、取締役に対して当該企業不祥事に対する原因究明及び再発防止策等の検討を外部の独立した弁護士等に依頼して行う第三者委員会の設置の勧告を行い、あるいは必要に応じて外部の独立した弁護士等に自ら依頼して第三者委員会を立ち上げるなど、適切な措置を講じる」。執行サイドが、自分の保身を図って、第三者委員会なんか作られたら自分の

クビが飛ぶことが明らかなのでサボタージュをしたというようなときには、監査役会は自らこういうものを立ち上げることも考えなさいということが明記されています。

　さらに3項が少しびっくりするような内容で、「監査役は、当該企業不祥事に対して明白な利害関係があると認められる場合を除き、当該第三者委員会の委員に就任することが望まし」いということで、これに異論を唱える実務家も結構多いですが少なくとも現状こう書かれてはいます。「第三者委員会の委員に就任しない場合にも、第三者委員会の設置の経緯及び対応の状況等について、早期の原因究明の要請や当局との関係等の観点から適切でないと認められる場合を除き、当該委員会から説明を受け、必要に応じて監査役会への出席を求める」。第三者委員会もモニタリング対象だというのは、私は正しいと思います。第三者委員会というのは別にアンタッチャブルではありませんから、会社のモニタリングを受けて当たり前だと思います。

　そこから先には、「監査役は、第三者委員会の委員に就任した場合、会社に対して負っている善管注意義務を前提に、他の弁護士等の委員と協働してその職務を適正に遂行するものとする」ということが書かれているわけですね。これは監査役に対する1つの行動のベンチマークであり、これが善管注意義務に直結するとはいいませんが、知識としては入れておいていただいてよいのかなと思います。

　監査役協会の会員というのは、大体がいろいろな会社の監査役なのですよね。この件についていろいろな方と議論をする機会があるのですが、ある人曰く、「この1項、2項は監査基準に入れているけれども、3項は除いているよっていう会社が半分ぐらいあるんじゃないか」ということでした。ですから、それだけ監査役協会の中でもこれには議論があり、本当に監査役がその委員に就任することが望ましいとまで言えるのかという問題意識は、実はここにはあるのですよね。

　ただ、純粋な社外の人間を3人連れてくる委員会よりも、社外役員が1人ぐらい入っているいわゆるハイブリッド型のほうがよいのではないかという意見もありますし、私もどちらかというとそういう意見です。1つの理由として、やはり第三者委員会というのはその会社に対するコミットメントが非

常に短く、最短1か月ないし3か月で集中的に仕事をしていなくなってしまう人たちだということです。ところが、社外役員というのは、まさにその報告書を受け取ってからが仕事であり、その再発防止をいかに実行的にしかもスピーディーに遂げていくかということに強いコミットメントがあるので、むしろそういう人を第三者委員会に入れたほうがいろいろな意味での継続性があってよいということがあります。

　私も第三者委員会をいくつかやる中で、社外役員の方と一緒に委員を組んだこともありますが、今まで見ていると、むしろプラス面のほうが多いような気がします。例えばヒアリングについて誰にどういう順番で聞いたら一番効果的かなどについても的確にアドバイスをしていただくこともありますし、ハイブリッド型というのは、それはそれでよいのではないかと思うところはあります。

5　インサイダー取引と適時開示

　ここからは少し毛色の違う話をします。

(1)　2009年5月21日／金融庁

　資料2は、栗本鐵工所という会社の取引先の社員によるインサイダー取引なのですが、何が重要事実かというと、「2　事実及び理由」(1)の「被審人は、㈱栗本鐵工所取引先の社員であったが、同社の他の社員が、同社と㈱栗本鐵工所が締結した売買契約の履行に関し知った、㈱株式会社栗本鐵工所が製造、販売する高速道路用ホローースラブパイプについて、強度試験の検査数値の改ざん及び板厚の改ざんが確認された」ということです。栗本鐵工所のパイプでこのようないわゆる性能偽装があったということを知った取引先の社員が、栗本鐵工所が公表する日の直前に栗本株を売り抜けたということで、インサイダー取引になったという事例です。

　ですから、不祥事というのはある程度の規模になるとその上場会社にとってのインサイダー情報になるということをこの事例は教えています。同じような事例があと2つあるわけです。

(2)　2011年6月10日／証券取引等監視委員会

　資料3は、スルガコーポレーションという会社の事件ですが、これも「1

告発の対象となった犯則事実」を見ますと、「犯則嫌疑者Aは、犯則嫌疑法人株式会社スルガコーポレーションの代表取締役であったもの、犯則嫌疑者B及びCは、犯則嫌疑法人スルガコーポレーションの社員であったものであり、犯則嫌疑者3名は、いずれも自己の職務に関し、犯則嫌疑法人が従前から委託先法人に行わせていた犯則嫌疑法人所有の商業ビルの立ち退き交渉業務に関し、警察において、同委託先法人が反社会的勢力であるとし、当該交渉業務について、犯則嫌疑法人の役員らの取調べ等の捜査を進めているという」インサイダー情報を知った社長と社員がスルガコーポレーション株を売り抜けたという、社長にあるまじき行動であり、これは課徴金で済まずに起訴された事例です。

　ビルの立ち退き交渉というのは、要は当時「地上げ」と報道されていましたが、地上げに関西系の反社会的勢力関係者を使ったのが弁護士法違反だということで、警察の捜査を受けていたという事実関係があるのですね。それを百も承知の社長と社員がスルガ株を売り抜けたというのがインサイダーで摘発された事件です。

(3)　2016年9月16日／金融庁

　資料4は、平成28年9月16日の金融庁のリリースで、会社は東洋ゴム工業です。「2　課徴金に係る……事実」ですが、「被審人（A）は、B社の役員であるが、平成27年3月12日、その職務に関し、東洋ゴム工業㈱が設置した免震ゴム問題対策本部の業務に従事する、東洋ゴムの連結子会社である東洋ゴム化工品㈱の社員であるCが職務に関し知り、その後、B社の他の役員であるDが職務上伝達を受けた、東洋ゴムが、建築基準法第37条2号の国土交通大臣認定を受けた性能評価基準に基づき、東洋ゴム化工品を通じて製造、販売していた「高減衰ゴム系積層ゴム支承」の一部が、同性能評価基準に適合しておらず、また、一部の性能評価基準に対する大臣認定を技術的根拠のない申請により受けていたことが確認された」ということがインサイダー情報です。これを東洋ゴム化工品という東洋ゴムの子会社の社員から聞いた人が、東洋ゴム株を売り抜けたというものです。

　この3つの事例はいずれも共通しているのですが、私もある段階まで不祥事対応とインサイダー取引というのは、全然頭の中でつながっていませんで

した。しかし、栗本鐵工所の課徴金の納付命令を受けたときに「あっ、こういうことがあるんだ」というように思い、その後スルガが出てきて、直近で東洋ゴム工業でも同じことが起こっています。ですから、皆様が不祥事対応をするときに、その会社が上場会社あるいは上場会社のグループ会社である場合には、インサイダーという典型的な二次不祥事を防ぐように会社にアドバイスをしないといけません。これを考えて見落とさないということが非常に大事だと思います。

(4) 講師が体験した事例について

　これももう何年も前の話ですが、事務機器を作っている上場会社があり、やはりそこで規格を取るときにおかしな数値を入れて規格を取ったというような性能偽装があるということで相談に来られました。そこで、Xデーを決めてこの日に開示をしましょうということで、Q＆Aを作ったりコールセンターをセットしたりし、そこでお客さまや取引先の対応をしましょうということで進めていたのですね。

　すると、ある日その担当者の人が青い顔をして飛び込んで来て、このプロジェクトに関わっていた当社の役員の1人が当社株を売却してしまったというのです。別にインサイダー取引をやるつもりなどはさらさらなく、お嬢さんが結婚式かなんかを予定していてまとまったお金が必要だったので売り抜けてしまったということでした。ただ、これはそんな意図はないとしても重要事実になり得る事実を知りながら売りつけているわけですから、インサイダーの構成要件に当たるのですよね。

　私ももっとよく注意喚起しておけばよかったなと反省したのですが、栗本鐵工所の事例もあるので、「もしかしたらこれはそういう沙汰を受ける可能性もありますよ」という話をしたら、その会社がどうしたかというと、性能偽装を公表した日に、その役員と担当者が自ら証券取引等監視委員会に出向いて行き、「私はこの時期にこういう株の売り取引をしてしまいました。もしこれがインサイダー取引に当たるのであれば、甘んじて沙汰を受けます」という自己申告をしたのです。金商法上、個人が自己申告をしても何の減免にもならないのですが、ただ、会社としては、それが明るみに出たときにこういう潔い行動をとったということが一つのクライシスマネジメントの姿だ

5　インサイダー取引と適時開示

と考え、そういう行動をとられました。

　結果としてその会社は、株価がいっとき下がったのですが、前後1か月を比べてみたときにそんなに大きくは下がらなかったので、その方は事なきを得たわけですが肝を冷やしましたし、株価の動き次第では完全にインサイダーで課徴金をくらい、うっかりインサイダーであっても、「性能偽装をやりながら、なおかつ役員がその株を売り抜けた」という書かれ方を当然するわけですよね。

　そういうまさに二次不祥事に見舞われるような肝を冷やすような状況だったということもあり、繰り返しですがここでリマインドしたいのは、大規模な不祥事はインサイダー情報になり得るということを、特に上場会社に対してアドバイスする方は頭の片隅のどこかに置いておかないといけないということです。適時開示を遅らせれば、関係者によるインサイダー取引という二次不祥事を誘発しますし、その間に株を取得し、公表により株価下落の損失を被った株主から法的責任を追及されるというリスクがあります。

　インサイダー情報であるということは、要は株価を下げる要因となり得る情報だということですよね。裏を返せば、マーケットに速やかに開示をしなさいという適時開示が義務付けられている情報になるというルールが上場会社にあるわけです。そうすると適時開示を必要以上に遅らせることは2つのリスクを抱え込みます。1つは関係者がインサイダー取引をやってしまうということ。もう1つはその遅らせた間に、要はその不祥事を織り込まない高い株価でまだ株が毎日毎日取引されているわけです。そのときに株を高値づかみした人が、自分が取得した後に不祥事が公表されて株価が急落したら、「ふざけるな」という話になるわけですよ。「いつから知っていたんだ、何でここまで隠し続けたんだ。あなたの会社が適時開示をしないから自分はこんな高値で株を買ったじゃないか。こんな開示をされていたら私は絶対にこんな株を買わなかった」と、当然そういう責任追及を受ける可能性があります。これは不法行為ということで民事の損害賠償請求ですが、特に上場会社がそういう大規模な不祥事を抱え続ける、隠し続ける、ポケットに入れ続けるってことが大きなリスクになるということは、ここで注意喚起をしたいということです。

6　第三者委員会

(1)　第三者委員会に対する規律

1つは先ほどの2016年2月に出た日本取引所自主規制法人の「プリンシプル」(資料1)です。これは非常に大きな影響があるということを述べました。

もう1つは、これはもう皆様ご案内のことだと思いますが、2010年12月17日改訂の日弁連の「企業等不祥事における第三者委員会ガイドライン」(資料5)です。いちいち中身を詳細に説明しませんが、かなり理念型として書かれています。資料5の17頁の真ん中より少し下に、「もちろん、本ガイドラインは第三者委員会があまねく遵守すべき規範を定めたものではなく、あくまでも現時点のベスト・プラクティスを取りまとめたものである」と自ら謳っているわけであり、全てをこのスペックでやらなければいけないわけではないのですが、究極的な不祥事であれば大体はこれに則ってやりましょうねというのが共通認識ではないかと思います。

ベストプラクティスであるということが1つと、もう1つは同頁の上から10行目で、「しかし、第三者委員会の仕事は、真の依頼者が名目上の依頼者の背後にあるステーク・ホルダーである」というのがこのガイドラインの非常に大きな特徴なのですよね。最初読むと何をいっているのか分からないのではないかと思います。同様に、16頁の下から5行目「すなわち、経営者等自身のためではなく、すべてのステーク・ホルダーのために調査を実施し、それを対外公表することで、最終的には企業等の信頼と持続可能性を回復することを目的とするのが、この第三者委員会の使命である」ということで、それが社内調査委員会との決定的な違いだという説明がこの辺りに出ています。

目の前の社長が依頼者ではないということなのですよね。私は社外役員も全く同じマインドセットではないかと思います。皆様が社外取締役、社外監査役をやっていれば、自分の依頼者は企業であって、あるいは自分を選任してくれた株主なり一般株主であって、目の前の社長に雇われたのではないという感覚は、社外役員をやっている方であればお持ちだと思います。ここでいっているのは似たようなことで、不祥事対応として目の前の社長から委嘱を受けるのですが、その社長が過去におかしなことをやっていたら、それも

全部報告書にヒアリングして事実関係を書かないといけませんし、それによって社長が引責辞任することになっても企業価値が回復するのであれば、それを躊躇してはならないという意味だと受け取っていただければよいのではないかと思います。

　そんなに特殊なことだとは私は思わないのですが、ただ、そこを勘違いされる方が多いのです。「だって目の前の社長から依頼されているんだから社長の悪口は書けないでしょう」というようなことを平気で言う方がいらっしゃいますし、例えば世間の方からしても、「会社から雇われて金をもらっているのに、会社の悪口なんてどうせ書けないんでしょう」と第三者委員会に対して斜めに見ている方もやはりいらっしゃるのですよね。そうではないということをまずきっちり押さえるのが、このガイドラインの最大のポイントなのだと思います。

　その後ろにいろいろなこまごまとしたことが書いてありますが、それもこれも全て独立性を維持して、オールステーク・ホルダーのために、きちんとした調査業務をやるには、どういうしつらえが必要かということです。いくつか特長的なことを挙げると、例えば資料21頁の「第2．第三者委員会の独立性、中立性についての指針」には、「1．起案権の専属／調査報告書の起案権は第三者委員会に専属する」「2．調査報告書の記載内容／第三者委員会は、調査により判明した事実とその評価を、企業等の現在の経営陣に不利となる場合であっても、調査報告書に記載する」「3．調査報告書の事前非開示／第三者委員会は、調査報告書提出前に、その全部又は一部を企業等に開示しない」といったことまで書かれているのですよね。初めて読む方はびっくりされるかもしれませんが、特に3番は実務上異論を唱える弁護士もいます。何を恐れているかというと、事前に報告書の内容を経営者に開示することで解任されてしまう、クビにされてしまうというリスクが実際になくはないのだと思います。「もうこんな報告書だったら要らないよ」と、その時点で解任されて報告書はなきものになってしまうというリスクも考え、事前非開示ということまでここには書かれているわけですね。この辺に独立性の精神が色濃く出ていると思います。

　また、これは豆知識的なことといってもよいのですが、第三者委員会報告

書格付け委員会なる委員会があり、9人の委員からなっています。実は私もその9人の委員のうちの1人になっており、「勝手格付け委員会」と呼ばれているのですが、ふつう格付けというのは格付けがほしい企業が格付け機関にお金を払って頼んで格付けをしてもらうのですよね。ところが、この格付け委員会は頼まれてもいないのに、「じゃあ次はこれ」というように第三者委員会の報告書を決め、3か月に1回、その報告書についてAから一番ひどい不合格のFまで格付けを公表して、ウェブサイトも持っています。この名前で検索していただくとまず先にウェブサイトが出てきますが、今まで10本の格付けを行ってその結果を公表しています。これが実務に対するいかほどの規律になっているかということはあるのですが、やっている側としては、不良第三者委員会のようなものを少しでもなくす効果があろうと思ってやっているということです。

　ところで、なぜ多くの第三者委員会で弁護士が委員に選任されるのでしょうか。会計士や大学教授やいろいろな実務家は入ったり入らなかったりですが、私が知る限り、弁護士が1人も入っていない第三者委員会というのはおそらくないと思います。なぜかということなのですが、1つには事実認定力、証拠収集力です。やはりどういう証拠があればどういう事実が認定できる、この事実を認定するにはこういう証拠を集めなければいけないといったスキルは、法曹でないと持っていません。これが事実調査に絶対に必要なスキルです。論理的に説得力のある文章を書くというのも、報告書で人を納得させるわけですから必要です。また、会社法というバックグラウンドはありますが、目の前で起きた不祥事はこの会社組織のどこに病巣があることによるのかという内部統制の不備を見抜く力、そして、そのためのヒアリング力なども必要だと思います。

　最後に精神的な独立性です。これが最近揺らいできてやしないかという問題提起は常にいろいろなところからされます。特に当局の方がこういう問題意識が強いですよね。というのは、第三者委員会の報告書は開示されるものもされないものもありますが、世の中の目に触れるもののおそらく数十倍の報告書を当局の方は読んでいると思うのです。当局というのは、具体的には証券取引所や証券取引等監視委員会、金融庁ですが。「これはひどいな」と

いうものを相当見てきているので、こういう第三者委員会ガイドラインを策定するときにも是非やってくださいということを当局の方はおっしゃっていましたし、今でもそういうことは言い続けているのではないかと思います。ですから、この辺をまさに武器にして、皆様も第三者委員会の業務をやられていくとよいと思います。

(2) 第三者委員会設置時の留意点
① 設置の要否

資料6（略）は、『商事法務』№2053（2014.12.15）に載った「不祥事対応の全体像からみた第三者委員会設置時の留意点」という拙稿ですが、設置の要否については、先ほどのプリンシプル②の冒頭部分がまさに判断基準になっており、これに当たるかどうかをまず考えないといけないということです。

ただ実際には、その会社が作る、作らないと悩んでいる暇もなく、親会社だったり監査法人だったりもっと力のあるステークホルダーから作れといわれることが多いと思います。例えば、それなりの会計不正が起きたときに、今、第三者委員会を作らないという実務はないと思います。監査法人がそれを作らないとサインできないよというからなのですよね。会社の自主的な判断の前に発言力の強いステークホルダーからもそういうことを申し入れられ、あるいはメインバンクであったり非常に取引関係の強いサプライチェーンのメンバーだったりから、「これぐらいやってくれないと、もう今までどおりのお付き合いはできないよ」と言われるのが、実際の姿といってよいとは思います。

② 委員の人選

ここでは、「独立性」「専門性」ということが何度も出てきます。専門性といえば、例えば過日の三菱自動車の第三者委員会というのは、最初弁護士3人で立ち上げたのですよね。ただ、事が燃費偽装、燃費不正の話なので、弁護士3人が集まってできるのかという議論をしていたら、それからしばらくして4人目の委員が選任され、その方は元トヨタでプリウスを造っていたというまさに燃費の専門家の方であり、実際に出てきた報告書を見ると非常にクオリティーが高く、やはり専門性というのは大事だなと思わせるようなものでした。弁護士は個別のテーマの不祥事について知見を持っているわけで

はないので、やはりそういう人をいかに引き入れるかということが大事になってきます。

同資料に「顧問弁護士を委員にできるか」という典型論点があります。日弁連のガイドラインは、「顧問弁護士は利害関係があって不適格」だとされています。例えば、顧問弁護士が適法と助言した業務で行政処分を受けたようなケースを想定すると、潜在的な利害関係はあるのではないかということです。要は顧問弁護士というのは業務執行のアドバイザーなのですよね。業務執行の中で何か事が起きたときに、業務執行のアドバイザーがその立場を離れて第三者だといって独立性の高い調査ができるかという問題意識があるのです。

私も顧問弁護士は第三者委員会の委員になるべきではないという結論なのですが、より実務的な理由として、要は第三者委員会を設置しなければいけないほどの大規模な不祥事に会社が見舞われていますから、それこそ山のようなステークホルダー対応が出てくるわけです。被害者との対応、取引先との対応、当局との対応、マスコミとの対応、銀行との対応、証券取引所の対応といった、まさに会社のディフェンダーとして寄り添って働くのが本来の顧問弁護士の仕事であって、タイムチャージが非常に高いというようなことで第三者委員会に入ってはいけないということです。

③ 委任事項

ここで難しく時間がかかるのは、他にないのかという余罪調査（件外調査）であり、既に起きて明るみに出ている不祥事を調べるのはそんなに難しいことではありません。特に会計不正の場合は、それなりのクオリティーの余罪調査をしないと監査法人が納得しません。これにものすごく時間と労力、そしてコストがかかるというのが現実です。ある類型の会計不正が起きたときに、同じ類型、同じ手口のものが他にないのかということは当然全部見るわけですが、これはやればやるだけきりがありません。これだけの手続を尽くしたのに発見されなかったという証を立てるために、どれだけのプロセスを踏むかという、まさにデューディリジェンス的なことをやるのが余罪調査（件外調査）なのです。

ですから、会計不正の場合は監査法人とその調査ロジックから調査の範囲

から全て相談して膝詰めで協議しながら、「これだったらいいですね、じゃあこれで行きましょう」「ここはあまり重要性が高くないので、サンプリングでやりましょう」「全量見るのではなく、これはサンプリングで出てこなかったら、なしと認定しましょう。でもここは怖いから全量見にいきましょう」というような本当に細かい出し入れみたいな話を監査法人と詰めながらやっていくのが会計不正の第三者委員会の実務だと思います。

その流れで出てくるのが「デジタルフォレンジック」という、まさにメール調査です。今、大規模な第三者委員会の調査報告書を見ますと、メールを何万通あるいは何十万通フォレンジックしたというようなことが数字として入っていたりします。網羅性がある不祥事が出てきたときに、他にないのかということの1つのツールとして膨大なメールデータをAIを使ったりしながらフォレンジックし、なかったという証を立てることも第三者委員会の業務の中に入ってくるということです。

④ 機関決定と適時開示

ふつうは取締役会決議です。臨時取締役会を開いてこういうものを作るというリリースを出して、3人の委員が決まった段階で追加のリリースを出す場合もあります。基本的に取締役会マター、適時開示マターだといってよいと思います。

⑤ 調査期間

信頼のV字回復ということを考えれば、早ければ早いほうがよいのです。とはいえ、どんなに最短でも1か月はもらわないとできないと思います。東芝のケースにしても三菱自動車のケースにしても3か月ぐらいはやっていましたよね。いくらV字回復といえども、やはりそれぐらいの調査量、時間をもらわないとまともな調査ができないというトレードオフの関係の中で大体期間が決まっていくのかなというところがあります。

第三者委員会を作って調査しているときというのは、「今、第三者委員会が調査をしていますから」といって、広報もマスコミの取材に一切応じないのですよね。そういうサイレント期間が長くてよいわけがないので、特に上場会社であれば、例えば途中で中間報告を出すということもやはり考えないといけないということです。

⑥ 調査への協力

　これもよくいわれますが、全て任意調査なのですよね。第三者委員会は、嫌だといわれたら何もできません。少なくとも社員に対しては、社長から業務命令を出してもらいます。ただでさえ期間が短い中で質の高い調査をやろうと思ったら、サボタージュされたらとてもできません。ですから、「海外出張なども悪いけど全部取りやめてもらってヒアリングに応じてください」というくらいのことはお願いせざるを得ないことも実務としては往々にして出てきます。分かっている社長はきちんとやってくれますが、社長のリテラシーがあまり高くなかったり、形ばかりでそんなに一所懸命やらなくてよいというような社長だったりすると、あまり質の高い調査はできません。社長と何をどこまで握るかというのは非常に大事なことだと思います。

⑦ 調査報告書の作成と提出

　全部の固有名詞が入った完全版は会社に納品しますが、それをそのまま開示できないので、もう1つ公表版を作成します。何をマスキングするかはやはりこちらが決めないといけないので、公表版も作って同時に納品をして公表版がウェブサイトに上がって適時開示されるという関係になります。また、記者会見をする場合には、記者レク用のサマリー版を作ったりということも実務としてはあると思います。

⑧ 報　酬

　次に述べます。

⑨ 第三者委員会に対する監督

　先ほど監査役監査基準の27条にもあったように、確かに第三者委員会では独立性を旨とするのですが、例えば第三者委員会が手抜きをしてないか、あるいは必要以上に人を投入してものすごいメーターを回してないかについても、やはり会社としてはモニタリングすべきなのではないかと思うところです。

　特に怖いのは手抜きです。手抜きされた報告書が出てきてしまったら、もう取り返しがつかず、それを開示するしかないわけですよね。もう一度第三者委員会をやるわけにはいかないので、第三者委員会の最中によくコミュニケーションをする、すなわち、「自分が例えば社外役員の立場だったらこう

いうところはよく見てほしい」「こういうところがうちの会社の問題なんですよ」「これが今回の不祥事とつながっているかどうか、そこはよく見てほしい」「つながっているのであればそれに対する処方箋を書いてほしい」などということを会社の人間もいろいろとサジェスチョンをするのは、第三者委員会業務を受託する側からしても調査の質を上げるために非常にありがたい話なので、そういうコミュニケーションをとるべきだとは思います。

(3) 第三者委員会の費用面・コスト感

資料7（略）は、『BUSINESS LAW JOURNAL』（2015.10）という法律雑誌で「コンプライアンス違反の相場観」という特集が組まれ、第三者委員会をやるといくらぐらいかかるのか金額を書いてほしいというオーダーをこの編集者の方からいただき、どうしたものかなと思って、結局書いたものです。

「仮に、調査補助者を置かずに最少人数の3名で第三者委員会を設置することを想定すると、客観的資料の確認、関係者ヒアリング、調査報告書作成まで含めて最短でも1か月間を要します。時間単価4万円の弁護士3名が200時間ずつ稼働したとすれば、合計2400万円の費用が発生する計算になります。このあたりの数字を一つの目安と考えていただくのが現実的かと思います」。

200時間というのは相当ですが、かなり調査をするとやはり150時間はいくと思うので、これぐらいのアマウントで考えてくださいという一つの目安として示しました。おそらく金額が載っているのはこれぐらいではないかと私は思っているのですが、目安にしていただいたり、あるいは皆様が第三者委員会業務を受けるときに、「例えばこういう原稿もあるみたいですよ」というように使っていただいたりという使い道もあるのかなと思います。ただ、これは委員が3人だけのミニマムでやった場合ですから、それに例えば調査補助弁護士や会計士などという調査補助者が増えると、それだけメーターの数が増えるわけですから、ストレートにコストが増えますよね。あとはデジタルフォレンジックですね。今はなぜフォレンジックをやらないのかという時代になっているので、フォレンジック業者も数百万円、外資だと数千万円の見積もりが出てくるなどいろいろといわれたりしていますが、それぐらいの予算観も見ながらということです。

Ⅲ　不祥事対応と第三者委員会の実務　信頼のⅤ字回復のために必要な行動

　ここで申し上げたいのは、単に敗戦処理のコストと考えるのではなく、将来のガバナンス内部統制強化に向けた前向きな投資と捉えていただけないかということです。率直な感想として、上場会社と非上場会社ではこの辺りの意識に大きな開きが見られます。同じような規模観の不祥事でご相談をいただくことがありますが、上場会社の方はこれが今後の投資になる、これを機にガバナンス内部統制を強化しようというわりと前向きな将来に向けての投資だという感覚をお持ちです。

　ただ、残念ながら平均値でいうと非上場会社の方はコストとしか思っていませんね。なぜ不祥事の敗戦処理にこんなにお金がかかるのか、なぜこんなにお金をかけないといけないのかということが、非上場会社の経営者にはなかなか理解していただけません。ですから、見積りを示したらそれから二度と来なくなったっていうことも、非上場会社のほうが圧倒的に多いですね。これはやはり感覚が違うのかなと思わざるを得ません。「その半値でやってもらえませんか」という話を平気で非上場会社の方はしてこられるので、なかなか安易にできないというところです。

7　ケーススタディ

　東芝の件と東洋ゴム工業の件を少しだけお話したいと思います。これは『月刊監査役』(№.656　2016.7.25／№.659　2016.10.25) という雑誌にもう公表されているものなので、特に気を遣うことはないのですが、東芝の不正会計の話は皆様ご案内のとおりですね。

(1)　東芝不正会計問題

　どんな話だったかというと、2015年7月20日、第三者委員会が調査報告書を出しましたが、1518億円の過年度修正になるというのが結論です。それに対して会社の締めた決算は、9月7日に2248億円の過年度修正です。ここで700億円ぐらい増えており、この差分は何なのかという感じがするのですよね。この700億円は、要は第三者委員会も見ていないところで、この数字もすごいなと思うのですが、それから更に規模観も増え、2016年2月4日の数字は「2016年3月期通期連結業績予想を当期純損失7100億円に下方修正」したというものです。これが出てきた中で一番大きい数字だと思いま

す。その後、東芝メディカルシステムズをキヤノンに売るなどして益も出たので、最終的には5月23日当期純損失4600億円というのが落ち着きの数字になるのかと思いますが、これぐらいの規模観の会計不正だったということです。

　有事対応としては、プリンシプルの①で「必要十分な調査範囲を設定の上」と書いてあるのですが、東芝の第三者委員会に関しては、これが十分だったのかという問題提起がなされています。2015年11月19日の「日経ビジネスオンライン」には、「東芝経営陣と第三者委員会の謀議によって子会社ウェスチングハウス社の減損が調査対象から外された」という記事が掲載され、ご覧になった方もいらっしゃるかもしれません。このウェスチングハウスについては、その2日前の11月7日に適時開示ルールに違反したということを開示していますし、翌年の4月26日には、「ウェスチングハウス社を含む原子力事業ののれんの減損2600億円を営業損益に計上」するということが後から出てきているのですよね。この後からの流れをみると、なぜこれが調査対象になっていないのかということが不可思議で仕方がないなどといわれたりしています。

　また、プリンシプル②の委員会の独立性・中立性の話なのですが、ここも実は疑問を投げかけられており、山田和保さんという会計士の方が第三者委員会の委員として入っていますが、この方は有限責任監査法人トーマツの出身です。第三者委員会は、調査補助者としてデロイトトーマツファイナンシャルアドバイザリー合同会社を使ったということなのです。しかし、2016年3月上旬に『文藝春秋』が掲載した記事によれば、「東芝の財務部が、新日本有限責任監査法人の会計監査に対応するためのコンサルティングをデロイトトーマツコンサルティング合同会社から受けていたことを明らかにした」ということであり、もしこれが事実だとしたら、第三者委員会の調査対象である東芝の財務部が実施した過去の会計処理に対して、第三者委員会の委員も調査補助者も同じデロイトトーマツグループですから、独立性が欠落していたということになります。第三者委員会の報告書が出てから半年以上経ってから、こういう記事が出てきておかしいという問題提起がされています。私もいろいろな会計士の方とお話をすることがありますが、やはり皆口をそ

ろえて「これはおかしい」とおっしゃっていますよね。私もおかしいと思います。そんなことが中立性、独立性の観点では問題にされているということです。

(2) 東洋ゴム工業免震ゴム偽装問題

　もう一つの事例もケーススタディ的に話をしますが、象徴的なところだけいいますと、2014年7月17日の会議で当時のグループのトップである東洋ゴムの社長は、この問題を認識したと認定されると思うのですが、市場対応が遅れに遅れました。例えば9月16日の午前中の会議では出荷を停止し国土交通省に本件を報告することになったのですが、その午後の会議で結論がひっくり返り、不正をやっていた兵庫の事業所から「こういう計算式を使ったら適合するのではないか」という話が持ち込まれ、皆が安易にそれに飛びついて、結局、出荷停止しないという判断をしているということも報告書に書かれています。

　一番極め付けと思われるのが10月23日で、これも東洋ゴムのトップが出席した会議なのですが、「過去にG0.39が出荷された物件のうち、同年9月16日午後に確認された方法で再計算しても、性能指標の乖離値が大臣認定の性能評価基準に適合しないものが30物件あることが報告された」「ダイバーテック事業本部及びCI（子会社）の担当者の総意として、これらの物件に関しては「社内特例」（オープンにしない、問題としないといった意味）として処理し、出荷されたG0.39のリコールは不要」という非常に無責任な見解が出されているのですね。まさに実行犯のところからこういう意見が出されているわけです。

　「リコールした場合のデメリットとして、①TR（東洋ゴム）で過去に免震積層ゴムの交換工事を行った実績がないこと、②設計依頼、工事手配、訴訟対応等についてTR独自で対処が必要であること、③ゼネコン及び設計事務所のTRに対する信頼が失墜すること、④免震積層ゴムに対する社会からの信頼性が崩壊し、他メーカー・免震業界を巻き込む大問題に発展すること、⑤膨大な対応費用（会議資料には、「補償費用etc.想定がつかず」と書かれている）が発生することが指摘された」とありますが、この①から⑤を見る限り非常に重大な事態だということは全ての会議参加者が認識したわけですよ。

それに対して、「他方、リコールしない場合のリスクとして、内部通報による本件が公になることを挙げつつ、その対応策として、通報者の想定リストを作成し、事前説明を行うこと（想定される通報者として、業務関係者、不利益を被る社員、会社に不満をもつ社員が例示されている、「事前説明」の内容は明らかではない）及び内部通報があった場合の対応シナリオを策定しておくことが提案された」。これはふつうに考えて口封じと読めてしまうわけですよね。結局、こんな議論をしながら何も決まってないというのが10月23日の会議です。およそあれほどの規模の上場会社の役員レベルの経営判断だと思えない、あまりに稚拙な危機対応と言わざるを得ません。

もう1つ特徴的なのは、2015年2月2日に弁護士が面談をして、結局出荷停止をすべきであるということで意思が固まったのですが、2月5日に監査役4人に対して、2月6日に社外取締役2名に対して初めて本件が伝えられ、2月9日に国土交通省に一報を行ったということです。ですから、これだけ重大な経営陣の意思決定に監査役も社外取締役も一切関与してない、隠され続けて蚊帳の外に置かれ続けたというのが、この事案のゆゆしき点だと思います。皆様が社外役員であれば激怒する話だと思いますよね。これが東洋ゴムの事例だったということです。

加えて、この東洋ゴムは第三者委員会を作らず、調査をする弁護士が同時に危機管理のアドバイスもするという両方をやっていたわけです。確かに何百頁もの報告書は公表されたのですが、それは社外調査チームという名前で公表されており、第三者委員会を作っていません。しかし、その会社に対してアドバイスする法律事務所と第三者委員会調査業務を受ける事務所というのはふつうは分け、それを一緒にするということはあり得ない、それは常識に外れているというのが、私も含めた我々の周りの人の感覚ですし、東芝だって当然分けていたわけです。第三者委員会の調査というのは、経営陣はテーブルの向こう側に座ってヒアリング対象なわけですよ。その人間のヒアリングが終わったときに、横に座って膝詰めで「じゃあステークホルダー対応はどうしようか」という相談に乗ってアドバイスをするなんてことは、およそ兼ねられるわけがないというのが、私を含めた多くの弁護士の常識だと思います。これを両方兼ね備えていたというのが東洋ゴムの社外調査チームの大

きな特徴ですし、私は独立性の問題が大いにあるのではないかと思うところです。

8 まとめ

まず、「不祥事対応とは、オール・ステークホルダーに最善の対応を尽くすこと」だということで、まさにステークホルダー対応が束になってかかってくるということだと思います。

2番目として、「ステークホルダーからの信頼をV字回復させるための具体的な「行動」」だということであり、ただ、それは決して後ろ向きの敗戦処理ではなく、BCPの図の右肩上がりの曲線を描いていき、いつまでにこのぐらいの信頼回復をさせるという「企業の将来価値をデザインしていく「プロアクティブ」な仕事」だからこそやりがいがあるのだと私は思っています。それによって企業の信頼はいくらでも回復できるということです。

3番目は、「弁護士の強みや能力が発揮できる分野」だろうということ、そして4番目は「目の前の現経営陣ではなく、依頼企業の企業価値の向上のために働く」という意味では、「社外役員のマインドセットと同じ」であって、それほど特殊な業務ではないのではないか、そういうマインドセットを持った弁護士は結構多いのではないか、特に社外役員をやられている方であればふつうに持てる感覚なのではないかと思います。

以上です。ご清聴ありがとうございました。

レジュメ

Ⅲ 不祥事対応と第三者委員会の実務
信頼のⅤ字回復のために必要な行動

弁護士・公認不正検査士　竹内　朗

本日の流れ

1. 弁護士の4つの関わり方
2. 不祥事対応の全体像と行動原理
3. オール・ステークホルダー対応
4. 不祥事対応と役員の善管注意義務
5. インサイダー取引と適時開示
6. 第三者委員会
7. ケーススタディ
8. まとめ

参考資料

【資料1】 2016年2月24日／日本取引所自主規制法人
「上場会社における不祥事対応のプリンシプル」の策定について
【資料2】 2009年5月21日／金融庁
株式会社栗本鐵工所取引先社員による内部者取引に対する課徴金納付命令の決定について
【資料3】 2011年6月10日／証券取引等監視委員会
株式会社スルガコーポレーション株券に係る内部者取引事件の告発について
【資料4】 2016年9月16日／金融庁
東洋ゴム工業株式会社の子会社の社員からの情報受領者による内部者取引に対する課徴金納付命令の決定について
【資料5】 2010年12月17日改訂／日本弁護士連合会
「企業等不祥事における第三者委員会ガイドライン」の策定にあたって
【資料6】 旬刊商事法務2053号38頁　拙稿（略）
「不祥事対応の全体像からみた第三者委員会設置時の留意点」
【資料7】 Business Law Journal 2015年10月号　拙稿（略）
不祥事対応と第三者委員会設置の相場観
【資料8】 月刊監査役656号42頁　拙稿（略）
「企業不祥事の事例分析～東芝不正会計問題」
【資料9】 月刊監査役659号63頁　拙稿（略）
「企業不祥事の事例分析～東洋ゴム工業免震ゴム偽装問題」

III 不祥事対応と第三者委員会の実務 信頼のV字回復のために必要な行動

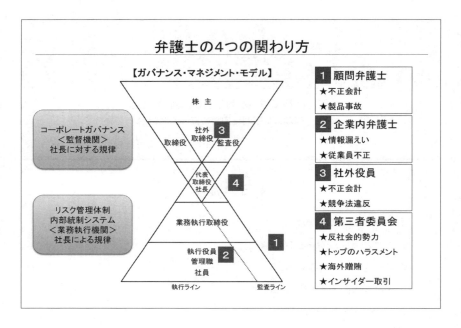

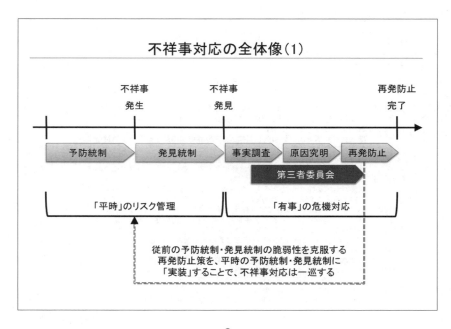

レジュメ

不祥事対応の全体像(2)

(出所)内閣府防災担当「事業継続ガイドライン」

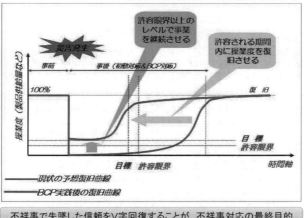

不祥事で失墜した信頼をV字回復することが、不祥事対応の最終目的

不祥事対応の全体像(3)

被害の最小化<タテ軸>	被害の早期発見		いち早く被害発生を食い止める
	二次被害の防止		欠陥製品による事故や健康被害 企業恐喝に屈して金を払う
信頼回復の最速化<ヨコ軸>	自浄作用の発揮	事実調査	事実関係を正確に把握
		原因究明	組織的要因・真因を特定
		再発防止	実効的な再発防止措置を実装
	ステークホルダーへの説明		自浄作用を発揮したことを説明 ステークホルダーの信頼をV字回復

第三者委員会の設置は、この部分を第三者委員会の独立性と専門性で信用補完してもらう

III 不祥事対応と第三者委員会の実務 信頼のV字回復のために必要な行動

上場会社における不祥事対応のプリンシプル

2016年2月24日 日本取引所自主規制法人 【資料1】

上場会社における不祥事対応のプリンシプル
～確かな企業価値の再生のために～

企業活動において自社(グループ会社を含む)に関わる<u>不祥事又はその疑義が把握</u>された場合には、当該企業は、<u>必要十分な調査により事実関係や原因を解明</u>し、その結果をもとに<u>再発防止を図る</u>ことを通じて、<u>自浄作用を発揮</u>する必要がある。
その際、上場会社においては、<u>速やかにステークホルダーからの信頼回復</u>を図りつつ、<u>確かな企業価値の再生</u>に資するよう、本プリンシプルの考え方をもとに行動・対処することが期待される。

```
┌─────────────────────────────┐
│    不祥事又はその疑義を把握    │
└─────────────────────────────┘
            ↓
┌─────────────────┬───────────┐
│   必要十分な調査    │           │
├─────────────────┤           │
│ 事実関係と原因を解明 │ 自浄作用を発揮│
├─────────────────┤           │
│    再発防止を図る    │           │
└─────────────────┴───────────┘
            ↓
┌─────────────────────────────┐
│速やかなステークホルダーからの信頼回復│
├─────────────────────────────┤
│       確かな企業価値の再生       │
└─────────────────────────────┘
```

オール・ステークホルダー対応

会社 ― 株主投資家 / 銀行債権者 / 取引先 / 消費者お客様 / 被害者 / 役職員 / マスメディア / 行政当局

被害者が怒ると
↓
マスメディアが騒ぐ
↓
行政当局が動く
↓
消費者や取引先が引く
↓
企業価値が毀損する
↓
株主や銀行が責任追及する
↓
役職員が突き上げる

不祥事対応とは、オール・ステークホルダーに最善の対応を尽くすこと

不祥事対応と役員の善管注意義務

1. ダスキン事件大阪高判平成18年6月9日が取締役及び監査役に求める信頼回復義務
   取締役及び監査役には、「現に行われてしまった重大な違法行為によって受ける企業としての信頼喪失の損害を最小限度に止める方策を積極的に検討する」ことを内容とする善管注意義務が課せられる。
   具体的には、「自ら進んで事実を公表して、既に安全対策が取られ問題が解消していることを明らかにする」「既に過去の問題であり克服されていることを印象づける」「積極的に消費者の信頼を取り戻すために行動し、新たな信頼関係を構築していく」という行動が求められる。

2. BCP図における平時より落ち込んだ部分の面積をより狭くするための行動、「信頼のV字回復」のための行動が求められる。

3. JPX「プリンシプル」が公表された後は、これが上場会社における不祥事対応のベンチマークとなる。このプリンシプルに反する取締役及び監査役の行動は、善管注意義務違反の提訴リスク及び敗訴リスクを高める。

日本監査役協会／監査役監査基準第27条

第27条(企業不祥事発生時の対応及び第三者委員会)

1. 監査役は、企業不祥事(法令又は定款に違反する行為その他社会的非難を招く不正又は不適切な行為をいう。以下本条において同じ)が発生した場合、直ちに取締役等から**報告を求め**、必要に応じて調査委員会の設置を求め調査委員会から**説明を受け**、当該企業不祥事の事実関係の把握に努めるとともに、原因究明、損害の拡大防止、早期収束、再発防止、対外的開示のあり方等に関する取締役及び調査委員会の対応の状況について**監視し検証**しなければならない。

2. 前項の取締役の対応が、独立性、中立性又は透明性等の観点から適切でないと認められる場合には、監査役は、監査役会における協議を経て、取締役に対して当該企業不祥事に対する原因究明及び再発防止策等の検討を外部の独立した弁護士等に依頼して行う第三者委員会(本条において「第三者委員会」という)の**設置の勧告**を行い、あるいは必要に応じて外部の独立した弁護士等に自ら依頼して第三者委員会を**立ち上げる**など、適切な措置を講じる。

3. 監査役は、当該企業不祥事に対して明白な利害関係があると認められる者を除き、当該第三者委員会の**委員に就任**することが望ましく、第三者委員会の委員に就任しない場合にも、第三者委員会の設置の経緯及び対応の状況等について、早期の原因究明の要請や当局との関係等の観点から適切でないと認められる場合を除き、当該委員会から**説明を受け**、必要に応じて監査役会への出席を求める。監査役は、第三者委員会の委員に就任した場合、会社に対して負っている善管注意義務を前提に、他の弁護士等の委員と協働してその職務を適正に遂行するものとする。

インサイダー取引と適時開示

1. 2009年5月21日／金融庁 【資料2】
   株式会社栗本鐵工所取引先社員による内部者取引に対する課徴金納付命令の決定について
2. 2011年6月10日／証券取引等監視委員会 【資料3】
   株式会社スルガコーポレーション株券に係る内部者取引事件の告発について
3. 2016年9月16日／金融庁 【資料4】
   東洋ゴム工業株式会社の子会社の社員からの情報受領者による内部者取引に対する課徴金納付命令の決定について
4. 講師が体験した事例について

> 大規模な不祥事は、インサイダー情報になり得る

> 適時開示を遅らせれば、関係者によるインサイダー取引という二次不祥事を誘発する

> 適時開示を遅らせれば、その間に株を取得し、公表により株価下落の損失を被った株主から、法的責任を追及される

第三者委員会に対する規律

1. 2016年2月24日／日本取引所自主規制法人 【資料1】
   「上場会社における不祥事対応のプリンシプル」の策定について
2. 2010年12月17日改訂／日本弁護士連合会 【資料5】
   「企業等不祥事における第三者委員会ガイドライン」の策定にあたって
   － 真の依頼者が名目上の依頼者の背後にあるステーク・ホルダー
   － 現時点のベスト・プラクティスを取りまとめたもの
3. 2014年4月2日／第三者委員会報告書格付け委員会
   これまで合計10回の格付け結果を公表

> なぜ多くの第三者委員会で、弁護士が委員に選任されるのか？
> ①事実認定力、証拠収集力
> ②論理的説得力
> ③内部統制の不備を見抜く力
> ④精神的独立性

レジュメ

第三者委員会設置時の留意点

拙稿「不祥事対応の全体像からみた第三者委員会設置時の留意点
～信頼のV字回復のための有効活用」【資料6】(略)

1. 設置の要否
2. 委員の人選
3. 委任事項
4. 機関決定と適時開示
5. 調査期間
6. 調査への協力
7. 調査報告書の作成と提出
8. 報酬
9. 第三者委員会に対する監督

第三者委員会の費用面・コスト感

拙稿「不祥事対応と第三者委員会設置の相場観」【資料7】(略)

一つの目安として、
委員3名 × 時間単価4万円 × 月200時間 ＝ 2400万円

＋ 調査補助者（弁護士、公認会計士）

＋ デジタルフォレンジック業者

> 単に敗戦処理の「コスト」と考えるのではなく、
> 将来のガバナンス・内部統制強化に向けた
> 前向きな「投資」と捉えることができるか

> 上場会社と非上場会社では、
> このあたりの意識に大きな開きが見られる

Ⅲ　不祥事対応と第三者委員会の実務　信頼のV字回復のために必要な行動

ケーススタディ

1. 月刊監査役656号42頁　拙稿【資料8】（略）
   「企業不祥事の事例分析～東芝不正会計問題」

2. 月刊監査役659号63頁　拙稿【資料9】（略）
   「企業不祥事の事例分析～東洋ゴム工業免震ゴム偽装問題」

まとめ

1. 不祥事対応とは、オール・ステークホルダーに最善の対応を尽くすこと

2. ステークホルダーからの信頼をV字回復させるための具体的な「行動」
   企業の将来価値をデザインしていく「プロアクティブ」な仕事

3. 弁護士の強みや能力が発揮できる分野

4. 目の前の現経営陣ではなく、依頼企業の価値向上のために働く
   社外役員のマインドセットと同じ

資　料

資料1

「上場会社における不祥事対応のプリンシプル」の策定について

2016年2月24日
日本取引所自主規制法人

1．趣　旨

　上場会社には、株主をはじめ、顧客、取引先、従業員、地域社会など多様なステークホルダーが存在します。このため、上場会社の不祥事（重大な法令違反その他の不正・不適切な行為等）は、その影響が多方面にわたり、当該上場会社の企業価値の毀損はもちろんのこと、資本市場全体の信頼性にも影響を及ぼしかねません。したがって、上場会社においては、パブリックカンパニーとしての自覚を持ち、自社（グループ会社を含む）に関わる不祥事又はその疑いを察知した場合は、速やかにその事実関係や原因を徹底して解明し、その結果に基づいて確かな再発防止を図る必要があります。上場会社は、このような自浄作用を発揮することで、ステークホルダーの信頼を回復するとともに、企業価値の再生を確かなものとすることが強く求められていると言えます。

　しかし、上場会社における不祥事対応の中には、一部に、原因究明や再発防止策が不十分であるケース、調査体制に十分な客観性や中立性が備わっていないケース、情報開示が迅速かつ的確に行われていないケースなども見受けられます。

　このような認識の下、日本取引所自主規制法人として、不祥事に直面した上場会社に強く期待される対応や行動に関する原則（プリンシプル）を策定しました。このプリンシプルが、問題に直面した上場会社の速やかな信頼回復と確かな企業価値の再生に資することを期待するものです。

　本プリンシプルの各原則は、従来からの上場会社の不祥事対応に概ね共通する視点をベースに、最近の事例も参考にしながら整理したものです。本来、不祥事への具体的な対応は各社の実情や不祥事の内容に即して行われるもので、すべての事案に関して一律の基準（ルール・ベース）によって規律することには馴染まないと言えます。他方、それらの対応策の根底にあるべき共通の行動原則があらかじめ明示されていることは、各上場会社がそれを個別の判断の拠り所とできるため、有益と考えられます。

　なお、本プリンシプルは、法令や取引所規則等のルールとは異なり、上場会社を一律に拘束するものではありません。したがって、仮に本プリンシプルの充足度が低い場合であっても、規則上の根拠なしに上場会社に対する措置等が行われることはありません。

2. 上場会社における不祥事対応のプリンシプル

> **上場会社における不祥事対応のプリンシプル**
> **～確かな企業価値の再生のために～**
>
> 　企業活動において自社（グループ会社を含む）に関わる不祥事又はその疑義が把握された場合には、当該企業は、必要十分な調査により事実関係や原因を解明し、その結果をもとに再発防止を図ることを通じて、自浄作用を発揮する必要がある。その際、上場会社においては、速やかにステークホルダーからの信頼回復を図りつつ、確かな企業価値の再生に資するよう、本プリンシプルの考え方をもとに行動・対処することが期待される。
>
> ① 　不祥事の根本的な原因の解明
> 　不祥事の原因究明に当たっては、必要十分な調査範囲を設定の上、表面的な現象や因果関係の列挙にとどまることなく、その背景等を明らかにしつつ事実認定を確実に行い、根本的な原因を解明するよう努める。
> 　そのために、必要十分な調査が尽くされるよう、最適な調査体制を構築するとともに、社内体制についても適切な調査環境の整備に努める。その際、独立役員を含め適格な者が率先して自浄作用の発揮に努める。
>
> ② 　第三者委員会を設置する場合における独立性・中立性・専門性の確保
> 　内部統制の有効性や経営陣の信頼性に相当の疑義が生じている場合、当該企業の企業価値の毀損度合いが大きい場合、複雑な事案あるいは社会的影響が重大な事案である場合などには、調査の客観性・中立性・専門性を確保するため、第三者委員会の設置が有力な選択肢となる。そのような趣旨から、第三者委員会を設置する際には、委員の選定プロセスを含め、その独立性・中立性・専門性を確保するために、十分配慮を行う。
> 　また、第三者委員会という形式をもって、安易で不十分な調査に、客観性・中立性の装いを持たせるような事態を招かないよう留意する。
>
> ③ 　実効性の高い再発防止策の策定と迅速な実行
> 　再発防止策は、根本的な原因に即した実効性の高い方策とし、迅速かつ着実に実行する。
> 　この際、組織の変更や社内規則の改訂等にとどまらず、再発防止策の本旨が日々の業務運営等に具体的に反映されることが重要であり、その目的に沿って運用され、定着しているかを十分に検証する。
>
> ④ 　迅速かつ的確な情報開示
> 　不祥事に関する情報開示は、その必要に即し、把握の段階から再発防止策実施の段階に至るまで迅速かつ的確に行う。
> 　この際、経緯や事案の内容、会社の見解等を丁寧に説明するなど、透明性の確保に努める。

資　料

資料2

平成21年5月21日
金　融　庁

株式会社栗本鐵工所取引先社員による内部者取引に対する課徴金納付命令の決定について

　金融庁は、証券取引等監視委員会から、㈱栗本鐵工所取引先社員による内部者取引の検査結果に基づく課徴金納付命令の勧告を受け、平成21年4月22日に審判手続開始の決定（平成21年度（判）第3号金融商品取引法違反審判事件）を行ったところ、被審人から課徴金に係る金融商品取引法（以下「法」といいます。）第178条第1項第16号に掲げる事実及び納付すべき課徴金の額を認める旨の答弁書の提出があり、これを受けた審判官から法第185条の6の規定に基づき、課徴金の納付を命ずる旨の決定案が提出されたことから、本日、下記のとおり決定を行いました。

記

1　決定の内容
　納付すべき課徴金の額及び納付期限
　金121万円　　平成21年7月22日

2　事実及び理由
　(1)　課徴金に係る法第178条第1項第16号に掲げる事実
　　被審人は、㈱栗本鐵工所取引先の社員であったが、同社の他の社員が、同社と㈱栗本鐵工所が締結した売買契約の履行に関し知った、㈱栗本鐵工所が製造、販売する高速道路用ホロースラブパイプについて、強度試験の検査数値の改ざん及び板厚の改ざんが確認された旨の同社の運営、業務又は財産に関する重要な事実であって投資者の投資判断に著しい影響を及ぼす事実を、その職務に関し知り、この事実が公表された平成19年11月21日午後1時30分より前の同日に、㈱栗本鐵工所の株券合計1万1000株を総額345万4000円で売り付けたものである。
　(2)　課徴金の計算の基礎
　　平成20年法律第65号による改正前の金融商品取引法第175条第1項に基づき、課徴金の額は、

Ⅲ 不祥事対応と第三者委員会の実務 信頼のV字回復のために必要な行動

　（売付価格）×（売付株数）
　　－（重要事実が公表された翌日の終値等）×（売付株数）
で算出される。
　したがって、重要事実の公表翌日である平成19年11月22日の㈱栗本鐵工所の株価の終値は、204円であることから、課徴金の額は次のとおりとなる。
　（316円×3,000株＋314円×2,000株＋313円×6,000株）－（204円×11,000株）
　＝1,210,000円

資料3

平成23年6月10日
証券取引等監視委員会

株式会社スルガコーポレーション株券に係る内部者取引事件の告発について

　証券取引等監視委員会は、平成23年6月10日、金融商品取引法違反（インサイダー取引）の嫌疑で、下記の犯則嫌疑法人及び犯則嫌疑者を横浜地方検察庁検察官に告発した。

1．告発の対象となった犯則事実
　犯則嫌疑者Aは、犯則嫌疑法人株式会社スルガコーポレーションの代表取締役であったもの、犯則嫌疑者B及びCは、犯則嫌疑法人の社員であったものであり、犯則嫌疑者3名は、いずれも自己の職務に関し、犯則嫌疑法人が従前から委託先法人に行わせていた犯則嫌疑法人所有の商業ビルの立ち退き交渉業務に関し、警察において、同委託先法人が反社会的勢力であるとし、当該交渉業務について、犯則嫌疑法人の役員らの取調べ等の捜査を進めているという、同社の運営、業務及び財産に関する重要な事実であって、投資者の投資判断に著しい影響を及ぼす事実を、平成20年2月中旬ころまでに知り、共謀の上、法定の除外事由がないのに、同事実の公表前である平成20年2月25日から同年3月3日までの間、犯則嫌疑法人の業務及び財産に関し、証券会社を介し、東京証券取引所において、同証券会社に開設された関係法人名義口座において保有されていた犯則嫌疑法人の株券合計1万4500株を、価格合計1904万3600円で売り付けたものである。

2．関連条文
　金融商品取引法第197条の2第13号、同法第207条第1項第2号、同法第166条第1項第1号、同条第2項第4号、刑法第60条

法定刑：法人につき　5億円以下の罰金
個人につき　5年以下の懲役若しくは500万円以下の罰金、又は併科

III 不祥事対応と第三者委員会の実務 信頼のV字回復のために必要な行動

資料4

平成28年9月16日
金 融 庁

東洋ゴム工業株式会社の子会社の社員からの情報受領者による内部者取引に対する課徴金納付命令の決定について

　金融庁は、証券取引等監視委員会から東洋ゴム工業(株)の子会社の社員からの情報受領者による内部者取引の検査結果に基づく課徴金納付命令の勧告新しいウィンドウで開きますを受け、平成28年8月24日に審判手続開始の決定(平成28年度(判)第13号金融商品取引法違反審判事件)を行ったところ、被審人から課徴金に係る金融商品取引法(以下「金商法」といいます。)第178条第1項第16号に掲げる事実及び納付すべき課徴金の額を認める旨の答弁書の提出があり、これを受けた審判官から金商法第185条の6の規定に基づき、課徴金の納付を命ずる旨の決定案が提出されたことから、下記のとおり決定を行いました。

記

1　決定の内容
　被審人に対し、次のとおり課徴金を国庫に納付することを命ずる。
　(1)　納付すべき課徴金の額金167万円
　(2)　納付期限平成28年11月16日

2　課徴金に係る金商法第178条第1項第16号に掲げる事実
　被審人(A)は、B社の役員であるが、平成27年3月12日、その職務に関し、東洋ゴム工業㈱(以下「東洋ゴム」という。)が設置した免震ゴム問題対策本部の業務に従事する、東洋ゴムの連結子会社である東洋ゴム化工品㈱(以下「東洋ゴム化工品」という。)の社員であるCが職務に関し知り、その後、B社の他の役員であるDが職務上伝達を受けた、東洋ゴムが、建築基準法第37条第2号の国土交通大臣認定(以下「大臣認定」という。)を受けた性能評価基準に基づき、東洋ゴム化工品を通じて製造、販売していた「高減衰ゴム系積層ゴム支承」の一部が、同性能評価基準に適合しておらず、また、一部の性能評価基準に対する大臣認定を技術的根拠のない申請により受けていたことが確認された旨の、東洋ゴムの運営、業務又は財産に関する重要な事実であって投資者の投資判断に著しい影響を及ぼす事実を知り

ながら、法定の除外事由がないのに、上記事実の公表がされた平成27年3月13日午後3時20分頃より前の同日午前10時22分頃、E証券株式会社を介し、自己の計算において、東洋ゴム株式合計2500株を売付価額合計693万9800円で売り付けたものである。

3 課徴金の計算の基礎
 2に掲げる事実につき
 (1)金商法第175条第1項第1号の規定により、当該有価証券の売付けについて当該有価証券の売付けをした価格にその数量を乗じて得た額から業務等に関する重要事実の公表がされた後2週間における最も低い価格に当該有価証券の売付けの数量を乗じて得た額を控除した額。
 (2,775円×1,100株＋2,776円×700株＋2,777円×500株＋2,778円×200株)
 －(2,107円×2,500株)
 ＝1,672,300円
 (2)金商法第176条第2項の規定により、上記(1)で計算した額の1万円未満の端数を切捨て、1,670,000円。

Ⅲ　不祥事対応と第三者委員会の実務　信頼のＶ字回復のために必要な行動

資料5

「企業等不祥事における第三者委員会ガイドライン」の策定にあたって

2010年　7月15日
改訂　2010年12月17日
日本弁護士連合会

　企業や官公庁、地方自治体、独立行政法人あるいは大学、病院等の法人組織(以下、「企業等」という)において、犯罪行為、法令違反、社会的非難を招くような不正・不適切な行為等(以下、「不祥事」という)が発生した場合、当該企業等の経営者ないし代表者(以下、「経営者等」という)は、担当役員や従業員等に対し内々の調査を命ずるのが、かつては一般的だった。しかし、こうした経営者等自身による、経営者等のための内部調査では、調査の客観性への疑念を払拭できないため、不祥事によって失墜してしまった社会的信頼を回復することは到底できない。そのため、最近では、外部者を交えた委員会を設けて調査を依頼するケースが増え始めている。
　この種の委員会には、大きく分けて2つのタイプがある。ひとつは、企業等が弁護士に対し内部調査への参加を依頼することによって、調査の精度や信憑性を高めようとするものである(以下、「内部調査委員会」という)。確かに、適法・不適法の判断能力や事実関係の調査能力に長けた弁護士が参加することは、内部調査の信頼性を飛躍的に向上させることになり、企業等の信頼回復につながる。その意味で、こうした活動に従事する弁護士の社会的使命は、何ら否定されるべきものではない。
　しかし、企業等の活動の適正化に対する社会的要請が高まるにつれて、この種の調査では、株主、投資家、消費者、取引先、従業員、債権者、地域住民などといったすべてのステーク・ホルダーや、これらを代弁するメディア等に対する説明責任を果たすことは困難となりつつある。また、そうしたステーク・ホルダーに代わって企業等を監督・監視する立場にある行政官庁や自主規制機関もまた、独立性の高いより説得力のある調査を求め始めている。そこで、注目されるようになったのが、企業等から独立した委員のみをもって構成され、徹底した調査を実施した上で、専門家としての知見と経験に基づいて原因を分析し、必要に応じて具体的な再発防止策等を提言するタイプの委員会(以下、「第三者委員会」という)である。すなわち、経営者等自身のためではなく、すべてのステーク・ホルダーのために調査を実施し、それを対外公表することで、最終的には企業等の信頼と持続可能性を回復することを目的とするのが、この第三者委員会の使命である。
　どちらのタイプの委員会を設けるかは、基本的には経営者等の判断に委ねられる。

不祥事の規模や、社会的影響の度合いによっては、内部調査委員会だけで目的を達成できる場合もある。しかし、例えば、マスコミ等を通じて不祥事が大々的に報じられたり、上場廃止の危機に瀕したり、株価に悪影響が出たり、あるいは、ブランド・イメージが低下し良い人材を採用できなくなったり、消費者による買い控えが起こったりするなど、具体的なダメージが生じてしまった企業等では、第三者委員会を設けることが不可避となりつつある。また、最近では、公務員が不祥事を起こした場合に、国民に対する説明責任を果たす手段として、官公庁が第三者委員会を設置するケースも増えている。

　第三者委員会が設置される場合、弁護士がその主要なメンバーとなるのが通例である。しかし、第三者委員会の仕事は、真の依頼者が名目上の依頼者の背後にあるステーク・ホルダーであることや、標準的な監査手法であるリスク・アプローチに基づいて不祥事の背後にあるリスクを分析する必要があることなどから、従来の弁護士業務と異質な面も多く、担当する弁護士が不慣れなことと相まって、調査の手法がまちまちになっているのが現状である。そのため、企業等の側から、言われ無き反発を受けたり、逆に、信憑性の高い報告書を期待していた外部のステーク・ホルダーや監督官庁などから、失望と叱責を受ける場合も見受けられるようになっている。

　そこで、日本弁護士連合会では、今後、第三者委員会の活動がより一層社会の期待に応え得るものとなるように、自主的なガイドラインとして、「第三者委員会ガイドライン」を策定することにした。依頼企業等からの独立性を貫き断固たる姿勢をもって厳正な調査を実施するための「盾」として、本ガイドラインが活用されることが望まれる。

　もちろん、本ガイドラインは第三者委員会があまねく遵守すべき規範を定めたものではなく、あくまでも現時点のベスト・プラクティスを取りまとめたものである。しかし、ここに１つのモデルが示されることで第三者委員会に対する社会の理解が深まれば、今後は、企業等の側からも、ステーク・ホルダー全体の意向を汲んで、本ガイドラインに準拠した調査が求められるようになることが期待される。また、監督官庁をはじめ自主規制機関等が、不祥事を起こした企業等に対し第三者委員会による調査を要求する場合、公的機関等の側からも、本ガイドラインに依拠することが推奨されるようになるものと予想される。これまでも、監督官庁による業務改善命令の一環として第三者委員会の設置が命じられる場合も見受けられたが、将来的には、単に第三者委員会の設置を命ずるにとどまらず、本ガイドラインに依拠した第三者委員会の調査を求めるようお願いしたい。

　いずれにせよ、今後第三者委員会の実務に携わる弁護士には、裁判を中心に据えた伝統的な弁護、代理業務とは異なり、各種のステーク・ホルダーの期待に応えるという新しいタイプの仕事であることを十分理解し、さらなるベスト・プラクティスの構築に尽力されることを期待したい。

Ⅲ　不祥事対応と第三者委員会の実務　信頼のⅤ字回復のために必要な行動

企業等不祥事における第三者委員会ガイドライン

2010年 7 月15日
改訂　2010年12月17日
日本弁護士連合会

第1部　基本原則

　本ガイドラインが対象とする第三者委員会（以下、「第三者委員会」という）とは、企業や組織（以下、「企業等」という）において、犯罪行為、法令違反、社会的非難を招くような不正・不適切な行為等（以下、「不祥事」という）が発生した場合及び発生が疑われる場合において、企業等から独立した委員のみをもって構成され、徹底した調査を実施した上で、専門家としての知見と経験に基づいて原因を分析し、必要に応じて具体的な再発防止策等を提言するタイプの委員会である。
　第三者委員会は、すべてのステークホルダーのために調査を実施し、その結果をステークホルダーに公表することで、最終的には企業等の信頼と持続可能性を回復することを目的とする。

第1．第三者委員会の活動
1．不祥事に関連する事実の調査、認定、評価
　第三者委員会は、企業等において、不祥事が発生した場合において、調査を実施し、事実認定を行い、これを評価して原因を分析する。
　(1)　調査対象とする事実（調査スコープ）
　第三者委員会の調査対象は、第一次的には不祥事を構成する事実関係であるが、それに止まらず、不祥事の経緯、動機、背景及び類似案件の存否、さらに当該不祥事を生じさせた内部統制、コンプライアンス、ガバナンス上の問題点、企業風土等にも及ぶ。
　(2)　事実認定
　調査に基づく事実認定の権限は第三者委員会のみに属する。
　第三者委員会は、証拠に基づいた客観的な事実認定を行う。
　(3)　事実の評価、原因分析
　第三者委員会は、認定された事実の評価を行い、不祥事の原因を分析する。事実の評価と原因分析は、法的責任の観点に限定されず、自主規制機関の規則やガイドライン、企業の社会的責任（CSR）、企業倫理等の観点から行われる[1]。

---

[1]　第三者委員会は関係者の法的責任追及を直接の目的にする委員会ではない。関係者の法的責任追及を目的とする委員会とは別組織とすべき場合が多いであろう。

2. 説明責任

第三者委員会は、不祥事を起こした企業等が、企業の社会的責任（CSR）の観点から、ステークホルダーに対する説明責任を果たす目的で設置する委員会である。

3. 提言

第三者委員会は、調査結果に基づいて、再発防止策等の提言を行う。

第2．第三者委員会の独立性、中立性

第三者委員会は、依頼の形式にかかわらず、企業等から独立した立場で、企業等のステークホルダーのために、中立・公正で客観的な調査を行う。

第3．企業等の協力

第三者委員会は、その任務を果たすため、企業等に対して、調査に対する全面的な協力のための具体的対応を求めるものとし、企業等は、第三者委員会の調査に全面的に協力する[2]。

第2部　指　針
第1．第三者委員会の活動についての指針
1．不祥事に関連する事実の調査、認定、評価についての指針
(1) 調査スコープ等に関する指針
   ① 第三者委員会は、企業等と協議の上、調査対象とする事実の範囲（調査スコープ）を決定する[3]。調査スコープは、第三者委員会設置の目的を達成するために必要十分なものでなければならない。
   ② 第三者委員会は、企業等と協議の上、調査手法を決定する。調査手法は、第三者委員会設置の目的を達成するために必要十分なものでなければならない。
(2) 事実認定に関する指針
   ① 第三者委員会は、各種証拠を十分に吟味して、自由心証により事実認定を行う。
   ② 第三者委員会は、不祥事の実態を明らかにするために、法律上の証明による厳格な事実認定に止まらず、疑いの程度を明示した灰色認定や疫学的認定を行うことができる[4]。

---

[2] 第三者委員会の調査は、法的な強制力をもたない任意調査であるため、企業等の全面的な協力が不可欠である。
[3] 第三者委員会は、その判断により、必要に応じて、調査スコープを拡大、変更等を行うことができる。この場合には、調査報告書でその経緯を説明すべきである。
[4] この場合には、その影響にも十分配慮する。

Ⅲ　不祥事対応と第三者委員会の実務　信頼のⅤ字回復のために必要な行動

⑶　評価、原因分析に関する指針
　①　第三者委員会は、法的評価のみにとらわれることなく[5]、自主規制機関の規則やガイドライン等も参考にしつつ、ステークホルダーの視点に立った事実評価、原因分析を行う。
　②　第三者委員会は、不祥事に関する事実の認定、評価と、企業等の内部統制、コンプライアンス、ガバナンス上の問題点、企業風土にかかわる状況の認定、評価を総合的に考慮して、不祥事の原因分析を行う。

2. 説明責任についての指針（調査報告書の開示に関する指針）

第三者委員会は、受任に際して、企業等と、調査結果（調査報告書）のステークホルダーへの開示に関連して、下記の事項につき定めるものとする。
　①　企業等は、第三者委員会から提出された調査報告書を、原則として、遅滞なく、不祥事に関係するステークホルダーに対して開示すること[6]。
　②　企業等は、第三者委員会の設置にあたり、調査スコープ、開示先となるステークホルダーの範囲、調査結果を開示する時期[7]を開示すること。③企業等が調査報告書の全部又は一部を開示しない場合には、企業等はその理由を開示すること。また、全部又は一部を非公表とする理由は、公的機関による捜査・調査に支障を与える可能性、関係者のプライバシー、営業秘密の保護等、具体的なものでなければならないこと[8]。

3. 提言についての指針

第三者委員会は、提言を行うに際しては、企業等が実行する具体的な施策の骨格

---

[5] なお、有価証券報告書の虚偽記載が問題になっている事案など、法令違反の存否自体が最も重要な調査対象事実である場合もある。
[6] 開示先となるステークホルダーの範囲は、ケース・バイ・ケースで判断される。たとえば、上場企業による資本市場の信頼を害する不祥事（有価証券報告書虚偽記載、業務に関連するインサイダー取引等）については、資本市場がステークホルダーといえるので、記者発表、ホームページなどによる全面開示が原則となろう。不特定又は多数の消費者に関わる不祥事（商品の安全性や表示に関する事案）も同様であろう。他方、不祥事の性質によっては、開示先の範囲や開示方法は異なりうる。
[7] 第三者委員会の調査期間中は、不祥事を起こした企業等が、説明責任を果たす時間的猶予を得ることができる。したがって、企業等は、第三者委員会が予め設定した調査期間をステークホルダーに開示し、説明責任を果たすべき期限を明示することが必要となる。ただし、調査の過程では、設定した調査期間内に調査を終了し、調査結果を開示することが困難になることもある。そのような場合に、設定した調査期間内に調査を終了することに固執し、不十分な調査のまま調査を終了すべきではなく、合理的な調査期間を再設定し、それをステークホルダーに開示して理解を求めつつ、なすべき調査を遂げるべきである。
[8] 第三者委員会は、必要に応じて、調査報告書（原文）とは別に開示版の調査報告書を作成できる。非開示部分の決定は、企業等の意見を聴取して、第三者委員会が決定する。

となるべき「基本的な考え方」を示す[9]。

第2. 第三者委員会の独立性、中立性についての指針
1. 起案権の専属
調査報告書の起案権は第三者委員会に専属する。

2. 調査報告書の記載内容
第三者委員会は、調査により判明した事実とその評価を、企業等の現在の経営陣に不利となる場合であっても、調査報告書に記載する。

3. 調査報告書の事前非開示
第三者委員会は、調査報告書提出前に、その全部又は一部を企業等に開示しない。

4. 資料等の処分権
第三者委員会が調査の過程で収集した資料等については、原則として、第三者委員会が処分権を専有する。

5. 利害関係
企業等と利害関係を有する者[10]は、委員に就任することができない。

第3. 企業等の協力についての指針
1. 企業等に対する要求事項
第三者委員会は、受任に際して、企業等に下記の事項を求めるものとする。
① 企業等が、第三者委員会に対して、企業等が所有するあらゆる資料、情報、社員へのアクセスを保障すること。
② 企業等が、従業員等に対して、第三者委員会による調査に対する優先的な協力を業務として命令すること。
③ 企業等は、第三者委員会の求めがある場合には、第三者委員会の調査を補助するために適切な人数の従業員等による事務局を設置すること。当該事務局は第三者委員会に直属するものとし、事務局担当者と企業等の間で、厳格な情報隔壁を設けること。

---

9 具体的施策を提言することが可能な場合は、これを示すことができる。
10 顧問弁護士は、「利害関係を有する者」に該当する。企業等の業務を受任したことがある弁護士や社外役員については、直ちに「利害関係を有する者」に該当するものではなく、ケース・バイ・ケースで判断されることになろう。なお、調査報告書には、委員の企業等との関係性を記載して、ステークホルダーによる評価の対象とすべきであろう。

2. 協力が得られない場合の対応

　企業等による十分な協力を得られない場合や調査に対する妨害行為があった場合には、第三者委員会は、その状況を調査報告書に記載することができる。

第4. 公的機関とのコミュニケーションに関する指針

　第三者委員会は、調査の過程において必要と考えられる場合には、捜査機関、監督官庁、自主規制機関などの公的機関と、適切なコミュニケーションを行うことができる[11]。

第5. 委員等についての指針

1. 委員及び調査担当弁護士

(1) 委員の数

　第三者委員会の委員数は3名以上を原則とする。

(2) 委員の適格性

　第三者委員会の委員となる弁護士は、当該事案に関連する法令の素養があり、内部統制、コンプライアンス、ガバナンス等、企業組織論に精通した者でなければならない第三者委員会の委員には、事案の性質により、学識経験者、ジャーナリスト、公認会計士などの有識者が委員として加わることが望ましい場合も多い。この場合、委員である弁護士は、これらの有識者と協力して、多様な視点で調査を行う。

(3) 調査担当弁護士

　第三者委員会は、調査担当弁護士を選任できる。調査担当弁護士は、第三者委員会に直属して調査活動を行う。

　調査担当弁護士は、法曹の基本的能力である事情聴取能力、証拠評価能力、事実認定能力等を十分に備えた者でなければならない。

2. 調査を担当する専門家

　第三者委員会は、事案の性質により、公認会計士、税理士、デジタル調査の専門家等の各種専門家を選任できる。これらの専門家は、第三者委員会に直属して調査活動を行う[12]。

11　たとえば、捜査、調査、審査などの対象者、関係者等を第三者委員会がヒアリングしようとする場合、第三者委員会が捜査機関、調査機関、自主規制機関などと適切なコミュニケーションをとることで、第三者委員会による調査の趣旨の理解を得て必要なヒアリングを可能にすると同時に、第三者委員会のヒアリングが捜査、調査、審査などに支障を及ぼさないように配慮することなどが考えられる。

12　第三者委員会は、これらの専門家が企業等と直接の契約関係に立つ場合においても、当該契約において、調査結果の報告等を第三者委員会のみに対して行うことの明記を求めるべきである。

第6. その他

1. 調査の手法など

第三者委員会は、次に例示する各種の手法等を用いて、事実をより正確、多角的にとらえるための努力を尽くさなければならない。

(例示)

① 関係者に対するヒアリング

　委員及び調査担当弁護士は、関係者に対するヒアリングが基本的かつ必要不可欠な調査手法であることを認識し、十分なヒアリングを実施すべきである。

② 書証の検証

　関係する文書を検証することは必要不可欠な調査手法であり、あるべき文書が存在するか否か、存在しない場合はその理由について検証する必要がある。なお、検証すべき書類は電子データで保存された文書も対象となる。その際には下記⑦（デジタル調査）に留意する必要がある。

③ 証拠保全

　第三者委員会は、調査開始に当たって、調査対象となる証拠を保全し、証拠の散逸、隠滅を防ぐ手立てを講じるべきである。企業等は、証拠の破棄、隠匿等に対する懲戒処分等を明示すべきである。

④ 統制環境等の調査

　統制環境、コンプライアンスに対する意識、ガバナンスの状況などを知るためには社員を対象としたアンケート調査が有益なことが多いので、第三者委員会はこの有用性を認識する必要がある。

⑤ 自主申告者に対する処置

　企業等は、第三者委員会に対する事案に関する従業員等の自主的な申告を促進する対応[13]をとることが望ましい。

⑥ 第三者委員会専用のホットライン

　第三者委員会は、必要に応じて、第三者委員会へのホットラインを設置することが望ましい。

⑦ デジタル調査

　第三者委員会は、デジタル調査の必要性を認識し、必要に応じてデジタル調査の専門家に調査への参加を求めるべきである。

2. 報酬

弁護士である第三者委員会の委員及び調査担当弁護士に対する報酬は、時間制を

---

[13] たとえば、行為者が積極的に自主申告して第三者委員会の調査に協力した場合の懲戒処分の減免など。

原則とする[14]。

　第三者委員会は、企業等に対して、その任務を全うするためには相応の人数の専門家が相当程度の時間を費やす調査が必要であり、それに応じた費用が発生することを、事前に説明しなければならない。

3. 辞　任

　委員は、第三者委員会に求められる任務を全うできない状況に至った場合、辞任することができる。

4. 文書化

　第三者委員会は、第三者委員会の設置にあたって、企業等との間で、本ガイドラインに沿った事項を確認する文書を取り交わすものとする。

5. 本ガイドラインの性質

　本ガイドラインは、第三者委員会の目的を達成するために必要と考えられる事項について、現時点におけるベスト・プラクティスを示したものであり、日本弁護士連合会の会員を拘束するものではない。なお、本ガイドラインの全部又は一部が、適宜、内部調査委員会に準用されることも期待される。

以　上

---

[14] 委員の著名性を利用する「ハンコ代」的な報酬は不適切な場合が多い。成功報酬型の報酬体系も、企業等が期待する調査結果を導こうとする動機につながりうるので、不適切な場合が多い。

Ⅳ 取締役の善管注意義務と経営判断

弁護士 豊泉 貫太郎

IV 取締役の善管注意義務と経営判断

　豊泉でございます。本日、私に与えられたテーマは「取締役の善管注意義務と経営判断」とのことですので、このテーマについてお話しさせていただきます。ただ、皆さまもご存じのように、現在の会社法にあっては、機関設計が極めて自由に認められております。そのため取締役の位置付けというものも、種々存在するということです。そこで、まずはそこからお話をさせていただければと思います。

1　会社法における取締役の地位

　そもそも取締役というのは、会社法においてはどのように位置付けられているだろうかということです。

(1)　旧有限会社法に由来する特例有限会社（整備法21）

　一つは、かつての有限会社法に基づいて選任された有限会社の取締役です。この有限会社は、特例有限会社として、会社法の施行に伴う関係法律の整備等に関する法律（以下「整備法」といいます。）2条1項により、株式会社にされています。そこで取締役がどういう権限を持つかといいますと、整備法17条以下にその内容が規定されています。

(2)　取締役会非設置会社（法326Ⅰ、348以下）

　2番目に、今回の会社法によりまして、取締役が存在していても取締役会がなくてよいという株式会社も認められました。会社法326条で、「取締役は、1名又は2名以上置かなければいけない」となっていますが、1名あるいは2名の取締役をもって、取締役会の設置はしないという場合の取締役も存在するわけです。これについては会社法348条以下に、取締役の地位についての規定を置いています。

(3)　指名委員会等設置会社（法400以下）

　3番目としては、指名委員会等設置会社というものがあります。指名委員会と監査委員会、報酬委員会、それに執行役が存在する株式会社の形態です。そこにおいて取締役はどのような地位に立つのかについては、会社法は415条以下に規定を置いています。

(4)　監査等委員会設置会社（法399の2以下）

　さらに、平成26年改正により監査等委員会設置会社という制度が認めら

れています。会社法399条の13以下に規定されています。皆さまも気付いていると思いますが、コーポレートガバナンスコードというものが制定されました。このコーポレートガバナンスコードには、常時2名以上の社外取締役の存在を要求しています。そのため、今までの社外監査役を横滑りさせてでも、社外取締役を何とか2名確保しなければということで監査等委員会設置会社が数を増やしてきているのが実情だろうと思います。

(5) 取締役会、監査役（会）設置会社（法362以下）

そういう新たな形態のものとは別に、旧商法時代から存在した、今までお話しした(1)から(4)以外の取締役会があり、かつ、監査役あるいは監査役会を設置している会社というものも存在しています。

このように考えますと、取締役の地位や、どのような権限を持っているかいうことについては、何種類かの形態が存在するわけです。

さて、旧商法時代の株式会社においては、取締役会の設置が強制されていました。そこでは、3名以上の取締役の存在が要求されていました。この取締役会の設置されている株式会社というのが、現在においても圧倒的に多いだろうと思われます。そこで本講義では、基本的にはこの、取締役会そして監査役（会）が設置される会社形態における、取締役の義務と責任の問題として、注意義務の問題を考えることを検討対象にしたいと思います。ですから、指名委員会等設置会社とか、監査等委員会設置会社というものについても必要に応じて触れはしますが、基本的には、取締役会設置で監査役あるいは監査役会設置会社、これを中心に検討していきたいと思います。

2　取締役の地位

(1) 種　類

次に取締役としてどんなものがあるだろうかということですが、会社法やあるいは実務の中においては、実にいろいろな種類の取締役が認められています。その種類は、レジュメにまとめています。

ア　代表取締役（法362Ⅱ③）

一つは代表取締役です。会社法でいいますと、362条2項3号に規定されるものです。

会社というのは、ご存じのように法人です。法人ですから、当然対外的な法律行為を行うためには、代表権を有する取締役が存在しなければいけない。そういうことから定められているものが代表取締役です。代表取締役は394条4項により、業務に関する一切の権限を有する者と定められています。どこの会社であっても、社長あるいは副社長、場合によっては会長にも代表権を与えているかと思いますが、これが一般的に代表取締役といわれているものです。

イ　業務執行（担当）取締役（法363 Ⅰ ②）

二つ目は業務執行取締役、あるいは企業の中にあっては業務担当取締役といわれているものです。会社法では363条1項2号にその規定があり、代表取締役以外で会社の業務を執行する取締役と定められています。会社の業務を実行する場合に、代表権が必要な法律行為でない業務執行も相当ありますので、それらについて実際に業務を行うものとして、業務執行あるいは業務担当取締役というものがあるわけです。例えば経理担当取締役とか、あるいは人事担当取締役、一般に専務とか常務取締役といわれている人たちが、この役付取締役として、業務担当取締役という立場にいるわけです。

ウ　使用人兼務取締役

3番目に、使用人兼務役員というものがあります。これは、取締役たる地位を持つと同時に、使用人職も兼務している者、といってよいと思います。取締役工場長であるとか、あるいは取締役支店長が、これに当たると思います。

エ　社外取締役（非常勤）（法2⑮）

また、社外取締役というものがあります。これは会社法の中に定義がありまして、会社の業務執行に関わらない取締役であって、かつ、会社の使用人でない者、しかもそれ以前10年前からその地位にない者、こういう人間が、社外取締役とされています。社外取締役は、別に非常勤である必要はないわけですが、大体多くの場合には、勤務体系としても非常勤というかたちが多いと思います。

なお、この社外取締役の役割として、指名等委員会等設置会社とか監査等委員会設置会社においてそれぞれの委員会の委員になるわけですが、それら

についてのお話をする時間がありませんので、今回はその点に関しては省略させていただきます。

オ　名目的取締役（旧商法255で3名以上を要求したことから）

以上が、法律によって定められている取締役ですが、それ以外に実務上の問題として、名目的取締役というものが存在します。

なぜ、名称だけ取締役だが実態がないという者が存在するかといいますと、旧商法時代には取締役会設置が強制されておりました。そうなりますと、当然取締役は3名以上いなければいけない。2人までは何とかなるが、あと1人どうしても取締役候補者がいないという場合があります。そこでどうするかというと、従業員の中の1人に、「君、悪いけど取締役になってくれないか。名前だけでいいんだ、仕事はまったく今までどおりでいいから。そうしないと会社として3名の取締役の登記ができないから」ということで、従業員の中の古手に、取締役という立場を与える。しかし仕事としては全くそれを期待していない。なったほうも、頼まれたから取締役の肩書が付きますが、だからといって自分自身取締役としての意識を持っているわけではないという場合も存在するわけです。

この名目的取締役に関しては、旧商法時代、いわゆる取締役の業務執行について懈怠があった場合に責任を負うのか、という問題がありました。名目的取締役であっても一般の取締役と同様に注意義務があるのだし、法的責任を負うべきだという意見がある一方、社長から命ぜられてやむなく取締役になっている人間が同じだけ責任を負ってよいのかという意見もありました。このため、責任軽減のための何らかの法理をつくり上げる必要がありました。そこで、この名目的取締役の場合には何らかの責任軽減が認められないかという理論が当時つくり上げられたわけです。

ただ、先にお話ししたように、今は、株式会社は別に取締役会がなければならないとは規定されていない。なくても構わないわけですから、どうしても人が足りなくなったときには、非取締役会設置会社に変えればよいだけなので、従前と同じように名目だからということを理由にその人間の責任を軽減できるかという問題については、新しい段階に来ているのではないかと考えています。

カ　事実上の取締役

二つ目の問題として、事実上の取締役というものが問題になることがあります。この事実上の取締役が発生する原因は、二つあります。一つは、選任されたつもりでいたけれど、その株主総会の決議に効力がなかった、すなわち決議が不存在であったとか、無効であったということで、本人は取締役としてやったつもりであったが、法的には取締役の地位がなかったという場合が存在するわけです。もう一つは、取締役として登記はしていないが、実際その会社においてオーナーといいますか、代表取締役のごとき行動をとる。この人間に対して、何らかの形で責任を追及できないだろうかということが、事実上の取締役理論です。

ただ、今回の講座は相当規模の会社における取締役の問題ということになりますので、この名目的取締役や事実上取締役というのは、考えなくてよいと思います。

(2)　役　割

では、そういった取締役を、今度は役割から見てどのように分けられるだろうかということです。

ア　取締役会の業務執行の決定に関与（法362Ⅲ①）

取締役会というのは、会社の業務の執行を決定する機関となっています。会社の業務執行を取締役会で決定するということになれば、その取締役会を構成する一員である取締役は当然、取締役会の一員として会社の業務の決定に参画する、あるいは決定に関与するという立場に立っているわけです。

ここで、レジュメの最終頁に旧商法266条による会社役員の責任についての規定を記載していますのでご覧いただければと思います。かつてはこの旧商法の責任に関する規定である266条1項1号に掲げている1〜5の行為について、取締役会の決議に基づいてした場合には、その決議に賛成した取締役は、「其ノ行為ヲ為シタルモノト看做ス」。つまり、賛成すればそれだけで、実際は行動をとってない人も責任を負うという規定になっていたわけです。

さらに3項に規定がありまして、「前項ノ決議ニ参加シタル取締役ニシテ議事録ニ異議ヲ止メザリシ者ハ其ノ決議ニ賛成シタルモノト推定ス」。取締役会の議事録があって、異議の記載がなければその人間は賛成した者と推定

され、その推定された者は2項の規定によって、実際にその人が行為を行ったものと擬制されてしまう。そのようにかつてはなっていたわけです。ですから取締役会で賛成するかどうかは、かつては本当に慎重だったわけです。

会社法では原則としてその規定は廃止されました。いくつかの個別規定の中で、賛成した人間も責任を負うとする規定はありますが、業務執行の決定に関しては、全般的に行為者とみなすという規定が排除されましたので、ある程度以前より軽減されたわけです。

もう一つ、取締役会は、業務執行取締役の執行を監督するという規定も置いています。取締役会はただ単に自分で決めるだけではなくて、実際に業務を行っている取締役の執行行為が適切であるかどうかについて監督する役割がある。そして、場合によっては、中止を命じたり、あるいは変更を命じたりすることができるということです。であるならば、その取締役会の構成員である個々の取締役は、他の取締役がきちんと業務を行っているかどうかということについて監視する義務がある。そして「その件は取締役会で判断すべきだ、あるいは討議すべきだ」というのであれば自ら取締役会を招集したり、あるいは取締役会の中でそういう議題を上程して皆の議論を受けたりすることによって、取締役会としての監督権の行使を実効あるものとしようということになるわけです。この規定は現在も生きています。ただ、詳しくは後で申し上げますが、今のようにある程度大きな規模の会社で、それぞれの担当部門においての内部統制システムが構築されている場合にあっては、この監視義務違反を理由とする取締役の責任というのは、相当否定される可能性が強くなったのでないかと考えます。

イ 業務の実行

二つ目に、取締役全員ではなくて一部の取締役ですが、現実に業務を執行するにあたって責任を問われることを考えなければならないという局面があります。代表取締役は、最初にお話ししましたように、裁判上、また、裁判外の一切の業務を実行する権限が認められています。また、業務執行取締役は、「代表取締役以外の」とあることから、法律行為以外のこと、すなわち会社の事実行為を実行することができます。また、使用人兼務取締役のように、工場長とか部長を兼ねている人間は、取締役の仕事と併せて使用人とし

ての仕事も行うことになるわけです。

　ご存じのように、現在この使用人と言えるのかどうか微妙なものとして、執行役員を採用している会社もあります。執行役員も一つの使用人兼務の亜型と考えてよいと思いますが、この執行役員を兼務する取締役の場合には、一面従業員としての仕事も行っているというわけです。この使用人としての地位をどう位置付けるのかという問題があります。

　一般には、取締役会で、ある取締役にその使用人職を委嘱するという形をとります。つまりその人間に、委任に関する規定に従うという取締役の地位とは別に雇用契約を締結して、その雇用契約に基づいて工場長たる地位を与えるのではなく、あくまでも取締役たる地位に付随して、委嘱するというのが一般の取扱いだと思います。ですから、取締役たる地位がなくなったときには、当然使用人としての職務も失うというのが、一般的な考え方だろうと思います。

　取締役のほうは任期満了で終わったけれど、工場長のほうは雇用契約に基づくのだからいまだに存続しており、解除の通知がない以上、「私は工場長だ」という主張や解約の通知をしたら「解雇権の濫用だ」といわれて争わないためにも、およそ取締役兼工場長の場合には、工場長の部分は取締役と運命共同体として取り扱っているのが一般的ではないかと考えます。

3　取締役と会社の関係

(1)　「委任に関する規定に従う」（法330）

　取締役と会社とはどういう関係に立つのか。これは会社法330条に規定があります。役員と会社の関係は、「委任に関する規定に従う」。これは、取締役に就任すると、ちょうど委任契約における受任者と同じ立場に立つことを意味するわけです。

　取締役の就任というのは、株主総会で、Aという候補者を取締役としてふさわしいとして選任議案を出して、その上でAが取締役として選任される。ただ、これはまだ一方的意思ですから、これだけで就任するわけではない。もう一方において、取締役になる人間から就任承諾の意思をもらう。一方で就任承諾の意思があり、一方で選任の決議が成立する。この二つが成立する

と、その人間は会社の取締役に就任したことになります。

ここまでは、株主総会の意思と、就任を承諾した取締役の意思によっての効果です。ところで、こうして取締役になった場合、その人はちょうど委任契約における受任者の立場に立つということを意味します。ですから、取締役と会社の間で委任契約書を締結したり、代表取締役との間で委任契約を口頭で締結したということは、ないわけです。そういう意味からいうと、この「委任に関する規定に従う」という効果は、当事者の意思の内容から生まれているのではなく、法定効果と考えるほうが適当ではないかと思います。

例えば売買契約を結ぶ場合、「この車を100万円で売りたい」と「100万円で買いたい」と合致します。その結果、車の引渡し義務や代金支払義務が生まれます。これは、法律の効果ではなくて、意思表示の効果です。しかし、そのときに売主が瑕疵担保責任を負う。これは、当事者の意思ではなく、あくまでも法律の規定に従って、その効果が生ずる。それと同じであって、取締役は、その就任だけを承諾した結果でも、法律効果として、「あなたは委任に関する規定に従いますよ。委任契約をしたのと同じ状況になりますよ」ということを規定しているのだろうと思います。

(2) 善管注意義務とは

ところで、民法には委任に関する規定が、643条から656条まであります。一つ一つよく見ますと、全ての規定が適用されるのか、相当部分は修正しなければ適用されない形になると思います。ただ、最も重要なものはレジュメに書きました民法644条の「善良な管理者の注意をもって、委任事務を処理する義務を負う」。この善管注意義務を負うということです。余談ですが、これを「善良な管理者」というか、「善良なる管理者」というかという問題があります。昔の民法片仮名表記のときは、「善良ナル管理者」となっていました。ところが、今の平仮名表記になったときに、「善良な管理者」に変わってしまいました。この善良な管理者の注意をもって、委任事務を処理しなければいけないということです。しかし、この「善良な管理者の注意」とは何なのか、条文をいくら見ても明らかでないわけです。

一般に、民法の学説でいわれているのは、通常、一定の社会的地位にある者が職務を遂行するのに際して、社会が当然に期待する程度の注意をもって

Ⅳ 取締役の善管注意義務と経営判断

決定、実行する義務。これが善管注意義務だとし、これを取締役について考えてみますと、会社という営利法人の業務を執行する者として、経済社会あるいは企業社会が客観的に当然要求し、あるいは期待する程度の合理的経済人として決定、行動する義務ということになります。そして、もしこれに違反したときには、善管注意義務違反ということで、損害賠償責任を負う立場に立つということです。

(3) 忠実義務（法355）

ところで、悩ましいことに、会社法はそれとは別に355条に忠実義務というものを規定しています。これは、取締役は法令定款、それから株主総会決議を遵守し、会社のために忠実にその職務を行う義務を負うと規定しています。今ではほとんど議論されなくなったと思いますが、かつてこの忠実義務と善管注意義務というものが同じものなのか違うのか、という議論がなされていました。

(4) 両義務の関係

異質説はこういうわけです。忠実義務というのは、あくまでもその地位を利用して、会社の犠牲の下に個人の利益を図ろうとしてはいけないということである。一方、善管注意義務というのは、職務を遂行するに際して果たすべき注意義務があって、その注意程度として、「善良なる管理者の注意をもってやるように」ということだとし、「デューティ・オブ・ケア」と「デューティ・オブ・ロイヤリティ」は別だというわけです。ところが、同一説はそうではなく、自己の利益を図るために会社の犠牲を強いることもまた当然善管注意義務違反の一内容になるので、特に異なったことを規定したものではないといい、両説で争いがあったわけです。

しかし昭和45年の最高裁判例がありまして、最高裁判例はこの二つは実質同じであるという判断をしています（最判昭和45年6月24日民集24巻6号625頁）。簡単にいうと、忠実義務は、善管義務を敷衍し、かつ、一層明確にしたにとどまり、別個の高度の義務を規定したものと解することはできないから、別個のあるいは高度の義務を課したのではなく、善管注意義務と内容は同じであるとしました。今はこの考えで落ち着いているのではないかと考えています。

この忠実義務の規定は昭和25年の改正のときにできた条文です。そして、ご存じのように会社法はいろいろと変わっています。そうすると、その会社法を作った人間や立法に関わった人間が「こういう趣旨です」というと、全くその批判をしないで「立法担当官がそう言っているのだからそれでいいじゃないか」ということで、そのとおり理解してしまう方が今は多いと思うのですが、最高裁はやはりちゃんとしています。昭和25年にできたものであっても、やはり論理的にいっておかしければ、それはやはり修正する。だから、昭和25年にアメリカから入ってきた、そういう法理論として生まれた忠実義務だって、「それが大陸法で生まれた会社法の中で位置付けをどうするかということについては自分たちに任せてくれ。新たにできたのだから、そのときの立法担当官の説に従うのではなく、やはり全体法体系の中の落ち着きどころというのを自分たちが考える」ということで判例が生まれたのではないかと考えます。

　なお、皆さまがいろいろな会社法の本等をお読みになりますと、「忠実義務違反類型」と「善管注意義務違反類型」という形で書かれているものもあります。これはどういうことかというと、取締役の義務違反の中で、自分の利益追求のために会社を犠牲にした類型については、忠実義務違反類型という形でまとめ、不注意な経営判断をしてしまった結果、会社に損害を生じさせたものを善管注意義務類型としてまとめた。そういうふうに、二つの類型として分けることがありますが、それはあくまでも類型として分けているだけであり、忠実義務と善管注意義務を違うものとして別に捉えているものではないということはご理解いただければと思います。

4　取締役の善管注意義務違反の局面

(1)　取締役の監視義務

　この取締役の善管注意義務違反というのは、どういう局面で生まれるかということです。先にお話ししましたように、取締役というのはいろいろな地位を有するのです。一つは、取締役会が監督権限を実行するのですが、それを実効あるものとするために、各取締役は他の取締役が行う行為について監視する義務が存在するということで、各取締役は他の業務執行取締役を監視

Ⅳ　取締役の善管注意義務と経営判断

する義務があると一般にいわれているのです。

　取締役会が業務執行取締役の執行を監督するということを実質化するために、会社法363条2項では「業務を執行する取締役は3か月に1回以上取締役会で自己の執行状況を報告しなければいけない」となっています。そこで業務執行取締役から今どういう業務執行状況かという報告を受けて、必要に応じて取締役会はこれについて監督をしていくということです。

　かつて、取締役の監視義務違反の対象になるのは取締役会に上程した事項に限るのか、そうではなく取締役会に上程されない事項についても監視しなければならないのか、という議論がありました。最高裁判所は、取締役会に上程したものに限定されず、それ以外のものについても他の取締役の業務執行を監視しなければいけないという判決を出しています（最判昭和48年5月22日民集27巻5号655頁）。

　ただ、かつての取締役の監視義務違反事例というのは、ほとんどが中小企業、零細企業における問題でした。しかも、実際に責任を問われるのは、名目的取締役にすぎないような人が多い。こういう、取締役会すら開いていない、真面目に1年に1回も取締役会を開いていない、税務申告の関係で、あるいは登記申請の関係で、ただ議事録に判を押しているような会社を前提とするとき、もし取締役会上程事項だけが監視義務の対象だとすると、取締役会が1回も開かれていなければ、何も監視の対象がなくなってしまう。それではいけないということで最高裁はこういう判例を出したと言えるわけですが、ただ、このような判例が出た昭和40年代に比べ、現在は若干見直しをしてもよいのではないかと思います。特に今日お話ししようとしているような、大規模会社でしかも明確に職務の分担がなされているような会社にあっては、その業務分担の取り決めが適正になされていて、妥当に行われていて、かつ、それを担当する人間が適任者と認められる場合には、特段の事情がない限りは他の部門の監視は必要ないと考えればよろしいのではないかと思います。

　本日お配りした資料（略）の2頁目は、ヤクルトで、デリバティブ取引を行うことによって会社が損害を生じた場合に、担当取締役以外の取締役について、監視義務違反を理由として損害賠償が請求できるかということについ

ての東京高裁の判決要旨です（東京高判平成20年5月21日金商1293号12頁）。

その4をご覧いただきますと「デリバティブ取引に係るリスク管理体制の構築について取締役に幅広い裁量が認められるところ、会社が相応のリスク管理体制を構築し、これに基づき個々の取引が監視されていた以上、担当取締役の違法な取引を発見できなかったとしても、担当取締役以外の取締役及び監査役について監視義務違反は認められないとされた」とあります。職務分担がきちんとできていて、それぞれについて内部統制、リスク管理体制が構築されている場合には、担当取締役以外の取締役は、担当取締役に特別に何か疑わしいというような事情が認められない限り、監視義務違反は認められないといっています。

同じ頁の判決要旨ですが、「その他の取締役については、相応のリスク管理体制に基づいて職務執行に対する監視が行われている以上、特に担当取締役の職務執行が違法であることを疑わせる特段の事情が存在しない限り、担当取締役の職務執行が適法であると信頼することには正当性が認められる」としています。それぞれの取締役が、他の取締役が担当分野で何をやっているかということを常時監視していると、自分の担当分野は何もできなくなってしまうわけですから、一応合理的な担当分野があって、それについて内部統制システムが構築されて、それに従って行動しているであろうと認められる場合には、特段に疑わしい事情がない限りは他の分野についての監視は不要であるということです。

内部統制システムが現実に妥当なものとして定まっていて、しかも実際にそのように実施されているならば、そのリスク管理体制が構築されているということを理由として、それを特段疑わせる事情がない限り適法になされていると信用してよいということです。ただ、どの程度の内部統制システムを構築するのか、ということについては、これもまた一つの経営判断の問題になります。担当部門の業態であるとか、過去の事例、あるいは費用対効果から決定すべきだということになります。

現在、大規模会社のほとんどはこの内部統制を構築して実施していることから、大規模会社の場合にはおそらく、監視義務違反の例というものはあまり認められないと思います。そうすると、大規模会社の場合には、そういう

Ⅳ　取締役の善管注意義務と経営判断

職務分担がなされていて、それぞれについてちゃんと内部統制システムが構築されており、そのとおり実施されているということを前提とする限り、監視義務を問題にするケースというものは、なくなっていくだろうと思います。

(2)　取締役の業務実行
ア　自らが決定、実行した場合

二つ目の問題として、自分が業務執行取締役として業務を実行する場合の任務違背という問題があります。つまり、自らが決定した、あるいは自らが実行したその経営上の行為というものにつき、誤ったとの主張、すなわち任務違背の問題を考えなければいけないということです。もし任務違背ということが認められれば、債務不履行の責任を負うということになりますが、そこでの債務とは何かということについて、考えなければいけないだろうと思います。

　　　　① 自ら決定、実行した内容が誤っていたときは任務違反

先にお話ししましたように、取締役は、会社との関係では受任者としての地位に立つので、受任者としての債務を負っているわけです。この委任契約の受任者の債務は、一般に手段債務だとされています。この手段債務というのは、結果債務とは異なっているものです。手段債務と結果債務はどう違うかは民法上の問題ですから、詳しくは民法のほうで勉強していただければと思いますので、ここでは簡単に述べます。

債務には2種類あり、そのうち結果債務とは、債務内容が確定している債務、すなわち一定の確定した結果が存在し、その結果達成だけを目的とする債務、これを結果債務というわけです。例えば売買契約における売主の債務や買主の債務というのは、その結果が確定しているわけです。売主の立場でいうならば、物の引渡し義務、何月何日どこでこの物を引き渡す。これだけが、確定した結果債務として存在しているわけです。それだけを履行すれば、それで足りるというわけです。

ところが、手段債務とは、そういうものではなく、「債務内容として結果実現に向けて注意深く努力することを内容とする債務」です。ここで例としてよく挙げられるのが、医師の診療契約上の債務や家庭教師の教える債務です。

4　取締役の善管注意義務違反の局面

　医師は確定的な債務を負うのではありません。入院してきた患者さんを診察して、その症状を正しく把握して、その症状に応じて何が適切な治療方法かを注意深く判断してよかれと思う治療行為を行えば、それで債務は履行されたと考えるわけです。つまり、その患者さんの状況に応じて、取るべき治療行為は別に一つに確定していないわけです。例えば、今は体力が弱っているから、今必要なのはこれからきつい薬を飲んでもらう、あるいは手術をするためには、まず体力を付けようという判断をする人もいるかもしれません。あるいは、とりあえずまず薬をあげて様子を見ようということも考えられるわけです。いやそうではなくて今すぐ手術をしようと考えることもありますし、いや手術をする前にはいくつかの数値をちゃんと検査でとってみようということもあるわけです。そういう意味でいろいろな、広い範囲で何を選択するかは、その症状において適切に誠実にとった処置ならば、特にそのうちの一つだけが正しくて、残りが誤りというわけではない。そういうものが、手段債務だといわれているものです。

　教える債務もそういうことです。どうやって教えたらよいのか。一方的にしゃべったほうがよいのか、書かせたほうがよいのか、討論したほうがよいのか、あるいは1週間後にレポートを出させるような形にしたほうがよいのか。いろいろな形で学力を向上させようとする。その目的のために、その学生の能力とか体調とか、その年齢等にふさわしい教え方は何なのかということを考えて、その中で一つ適切なものを採用すれば、それは債務不履行にならないというのが、手段債務の内容だということです。

　こう考えますと、実は取締役の債務も同様と言えるわけです。つまり、取締役の債務というのは、あくまでも会社のその時の状況に応じて適切と考える経営行為を誠意をもって行うこと。これが債務の内容だということであり、いわゆる結果債務のように一定の確定した結果を約束して就任しているわけではないのです。

　例えば、「私が取締役に就任したら、売上を10％アップさせます」、あるいは「私が取締役に就任したら、1年5円の増配をします」というような確定的な約束をするのではなく、自分は取締役として会社がその状況下において行われる経営判断について、誠実に会社のためによかれと思って一生懸命

IV 取締役の善管注意義務と経営判断

やります。そのように、誠実に行えば債務不履行の問題はない。そういう手段債務としての受任者としての債務を誠実に履行することが、取締役の債務内容と思います。

そうなりますと、何が債務不履行になるのだろうかということについては、この手段債務の特性から考えていくことになります。

普通、債務不履行といいますと、一般に、履行不能と履行遅滞と不完全履行の三つがあるわけです。ところが、この取締役が何らかの経営行為を行ったことを問題にしようというわけですから、履行不能という問題は起きません。一番多いのは、確かに経営行為として行ったけれど、やったことが不完全だ、あるいは、不十分だということで、不完全履行の問題として主張されることが一般には多いのだろうと思います。あるいは、合理的に期待される時機までに何もしなかったということで、本来やるべき期間内に行うことを遅れてしまったということで、履行遅滞を加えることも可能かと思います。いずれにしても中心となるのは、不完全履行だろうと思います。そうすると、何をもって不完全とするかということを、主張するしかないだろうということです。

② 旧商法との違い

そこで、債務不履行の責任を負うということで、会社法は善管注意義務違反については、取締役の責任を追及できるとしています。また、取締役の責任追及に関しては423条に規定を置いています。この現規定とかつての商法上の会社編の中にあった取締役の会社に対する責任というのは、少し違っています。

どこが違っているかといいますと、商法旧266条の規定のうち1項1号〜4号は、元々全て無過失責任だと一般に解されていたわけです。ところが、今度の会社法ですと、423条1項で、「その任務を怠りたるとき」ということであくまでも原則過失責任だという形に変えています。併せて、例えば462条を見ますと「注意を怠らなかったとき」、あるいは120条4項では「注意を怠らなかったことを証明したとき」という規定があり、いわゆる無過失の抗弁というものも認めています。

さらに、任務懈怠行為として責任を負わせようということと、無過失の抗

4 取締役の善管注意義務違反の局面

弁を分けて規定している。ですから、現在の会社法の規定の仕方は、二分説だといわれています。この二分説に関しては、学説の中には批判的な立論も多く見られます。

一つは、この手段債務というものは不完全と過失が一体のものだとする考え方です。本来、不完全というのは過失を含んでいるのだから、それを二分するということは理論として誤りだとする考え方。これは民法の学者が主として言っているところであり、潮見佳男教授や、古いところでは、中野貞一郎博士も「過失と不完全とは一体のものなので、それらを分けることは元々理論的には問題がある」という言い方をされています。そういう意味では、批判がある条文だというわけです。

もう一つは、「無過失を証明したときは免れる」と規定してあるのですが、そういうことを別に書く必要はないだろうという説です。債務不履行において、自分が不可抗力の抗弁を出せる、責めに帰すべからざる事由が存在することは、債務者のほうが立証せよということになりますが、大審院の判例では、全て債務者のほうで無過失だということが立証されない限りは責任を負うという形で債務不履行責任は構成されているということがいわれているわけです（大判大正14年2月27日民集4巻97頁）。

そうなりますと、元々民法及びそれに関する判例法、及び定説によって、無過失の立証は転換されているということが明らかになっている現在において、なぜわざわざ会社法の中に、立証責任は債務者にあるということを書かなければいけないのか。その必要はないという批判が、二つ目の批判として存在するわけです。

これは学問的な問題ですから、どちらが正しいとか、誤りだとかは申し上げません。ただ、過失という問題と不完全という問題は完全に一致しているかというと、分けて考えることも理論的には可能だろうと考えます。ですから、不完全と過失とを二つに分けて、そして不完全部分は相手方主張で、過失については責任要素として必要だということは、理論的には可能ではないかと思います。それから、大審院時代に既にその点について判例ができあがっているので、いまさら条文に書く必要はないといわれるかもしれませんが、無駄であっても書いても構わないだろうと思うので、それはそれとしてよい

Ⅳ 取締役の善管注意義務と経営判断

のではないだろうかと私は考えます。

③ 業務担当者としての善管注意義務の問題と経営判断の原則

そういうことを前提として、会社法における業務担当者としての善管注意義務の問題は、どう考えたらよいのか。本日のテーマの経営判断の原則について考えます。

経営判断の原則、よくビジネスジャッジメントルールといわれますが、アメリカ法においては、一定の事実が主張されれば、その事実が認められた場合には取締役の経営判断行為そのものの内容の当否を判断することなく訴えそのものを却下してしまうというのが、アメリカの経営判断原則の表れ方です。我が国においてはそういう制度がありませんから、経営判断の原則といいながら、あくまでも経営責任が追及されたときにこれだけの要件が認められた場合には、取締役の責任は否定されるという理論として用いられるものが、日本における経営判断の原則です。

我が国での用いられ方としては、まず、業務執行者が現実に行為を行ったときの問題があります。すなわち、何らかの行為があった場合にその行為の当否を判断しようということが経営判断の世界の問題です。「なぜあのときに株主総会の招集をしなかったのか」という抽象的な一般的な不作為の問題というのは、経営判断の問題ではないといわれています。

ただ、具体的状況下であって、「なぜあれをしなかったのか」ということになれば、これは経営判断の世界となります。つまり、元々具体的状況下で当然作為義務が認められているのにその作為をしなかったという場合には、責任を問うことが可能だろうといわれています。

平成16年の東京地裁の裁判例というのは、会社がなぜ訴えを提起しなかったのかということで、提起をしないこと自身が義務違反だと主張した事件です（東京地判平成16年7月28日判タ1228号269頁）。それ以外にも、取締役の不作為の問題としては、例えば欠陥商品が市場に出た場合にその回収作業に入らなかったとか、あるいは有害物質を含んだ食品を売ってしまった場合に、消費者に誠実に、速やかに広報すべきだったのにそれを放置したという具体的状況下における不作為というものも、認められる可能性があります。

そういう作為、あるいは具体的状況下における不作為を理由として、会社

4　取締役の善管注意義務違反の局面

に損害が発生した場合に、賠償責任があるかという問題について、一般に経営判断の原則は、以下の四つの要件を充たしたときは取締役の責任が否定されるとされています。

　一つ目に、それが会社の利益を図る意思でなされたものであること。二つ目に、具体的な法令に違反しないものであること。三つ目に、前提となる事実の認識に重大な誤りがない、つまり前提の認識そのものに大きな誤りがなかったこと。四つ目に、それを決定したときのプロセス、それから内容が著しく不合理でないこと。そのときには取締役の経営執行行為について責任は否定されるとするのが経営判断の原則ということで、現在多くの判決例の中でこれを認めているのです。

　一般に経営判断の原則でいうのは、今お話し申し上げたように四つです。会社の利益を図るということ、具体的に法令違反をしないということ、前提となる事実の認識に重大な誤りがなかったということ、そして経営判断の内容が著しく不合理あるいはプロセスが著しく不合理でなかったということ。この四つがそろったときには責任が否定されます。

　こういうと新しいことをいっているようですが、実は考えてみると当たり前のことです。前の二つ、「会社の利益を図る意思でなければいけませんよ。それから法令はちゃんと遵守しましょう」というのは、善管注意義務あるいは忠実義務の内容であるところの「法令違反をしてはいけませんよ」ということと、「会社の利益、つまり個人の利益を図るために会社を犠牲にしてはいけませんよ」という忠実義務の内容として、この二つは忠実義務の説明のときにしたものです。後の二つ、前提となった事実の認識に重大な誤りがなかったか、その事実を前提としたときの決定のプロセスあるいは内容が著しく不合理でなかったか。これは端的にいうと、手段債務が持っている特性です。お子さんを教えるときに、前提となる事実、そのお子さんが何歳ぐらいで、どの程度の判断能力があって、どの程度の学力があるだろうか。それを前提として、その前提に間違いがなく、その前提事実を踏まえた上でこういう教え方が適切だろうかと決定した内容、あるいはその決定のプロセスがあまりにもおかしいのでなければ、手段債務は責任を負わなくてよいということです。

Ⅳ 取締役の善管注意義務と経営判断

　つまり今経営判断の原則として世の中でいわれているものは、実は善管注意義務の内容プラス手段債務の不履行にならない要件を二つ重ねたものにすぎないのではないか、特に目新しいものでもないといってよろしいのではないかと思います。この四つの要件が備わったときには、取締役は責任を負わないということになるわけです。

イ　上記に関連する会社法上の特別法的手当

　会社法はその中で、この四つの要件のいくつかの類型については条文を設けて、取締役が行動することを制約しようとしています。

　　a　個人利益追求の問題
　　　① 競業取引

　まず、取締役が個人の利益の追求のために会社を犠牲にしてはならない、ということで、一つが競業取引の制限です。

　会社法356条1項1号に、「取締役は次に掲げる場合には株主総会（取締役会設置会社の場合は取締役会）に、その重要な事実を開示し、承認を受けなければならない」との規定があります。そこに、取締役が「自己又は第三者のために株式会社の事業の部類に属する取引をしようとするとき」、すなわち取締役はその会社の定款に規定されている事業目的とされる事業の部類に属する取引（ただし、学説や判例により、現実に廃止してしまったものは含まれないとか、近々に進出を予定しているものは含むというようなことがあるのですが）については、そういう事業の部類に属する取引を、自己又は第三者のために行う場合には、株主総会あるいは取締役会の承認が必要であるとされています。

　なぜこんな規制をするのかといいますと、取締役が、会社の取締役として知り得た商売上のノウハウや顧客情報などを自分の私的利益のために、会社の犠牲の下に行うことは認められないということがその内容であると思います。ところで、皆さまも大学時代あるいは司法試験を受けるころ、競業取引における「自己又は第三者のために」の内容として「名義説」と「計算説」の二つの説があるというようなことを習ったことを覚えていらっしゃるのではないかと思います。

　この「自己又は第三者のために事業の部類に属する取引」を行うという場

合の「自己又は第三者のため」とはどう解すべきかにつき、名義説、すなわち契約当事者として自分の名義を用いた場合なのか、計算説、すなわちその取引による経済的効果が自分に帰属する場合なのかということで、計算説と名義説の争いが存在したのです。

なぜこの計算説がかつては存在し得たのかということですが、これは旧商法の264条3項で、競業避止に関して、取締役が自己のために行った取引について「取締役会ハ会社ノ為ニ為シタルモノト看做スコトヲ得」、つまり取締役が自分のために行った取引を、会社はこれを会社のためにした取引にしてしまうことができる介入権という規定を設けていたわけです。つまり、取締役会決議をすると、Aという取締役が第三者と結んだ競業取引、つまり会社の事業の部類に属する取引による結果を会社が受けることができるという規定を置いていたのです。

しかしながら、Aがたまたま甲社の取締役だからといって、AB間の契約の主体が甲社取締役会決議で、甲B間の契約に移行できるでしょうか。つまり、契約上の地位の移転ができるだろうかと考えたときに、相手方のBの同意がなければ契約上の地位の移転は三面契約か、さもなければ両当事者の合意プラス1名の同意が必要だといわれるわけですから不可能です。

ですから、この介入権の規定の、取締役会決議でAの有していた契約上の地位を甲社に移すことはできない。では、何がそれによって移せるかと考えると、せいぜいその行為によって発生した経済的効果ならば取締役会決議によって、会社の利益にすることはできるだろうということです。そう考えますと、この介入権という規定があったとき、同条1項1号の「自己又は第三者のために」というのも、経済的効果の帰属の問題だと解釈することは可能であったと思います。

しかし、この介入権の規定が会社法ではなくなってしまった。そこで356条は1項1号で「自己又は第三者のために」事業の部類に属する取引をしようとしたとき、2号は「自己又は第三者のために」会社と取引をしようとするときとして、同じ「自己又は第三者のために」という文言を、同じ条文の1号と2号でそれぞれ置いた。そして、2号の自己取引における「自己又は第三者のために」というのは、名義説で誰も争いがないわけですから、そう

なると、同じ条文内の同一文言であるならば競業取引についても同じようにしか解釈しようがないことになりますので、現会社法においては、競業避止における「自己又は第三者のために」というのは、法律効果の帰属の問題だと理解するしかないと思います。

この競業避止について取締役がその承認を得ないで行った場合、423条により損害額の推定が認められることになるわけです。423条の規定によりますと、この1号の行為を行った場合には、それによって取締役が得た利益の額が会社の損害の額と推定することになります。この取引によって役員が得た利益、それを損害額と推定されますから、損害賠償の算出が容易にできるとされているのです。

以上はあくまでも取締役会の承認を得なかったときの問題です。取締役会の承認を得て、会社の事業の部類に属する取引を行ったときに損害が生じたときはどうなるか。これは任務違背の問題として考えれば足りると一般にいわれたわけですが、なぜ取締役会の承認が必要とされるのかについて、本当は考えなければいけないところだと思います。

ところで、現在一般の大規模会社で競業取引を行うのはどういう場合かといいますと、例えばA社という会社が地方に出店しようとします。しかし、自分の会社の単なる支店として出すのは地元との関係で抵抗がある。そこでA社が一部を出資し、地元資本に一部資本を出してもらって、そしてA社と同じような事業を行う会社を地元資本との合弁で行おうということで、実際に競業避止の承認を得ることが多く行われているのです。その場合、A社と同じような仕事を合弁企業のB社もやりますが、そのB社のやっていること、そこの取締役になっている人間はあくまでもA社にことさら損害を発生させるような形でやるのではなく、あくまでA社の仕事の一部としてB社の仕事をするのであり、それならば、多くは任務違背にならないだろうと思います。

そうではなくて、競業取引につき承認した場合であっても、「親会社何する者ぞ」というような形で、ことさらA社に損害を及ぼすような営業活動を行うという場合については賠償してもらうことになると考えればよいのではないかと思うわけです。

② 利益相反取引

二つ目の問題として、利益相反取引があります。これも、会社の犠牲の下に自己利益を図ろうとする場合に関する制度だといえます。利益相反については356条1項2号と3号にあります。2号のほうは「自己又は第三者のために」取引をした場合、つまり、取締役自身が取引の相手方になって、あるいは「第三者のために」すなわち他人の代理人、あるいは代表者となって取引をする場合には、取締役会の承認が必要ということです。この誰が自己又は第三者に当たるかということについては、名義説によって形式的に判断するということになるわけです。

ただそうなりますと、取引の相手方ではないが、実質的に、取締役の利益のために会社が犠牲になる可能性もあるということで、実質利益が相反するとき、いわゆる間接取引についても、取締役会の承認を求めることになります（法356条1項3号）。こちらは、実質基準、会社にそれによって損害が発生するか否かで判断することになるわけです。こうして、会社の犠牲をもって取締役が個人的利益を追求しようとすることを排除しようという規定を設けているというわけです。

ここで問題があるのは、取締役会の承認を得ても、その取引によって会社に損害が発生したときは、取締役は会社に対して損害を賠償しなければいけないという規定になっています。これは、423条3項ですが、356条1項2号又は3号、いわゆる利益相反取引、自己取引ですが、その取引によって会社に損害が生じたときは、次に挙げた取締役又は執行役はその任務を怠ったものと推定する。つまり、取締役会が承認してもしなくても、会社に損害が発生した場合にはその取締役は任務を怠ったものと推定します。こういう任務懈怠推定の規定を置いているわけです。

条文がそうなっているので、誰が見てもそれしか解釈のしようがないと思うのですが、本当にそれでよいのだろうか考えてみる必要があると思います。

まず、電鉄会社の取締役がその電鉄会社の運営する鉄道に切符を買って乗る場合、自己取引ですから、取締役会の承認が必要かというと、それは要らない。あるいは、銀行の取締役が自分の勤めている銀行に口座を開いて預金の出し入れをする。これも取締役会決議が必要かというと、それは要らない。

こういう定型的なものについては不要としています。では、どういう場合に取締役会の承認が必要なのかというと、ある程度会社に損害が発生する可能性がある場合に、自己取引に承認を求めているわけです。つまり、「どうもこの取引をやると会社に損が生ずるかもしれませんがやっていいでしょうか、どうでしょうか。皆さんに諮っていただきたい」と本人が提案するわけです。そうしたら、残りの取締役はどうするのか。そこで「君は特別利害関係人だから、君を排除して残りの人間だけで決定する」といって、蚊帳の外に置かれて残りの取締役が審議をする。そして最後に、取締役会として「承認したよ、やっていいよ」「ありがとうございます」となる。そして取引をやったところ、当然損が予定通り発生します。なぜなら、そもそも損が発生すると考えたから承認してくれと頼んだのです。そして、自分は埒外のところに置かれて、残りの人に検討をお任せし、案の定損が出たら、損を出したということは任務違背だといわれる。私は昔からこの条文に関しては、何か違和感を覚えながらずっときているのですが、しかしながら通説は承認の有無にかかわらず、任務違背を推定されるという形で処理しているのでそれでやるしかないだろうと思うわけです。

b 具体的法令違反の問題

① 利益供与（法120Ⅳ、会規21）

次に、具体的に法令に違反してはいけないということで代表的なものとして会社法が規定するのが、一つは利益供与です。

これは昭和56年の商法改正でできたものです。会社がいわゆる総会屋に対して金銭を払うのを止めさせようということで、株主の権利の行使に関して財産上の利益を供与した場合、この利益供与の関与者は供与した利益の額に相当する額を会社に返しなさいと定めたものです。法令違反の一つの例です。誰がこの利益供与に関与したかということに関しては、会社法施行規則21条で、その職務を行った人間やそれを取締役会の議案に提案した人間などが規定されています。

ただ、一つ救いがありまして、「但し注意を怠らなかったことを証明すれば免責」ということになります。確かに、取締役が経済取引によってある人にお金を支払う。それが本当に株主への利益供与に当たるかということにな

りますと、払う場合に、合理的な経済活動だという外形をとるでしょう。ですから、場合によっては注意してもその内容が分からなかった場合には、責任はないと認められるのではないだろうかと思います。

② 違法配当等（法462、計規159）

2番目の問題は、違法配当等があります。これもまた法律に違反した場合、取締役は責任を負うということになります。会社法462条あるいは会社計算規則159条によって、会社は分配可能額を超えた額で株式を買い取ったり、剰余金配当してはならないと規定しているわけです。

違法配当の例を挙げますと、違反した場合には462条1項6号イ、ロのほか、会社計算規則159条で、会社の支払った金額と同じ額を会社に戻しなさいとしています。これについては、取締役会決議に賛成した取締役にも支払義務があるという規定が存在しています。

ウ　会社法上に上記のような特別規定がない場合の取締役の業務実行行為と経営判断原則

以上のように、善管注意義務あるいは忠実義務から法令に違反してはいけない、あるいは、会社の利益を害して自分の利益を図ってはいけないということについて個別の規定があります。そういう具体的な会社法の手当とは別に、そのような規定がない場合に、取締役の業務執行について責任を負うかについて経営判断の原則はどう働くのだろうかを考えていきたいと思います。

① 会社の利益を図るため

最初にお話ししましたように、まず、会社の利益を図るためということが、経営判断責任を阻却するための一つの要点だということです。これを一番明確に示したものは、セメダイン事件（東京地判平成8年2月8日資料版商事法務144号115頁）代表訴訟における判示内容です。これによれば、「本件会社買収の決定に法令・定款違反等の問題はないし、被告」ら「当時取締役だった者が自己又は会社以外の第三者の利益のために右決定をしたと疑うべき根拠もない」とあります。つまりまずその行為を行ったことについて、自分のためとか第三者の利益のためではないということで、自己利益のために会社を犠牲にさせたとは認められないとしています。セメダイン通商がやったことについて、なぜ取締役の責任が認められないのかということについては、「セ

IV 取締役の善管注意義務と経営判断

メダイン通商は、セメダイン及びその関連企業が発行済株式総数の60パーセントを有する株主であり、セメダインを中心とするグループ企業のひとつである」。つまり、自分たちはグループの一員であり、その「グループ企業の経営は、中核的な企業の信用、資金力を重要な支えとして行われており、法的には独立した別個の存在でありながら、その事業は相互に密接に関連し、実質的に支援・依存等の協力関係にあることが多い。セメダイン通商がかつての赤字体質の脱却し」（たことについては）グループ企業の協力もあったことから「セメダイン通商にとって、セメダイン及びその関連会社の信用の維持、経営の健全性の保持は重要な問題であると認められるから、これらが損なわれるような事態に対しては、グループの一員として、相当な範囲内において、これを回避する措置を自ら講じたり、右措置に協力したりすることが是認される」としています。つまり、グループ全体としての信用確保のために、グループの中の会社が一定の協力をすることは許されるという言い方で、責任はない一つの根拠にしているわけです。

同じようなことが、同一商号使用の企業、子会社等に関する、長野地裁佐久支部の決定でも認められています（長野地佐久支決平成7年3月22日判例集未登載）。この事案は、ミネベアという会社が、子会社のミネベア信販という会社を支援するために保証したり増資を引き受けたことについて、取締役の責任を追及したときに、ミネベアという同一商号を使うのであれば、これを保護するのは企業活動として当然許されるといっています。

ただ、そのように資本関係がある程度認められる場合は別ですが、ただ、経営者が同一で二つの会社があって、その間は資本関係がなかった場合には責任があるというのが、東京高裁平成8年の判決です（東京高判平成8年12月11日金商1105号23頁）。また、経営者として自己保身あるいは経営ミスを隠すということで、部下の不祥事隠しのために、相手の言うことに従って相手に有利な条件で取引したという事案につき責任ありというのが、和歌山地裁の判決（和歌山地判平成15年2月25日判例集未登載、同平成15年9月9日判例集未登載）です。

② 具体的な法令違反のないこと

当然のことですが、具体的な法令に違反したら責任阻却は認められません。

4　取締役の善管注意義務違反の局面

　レジュメにいくつかの例を挙げておきました。例えば、いかに会社として取引の機会を得たいといっても、公務員に対して賄賂を贈ることは認められないわけです。あるいは、注文価格をできるだけ高い価額にしたいということで談合することも、確かに高値の注文を得られるという経済的利益はあるかもしれませんが、法律違反は許されないわけです。

　外国法令も、事案によっては違反を許さないというようなものもあります。大和銀行ニューヨーク支店での事件（大阪地判平成12年9月20日判時1721号3頁）では、従業員の使い込みがあり、この対応に関しニューヨーク州の法律に違反していることを理由として、責任が認められました。

　また、金融機関等に関しては、金融機関の業務として遵守すべきものとして、融資規制枠というものがあります。そこで、大口融資規制に違反した場合や、大口信用供与規制に違反した場合には、金融機関として遵守すべき規制に違反したということで、責任を肯定しています（富山地判平成16年12月1日判例集未登載、京都地判平成18年2月3日判例集未登載）。

　それから不当労働行為を行った場合も違法行為ですから、責任があるとなります（函館地判平成15年11月27日判例集未登載）。

　また、食品衛生法に違反した場合は、ダスキン事件で「食品衛生法上使用が認められていない食品添加物を使用した商品を販売されていたことを後から認識した取締役の公表すべき義務」とあります。つまり、食品衛生法で承認されていない添加物があり、それを食べたからといってほとんど健康に被害がないと外国ではいわれていても日本では認められていないものが混入した肉まんを売ってしまった。そして認識後何もせずに放置していたことにつき、これは許さないとして、「消極的な隠ぺいとみられる方策を重ねることは、ことが食品の安全性に関わるだけに、企業にとっては存亡の危機をもたらす結果につながる危険性があることが、十分に予測可能であったといわなければならない」。つまり事が食の安全に関わることだということで、責任を肯定しています（大阪高判平成18年6月9日判時1979号115頁）。

　それから、日教組の集会を拒否した場合です。これも責任があるとしています。プリンスホテルでしたか、日教組からの集会の申出を一度は受けたのですが、その後日教組の集会があると街宣車が来るということで、「何とか

Ⅳ　取締役の善管注意義務と経営判断

うち以外でやってください」とお願いしたところ、日教組は「おたくでぜひやりたい」ということで使用認容の仮処分を東京地裁に求めました。東京地裁も「それは使わせてあげなさい」という決定を出したのですが、それでもホテル側が実力行使で使わせなかったという事案（東京地判平成21年7月28日判時2051号3頁）です。裁判所の仮処分命令に違反したとして、責任があるとしています。

　　　　③　前提となる事実の認識に重要かつ不注意な誤りがないこと

　これも、先ほどのセメダイン事件にあって「右のような判断において、その前提となった事実の認識に重要かつ不注意な誤りがなく、意思決定の過程・内容が企業経営者としてとくに不合理・不適切なものといえない限り」責任はないとしています。

　ですから二つのことが必要なわけです。まず、前提となる事実を正確に把握していなければいけない。その次に、それに基づいて出した判断、これもまた不合理なものであってはいけない。この二つが必要だというわけです。

　ただ、取締役として決定する場合に、前提となる事実をどうやって正確に把握するのかということについては困難な問題があるでしょう。そこで、裁判所は、全てが全て取締役自らが前提事実を正確に調査する必要はないといい、判決としては銀行の融資に関しての善管注意義務の問題に関し（東京地判平成14年7月18日判時1794号131頁）、「本件融資は、時間的制約がある中で原告が訴外会社との取引の過程で組織的かつ継続的に収集・蓄積してきた情報を関連部署において総合的に分析、検討した上、本件融資を行う必要があり、債権保全措置をも勘案すると回収にも懸念はないとの結論に至ったのであり、その判断は」として、取締役自身が全部判断するのではなく、その当該部署において十分な資料及びそれに基づく判断があった場合には、それを信じて、前提として融資の決定をする。つまり、部下の作成した資料とその検討結果、判断内容を踏まえて処理しても構わないといっているわけです。ですから、決定するためには、社内でどれだけの稟議がなされたのか、どれだけの資料が集められたのか、そのためにどういうことが実際に審理検討の対象になったのかということがあれば、これを踏まえればよく、全部が全部、自分で収集しなくてもよいということです。

ただ、そうはいっても著しく、明らかに不当、不合理な場合は別です。銀行が追加融資をする場合に不合理だとして責任を認められる、事案としては銀行の取締役が追加融資を行ったことについて、善管注意義務に違反すると認められた例です（東京地判平成14年4月25日判時1793号140頁）。

　事案は、熱海にある初島という島に観光リゾートをつくろうということで、その観光リゾートをつくるに当たって追加融資を求められたときに、銀行の取締役が追加融資の決裁をしたわけです。銀行ですから、部下が一所懸命いろいろな資料を集め、いろいろな収支計算を立てて、今後の見通し等も入れて、そして「十分融資が可能です」という上申をして、それを踏まえて取締役が決裁したのですが、「この場合には責任あり」というわけです。

　裁判所が何を問題にしたかというと、「業務運営委員会の資料は、内容的に見ても、第一ホテル東京ベイを参考にして本件プロジェクトの室料等を設定しているが、都心から一時間以内の地域に位置し、かつ東京ディズニーランドに隣接している第一ホテル東京ベイは本件プロジェクトとは明らかに条件が異なり対比事例として不適切であるし、第一ホテル東京ベイがツインの料金であり、本件プロジェクトの部屋の面積が第一ホテル東京ベイの二倍であることから直ちに四人の定員で料金も二倍の約七万二千円とするのは高額」といわざるを得ず、「必ずしもホテル事業の専門的知識を前提としなくとも疑問を生じさせるものであった」ということです。

　つまり、熱海の先の船に乗って何分もかかるホテルの稼働率や設定料金を、東京ディズニーランドの隣にある第一ホテル東京ベイの料金からもってきて回収可能だということに、裁判所は「それはおかしいだろう」といったわけです。ですから、あまりにも明らかにおかしいときは、責任を認めております。

　　　④　意思決定の過程・内容が特に不合理、適切なものでないこと

　それから、次は資料の問題ではなく、内容の問題でやはりおかしい、不適切という判断が下されたものとして、仕手筋からの脅迫に応じて巨額の金員を交付した取締役には、責任があるとしました。これは蛇の目ミシン事件なのですが、小谷グループという当時の仕手筋から、「自分の株式を買え、買わないと暴力団に流すぞ」などといって、無理やり取引を強制させられました。そこでの取引の不当性を理由として、株主代表訴訟が起こされた場合の

IV　取締役の善管注意義務と経営判断

最高裁判決です（最判平成18年4月10日民集60巻4号1273頁）。

「暴力団関係者等会社にとって好ましくないと判断されるものが株式を取得して株主となることを阻止することができない」のは上場会社だからであり、「会社経営者としては、そのような株主から、株主の地位を濫用した不当な要求がされた場合には、法令に従った適切な対応をすべき義務が有するものというべきである。前記事実関係によれば、本件においてYらは、Aの行動に対して、警察に届け出るなどの適切な対応をすることが期待できないような状況にあったということはできないから」責任があるとしているわけです。

この判決が出たときに、企業関係者の中に「えっ？」と言う方も何人かいたのです。一つは何かというと、最高裁判事は送り迎えの車があって、危ないときは警察が門の前で警護してくれるからあの人たちはよいでしょう。でも、あの頃住友銀行の名古屋支店長はエレベーターを降りたところで殺されているわけです。自分たちの身分では身の安全がそれほど十分ではないというのが一つです。そして、ここで提言されている内容ですが、警察に届ければよいとはいうものの、警察に届けて今までやってくれたことがどのくらいあるかということです。桶川ストーカー殺人事件が当時起こり、警察に届けたからといって、適切な対応になるのかと。そういうことからいうと、本当にこの判決は正しいのかと当時問題になったのです。

ただ、最高裁のほうの言い分も分かるのです。とはいえ、悪に屈してよいとは、やはり司法部の上告審では言えません。地裁・高裁はやむを得なかったというかもしれないけれど、やはり暴力団に脅かされたからそれで屈してもよいとは、さすがに司法の頂点では言えないということで、取締役の責任を肯定したということと思います。

取締役としてどの程度の注意をすべきなのか、これは当然ですが、事案に応じて判断しなければいけないと思います。食の安全に関する問題として、「品質保持期限切れの牛乳を再利用し集団食中毒を発生させた会社」の取締役に重大な過失、任務違背を認めた例があります（名古屋高金沢支判平成17年5月18日判時1898号130頁）。中毒の危険のあることは許されないといっているのですが、特に注意すべき点は、「雪印乳業事件後の本件会社の牛乳

の再利用の実態」とあり、雪印乳業のあの状況を知ってその後の対応をどうしたかを考えないといけないとしているのです。それ以前ならば許されるが、あの事件の後にあっても、まだこんなことをやっているのかということで、責任追及されたものです。

次に、弁護士が関わった場合はどうかということです。非上場の子会社の株式の買取価格が高かったことについて取締役に責任があるかという事案があります（最判平成22年7月15日判時2091号90頁）。ここでは、この決定については弁護士の意見も聴取するなどの手続が履践されている、つまり、決定をするに当たって弁護士にも聴いたのだから責任がないとしています。そういう意味からいうと、なされた決定の内容だけではなくて、プロセス、手続も考慮されています。この場合に、弁護士がそういう意見を出したことを重視しているということは、適切なプロセスを踏んでいるとしているわけです。

逆に、行政庁からの要請や県との打合せ等というものは、責任を否定する理由としては考えられていないというのが、実態だと思います（東京地判平成16年5月25日判タ1177号267頁、最判平成21年11月27日判時2063号138頁）。

なお、最近の会社法の一つの問題として、この注意義務につき、金融機関の取締役の注意義務は普通の事業会社の取締役の注意義務より高いのか、という議論がされています。最近の文献として岩原紳作氏の『会社法論集（商事法論集Ⅰ）』（商事法務、2016年）に載っている論文「金融機関取締役の注意義務」を紹介しておきましたが、二つの考え方があります。

金融機関が持っている社会的有用性から、破綻することは避けなければいけないということで、高度の注意義務があるという考え方があります。しかし、それぞれの会社にはそれぞれの社会的役割があるわけなので、銀行の取締役だけ特に高い注意義務があると、私は考えません。電鉄会社や電力会社も皆同様に高い社会的役割を果たしているわけです。もし電気が止まってしまったら真っ暗になるわけで、冬場になれば凍死する人も出てくるわけです。電力会社には電力会社の社会的役割がありますし、今、東京を中心として、これだけ人が集まって仕事ができるというのは、各電鉄会社がきちんと電車

を動かしてくれているからで、その社会的役割も計り知れないほどの重さがあると考え、別に銀行だけに限定するという意味はないだろうと思っています。

ただ、判決文の中で、「銀行は普通の企業に比べて重い高度注意があるのに、しなかったから責任がある」という修飾語句がよく付いてきます。これは考えてみますと、公的資金まで導入して、つぶさなかった会社の取締役に対して、「責任がある」と言うための修飾語として、銀行にはそれだけの社会的役割があるといっているのではないかと思います。銀行だから特別に高い注意義務があるというのは、理論的には無理だと思います。

エ 部下の業務執行に関して

自分が実行するということについての責任問題については、今お話ししましたように経営判断の問題として考えるわけですが、業務を執行するということは、当然、自分が全てを行うのではなくて、部下が会社の業務を執行するのが一般的にあるわけです。そうなると、担当者として責任をどういう場合に負うかというと、適切に監督し、指示をする形で、あるいは注意することについて、取締役の責任を果たしているかどうかの問題になるわけです。簡単にいうと、部下が不適切な行為を行うことをどうやって防止するかということも、担当取締役の職務の内容になるというわけです。

そういう意味でいえば、まず社長あるいは副社長などが業務の執行のトップとして、その下に業務執行ラインの執行取締役も社長の指示を受けながら、かつ、自分の部下である部長や課長に対して指揮をするという形の内部統制システムを構築し、構築したとおりに運用したかが、取締役としての責任の有無の判断になるだろうと思います。

ですから、もし部下が不正行為を行ったときに、会社が十分な不正防止のための体制を整えていなかったから部下が不正行為を行ったというのであるならば、十分な内部統制を構築しなかった取締役の善管注意義務違反が問われることになるわけです。反対に、一般的に部下の不正行為を防止できる十分な体制をとっていた中で、巧妙にそれをくぐり抜けて行われた不正行為であるならば、取締役には善管注意義務がないということになると思います。

したがって、どのような内部統制システムを構築するのか、また、構築するだけではなくそれを現実にどのように運営していたのかということで、担当取締役はその責任を負うことになるけです。

取締役会では内部統制に関しての基本的ことを決めて、あとはそれぞれ担当部署がそれを具体化していく形で行うわけです。大和銀行事件の場合に誰が責任を負うかというと、頭取や副頭取にはあまり責任を負っていないのです。というのは、頭取や副頭取は全体を統括する形で監督するので、少なくとも当時頭取や副頭取が行っていた内部統制システムの構築は、その当時の金融機関、銀行業の他の同規模の会社と比べて遜色のないようなものであったというのです。ですから、責任はないとし、それを自分の持ち場で具体化すべきニューヨーク支店長を兼ねた取締役の内部統制の管理の仕方が不十分だということで、ニューヨーク支店長を兼ねた取締役がはるかに高い損害賠償を命ぜられたのです。

あくまでも、従業員の職務の適正を確保するための体制として取締役会で定めた基本的内容を、それぞれ担当部署で具体化して従業員の不正を防止する。そういう体制を構築することが、担当取締役としての責任だということです。どこまで規律するか、どのように規律するかは、あくまでもその会社の持っている文化や風潮、業種といったものによって決まるということで、それぞれ違うということになります。

特異なものとして、内部統制システムの構築の問題で判断しているのが、元横綱・貴乃花に関して週刊誌に記事を書いた週刊新潮の代表取締役に対して、任務違背を理由として訴えを起こしている事案（東京地判平成21年2月4日判時2033号3頁）です。

そこでの任務違背の理由は何かというと、名誉毀損を起こすような記事を書きそうな記者に対して、十分教育すべきだ、それは内部統制の問題だといいまして、「出版業を営む株式会社の取締役は、第一に、記事の執筆に関与する従業員に対し、名誉棄損等の違法行為の要件やそのあてはめ等に関する正確な法的知識、名誉棄損等の違法行為を惹起しないための意識と仕事上の方法論とを身につけさせておかなければならないというべきである」と判断しています。名誉毀損になるような記事を書かせないためにはどうしたらよ

いのか。それをきちんと社内規定の中で定めて、従業員を教育しなければならないといっているわけです。

　そういう意味からいうと、各業界によって何を内部統制の内容として従業員に対して教育するなり指示するなりあるいは要求するかは違うわけです。

　商品取引業者の事案（名古屋高判平成25年3月15日判時2189号129頁）では、商品取引業者が自分の従業員に対してきちんと教育しなければならないということを内部統制の内容としています。結局、法令遵守対策が十分にできておらず、そのための従業員教育あるいは懲戒制度の活用等適切な措置をとることをしなければいけなかったのに、していないとして、責任ありとしています。

　それぞれの業態にはそれぞれの業態に応じてのやり方が当然あるわけですので、それらを踏まえてどういうリスクがあるのか、どう対応したらよいのかということです。それから、先ほどお話ししました「雪印乳業事件後にあって……」というように、その後他社の事例を見て、充実しなければいけないかを検討しなければいけないということです。

　そうやって規則を作るだけではなく、そのとおりに運用されているということが当然必要なのであり、ただ規程だけ作って実際に運用されていなければ何の意味もありません。そのとおりの体制で現実に動いているかということも取締役として見なければいけない。ですから、取締役の企業における経営判断を含めての善管注意義務というのは、自分が実行する場合の経営判断の問題あるいは部下に不正な行為を行わせないためにどういう内部統制システムを構築するかということの問題としての監督義務違反の二つの問題を考えなければいけないだろうと思います。

(3) 親会社取締役の子会社管理に関して

　そういう意味で、内部統制システムの構築で一番悩ましいのは、親会社による子会社管理をどう考えるのかという問題だと思います。会社法362条4項6号、会社法施行規則100条1項5号には、企業集団の業務の適正を確保するための体制の整備を親会社において構築するように命じています。平成17年の会社法の改正でそうなったわけですが、元々そういう規定が可能かという問題があります。

4 取締役の善管注意義務違反の局面

　平成13年の東京地裁の判決では、孫会社に損害が生じた場合に、親会社取締役に責任があるのかということにつき、孫会社・子会社というのは親会社と別の法人格なので、そこに損害が発生したからといって親会社取締役に原則責任はないと判断しています（東京地判平成13年1月25日判時1760号144頁）。しかも『判例時報』の解説文では、この判決について、「本判決の判断基準は異論がないであろう」としているわけです。しかし、ここに来て、親会社の子会社管理権あるいは管理義務を認めようという議論が生まれてきています。

　ここで一つ検討したいのは、平成24年の福岡高裁の判決（福岡高判平成24年4月13日金商1399号24頁）です。これは「グルグル回し取引」によって不良在庫を抱えた会社の親会社取締役の責任が認められるかという事案について、親会社の役員であり非常勤ではあるものの子会社の役員であった控訴人らは、子会社の非常勤取締役も兼ねる人間だから子会社を是正できたとして、それを放置した場合は責任があると判断しているわけです。問題は、そういう兼任役員ではない親会社取締役に責任はあるのかということについては悩ましい状況にあるというわけです。

　ところが平成17年や平成26年の改正に当たっては、そういうことを殆ど考えないでつくられたのではないかと思われます。すなわち、会社法施行規則100条中にいろいろな規定が置いてあります。そして100条3項4号のロあるいは5号等を見ますと、子会社使用人が親会社の監査役に報告するための体制や、報告したことによって不利益を受けないための体制を親会社で定められるとしています。

　しかしながら、元々会社法の規定では、381条や399条の3によりますと、親会社の監査役の子会社調査権について、子会社は正当な理由がある場合には拒否できるとしています。ですから、子会社に正当な理由がある場合には拒否するし、それは代表取締役が自身で拒否するだけではなく、子会社の従業員に、「あの調査があっても君たち答えないように」と適正な職務命令を出すこともできると考えます。それに反して子会社の使用人が親会社監査役に報告したときに、不利益を受けないような体制をつくるよう要求することは法律違反ではないでしょうか。

IV 取締役の善管注意義務と経営判断

　ですから、どこまでが現行法制度の下で許されるのかと考えた場合には、悩ましい問題があると思います。しかし、言わんとすることも分かるのです。世の中においては、親会社が私たちは単なる株主です。ですから、会社の所有と経営の分離ということから、私たちは出資した金額全部を拠出した後は何ら責任はなく、「責任を負いません」と言えるかということです。

　例えば、先日の杭の能力不足の問題があったときに、マンションを売り出したのは三井不動産販売で、杭打ちをしたのは旭化成建材です。しかし、実際にお客さんとの関係で正面に立って交渉したのは、親会社である三井不動産であり旭化成です。すなわち、親会社は子会社のことを、企業グループ全体の問題として対応している。そういう親会社の立場を考えたときに、子会社を含めた企業集団の内部統制システムを構築したいというのも分かります。

　そうすると、子会社調査権というものを認めている現行法と内部統制に関する法務省令とをどう調整したらよいのかということになります。確かに親会社が持っている株式、子会社の株というのは親会社の財産です。ですから、「子会社株式は親会社の資産だからその資産価値保全のために行動すべきだ」ということは言えるかもしれませんが、それならどこまでできるのかという問題については実は何も定まっていません。そういう意味で悩ましい問題が会社法には残っています。

　さらに、親会社が勝手に子会社を含めた内部統制システムを構築し、「親会社の定めたとおりにやるように」と言えるかが、実務上の大きな問題と言えると思います。そこで問題となるのが、大株主の権利をどうやって抑制したらよいかということです。そのことにつき少数株主権の正当な利益確保のために必要だということで、今いくつもの提言が出ているわけですが、この親子会社の内部統制システムの親会社による決定というのは、それと相矛盾しているのではないかという問題もあるわけです。さらに、この内部統制システムを親会社が企業集団としてつくってよいと、本当に言えるかということです。

　さらにいうならば、親会社も取締役会設置会社、子会社も取締役会設置会社ですと、子会社は子会社なりに内部統制システムを構築するはずです。し

かし、親会社の内部統制システムに係る決議と子会社の内部統制システム決議とがもし矛盾したらどうするのかということです。その場合には、親会社の言うことよりも、子会社の判断を尊重したほうがよいのではないだろうかと思います。

　例えば、JR東海の新幹線のグリーン車で配布したりキヨスクで販売している『Wedge（ウェッジ）』という雑誌がありますが、あれだって子会社が作っているでしょう。しかし、JR東海が内部統制として一番考えるのは、定時運行の問題や事故の防止です。一方、『Wedge』を作っている会社が考えるのは、名誉毀損や秘密漏洩等の問題です。ですから、親会社と子会社とで認識すべきリスク、何をリスクと把握しそれにどう対処するかというのが異なりますから、親会社が作ったものが子会社にとって的外れになるかもしれません。子会社が子会社なりの内部統制の決議をしたときには、それを尊重したほうが実態に合っているのではないかとも考えられます。ですから、リスクが違う親子会社の中で親会社が決めてよいのかと思うわけです。

　同様に、電鉄会社と子会社ホテルのリスクの所在の問題があります。例えばJR東海で、この間のニュースで神戸山口組と山口組が分裂して、東京で何とか打合せでうまくやろうという話をした、ところが決裂したということです。もし山口組の人たちが、JR東海系のマリオットホテルで会合をやるとなったら、反社会勢力に便宜を与えたと騒がれます。しかし、決裂した後に、神戸山口組も山口組も新幹線に乗りました。ということは、JR東海は便益を与えているわけです。つまり、反社会勢力に子会社のホテルは便益を与えてはいけないけれど、親会社のJR東海は与えている。これをどう考えればよいのかということです。

　やはりそれぞれの子会社特有のリスク管理や何を守るべき体制にするのかということは、親会社とは違うわけで、子会社は子会社なりにつくった内部統制システムがあったらそれを尊重したほうが、変に親会社に全部任せて的外れな内部統制をつくられるよりはよいのではないかということです。この企業集団としてどうあるべきかという問題は、今後の会社法において研究しながら何が正解なのか探っていくことが必要と考えます。

5 まとめ

　最後に、皆様も社外役員というお立場あるいは弁護士というお立場で会社と関わることがあると思います。社外役員として一番大事なのは、相手について正確に知ることです。的外れなことを言わないためにも、社風を含めてその会社がどんな会社なのかについて、謙虚に知るための努力をされることが必要なのではないかと思います。

　「弁護士として」というのは、これは先ほどお話ししましたアパマン事件のときに、「弁護士の意見書も見て作っているのだから問題ない」と、そのくらい幸いにして最高裁は高く評価してくれています。評価してくれているというのは、反面、我々にそれだけの負担がかかったということです。つまり、勝手に会社の都合のよいように、理屈の乏しい意見書を書いては駄目だということです。やはり依頼者といえども、依頼者と弁護士は違います。弁護士は「ノー」と言えるだけの見識をもって意見書を書く。そういう意見書だからこそ、弁護士の書いた意見に従ったときに「責任がない」といってくれるというのが、今の最高裁の考えではないかと思います。

レジュメ

Ⅳ 取締役の善管注意義務と経営判断

弁護士　豊泉　貫太郎

1　会社法における取締役の地位

会社法において株式会社における取締役の地位、権限は各会社の機関設計に応じて異なる
- (1) 旧有限会社法に由来する特例有限会社（整備法21）
- (2) 取締役会非設置会社（法3261、348以下）
- (3) 指名委員会等設置会社（法400以下）
- (4) 監査等委員会設置会社（法399の2以下）
- (5) 取締役会、監査役（会）設置会社（法362以下）

但し旧商法当時株式会社は取締役会の設置が強制されており（商254）、現在も取締役会設置会社が圧倒的に多いことから、同会社形態における取締役の業務、責任を中心に検討する。

2　取締役の種類と役割

(1)　種　類

　代表取締役（法362Ⅱ③）

　業務執行（担当）取締役（法363Ⅰ②）

　使用人兼務取締役

　社外取締役（非常勤）（法2⑮）

　（指名委員会等会社、監査等委員会会社を除く）

　（理論上の分類）

　名目的取締役（旧商255で3名以上を要求したことから）

　事実上の取締役

(2)　役　割

　(ア)　取締役会の業務執行の決定に関与（法362Ⅲ①）

　　　決議賛成取締役の行為者見做し規定（旧商法266Ⅱ）は原則廃止

　　　但し法423Ⅲ③、計算規160条3号に存続

　　　取締役会の業務執行取締役の執行監督権に基づき、各取締役に他の取締役へ

Ⅳ 取締役の善管注意義務と経営判断

　の監視義務
　　監視義務違反の成否と内部統制体制の関係
　(イ) 業務の実行
　　代表取締役（法349Ⅳ）
　　業務執行取締役（法363Ⅰ②）
　　使用人兼務取締役（法2⑮から可能）
　　執行役員兼務取締役（使用人兼務の亜型として）
　　「使用人」の地位は一般に委嘱
　　雇用契約を別に締結していない

3　取締役と会社の関係

「委任に関する規定に従う」（法330）
取締役に就任すると丁度委任契約の「受任者」の立場に立つということ
別に委任契約を締結してはいない
選任決議＋就任承諾による法定効果
意思内容による効果ではない（売主の担保責任と同様）

・民法644条「善良な管理者の注意をもって委任事務を処理する義務を負う」

善管注意義務とは
　「通常その社会的地位にある者が職務を執行するに際し社会が当然期待する程度の注意をもって決定、実行する義務」
　会社（営利法人）の業務を執行する者として経済（又は企業）社会が客観的に当然要求する程度の「合理的経済人」としての義務に違反したときは善管注意義務違反（債務不履行—多くは不完全履行）として損害賠償責任を負う

・忠実義務（法355）
　　取締役は法令、定款、株主総会決議を遵守し、会社のために忠実にその職務を行う義務
・両義務の関係
　同質説と異質説の対立がある
　同質説
　異質説
　判例（最判昭45年6月24日民集24-6-625）は同質とする
このことは取締役の善管注意義務の内容として当然「法令、定款、総会決議」遵

守義務を含むこととなる

　ただし類型として私利追及型を忠実義務違反、経営判断過失型を善管注意義務違反と分けて論ずることが多い

4　取締役の善管注意義務違反の局面
(1)　取締役の監視義務に関し

　取締役会が監督権限を実行するために各取締役は他の業務執行取締役を監視する義務が存する

　業務執行取締役には3月に1回以上の報告義務（法363Ⅱ）

　取締役会への上程事項に限定されない（最判昭和48年5月22日民集27-5-655）

　従前中小会社、名目的取締役などの事例が中心

　大規模会社、職務分担された会社への適用に関し

　業務分担の取り極めの適正、妥当

　担当者の適任性、適格性

　特段の疑いが存しない限り、他分野の監視は不要（東京高判平成20年5月21日金商1293-12)

　内部統制システムの内容、実施状況

　信頼の原則

　内部統制構築も一つの経営判断事項

(2)　取締役の業務実行に関し

　㋐　自らが決定、実行した場合

　　①　自ら決定、実行した内容が誤っていたときは任務違反

　　　債務不履行責任を負う

　　　取締役の受任者としての債務…手段債務

　　　手段債務と結果債務の違い

　　　手段債務とは

　　　債務の内に

　　　①　債務内容が確定している債務、即ち一定の確定した結果が存在し、その結果達成だけを目的とする債務…結果債務

　　　　売買契約上の債務がその典型

　　　②　債務内容として結果実現に向けて注意深く努力することを内容とする債務…手段債務

　　　　医師の診療契約上の債務や、家庭教師の債務がその典型とされる。

　　　　医師は患者の症状に応じて注意深く良かれと考える治療行為を誠実に行う義務を負う

Ⅳ　取締役の善管注意義務と経営判断

　　　取締役の債務もあくまで会社の実情に応じて適切と考える
　　　経営行為を誠実に行う債務
　　　広い裁量を有しており、そのいずれを採用しても基本的には適法といえる
　　　何をもって債務不行とするか
　　　（履行不能、履行遅滞、不完全履行）
　　　取締役が経営行為を実行したということは履行不能はない。多くは為した行為が「不十分、不完全」だったという「不完全履行」の問題、あと期待される時機に著しく遅れたとき、履行遅滞の問題もあろう
　　　　何をもって「不完全」とするか
　②　旧商法との違い
　　法423条は「任務を怠ったときは」とし、過失責任を明確化
　　旧商法266条の各責任の多くは無過失責任を解されていた
　　又法462条2項は「注意を怠らなかったとき」、同120条4項で「注意を怠らなかったことを証明したとき」とあり無過失の抗弁を認めている。
　　この様に「任務解怠行為」（不完全行為）と「過失」を分けて規定している（二分説）
　　これに関し
　　・手段債務においては「不完全」と「過失」は一体となることから二分することが不当とする説
　　・特段規定の意味はないとする説
　　元々債務不履行における「無過失」は債務者に立証責任があることから（大判大正14年2月27日民集4-97及び通説）との批判も存する。
　③　業務担当者としての善管注意義務の問題と経営判断の原則
　　経営判断の原則とは
　　業務執行者が現実に行為をしたときの問題、一般的不作為についての問題ではない
　　但し具体的状況下で作為義務が認められるときの不作為は対象となる（東京地判平成16年7月28日判タ1228-269、不提訴につき）
　　その実行行為により会社に損害が発生したとしてもその行為が…
　　a．会社の利益を図る意思で
　　b．具体的な法令に違反していないで
　　c．前提となる事実の認識に重大な誤りがなく
　　d．決定の過程、内容が著しく不合理でないとき
　　　取締役の経営執行行為につき責任は否定されるという原則
　　　現在多くの判決で認められている

(イ) 上記に関連する会社法上の特別法的手当
「a．個人利益追求の問題」
① 競業取引（法356Ⅰ①、423Ⅱ）
「事業の部類に属する取引」
「自己又は第三者のために」
名義説と計算説
旧商法264条3項
「取締役会ハ会社ノ為ニ為シタルモノト看做スコトヲ得」（介入権）
契約上の地位の移転は可能か
介入権規定の削除
同一条文内の同一文言
損害額の推定規定
取締役が得た利益を損害額と推定
取締役会の承認を得なかったときの問題
取締役会の承認を受けて会社に損害が生じたとき任務違背の有無で判断する
競業取引と任務違背の関係
現実の適用の問題
② 利益相反取引（法356Ⅰ②、③、423Ⅲ）
「自己又は第三者のために…取引」…直接取引
名義説
形式基準
「利益が相反する取引」…間接取引
実質基準
任務懈怠の推定
取締役会の承認の有無と関係なく会社に損害が生じたとき賠償責任あり（通説）（但し若干の違和感あり）
決議賛成取締役も責任あり（法423Ⅲ③）
「b．具体的法令違反」の問題
① 利益供与（法120Ⅳ、会規21）
株主の権利の行使に関する利益供与を禁止（法120Ⅰ）
利益供与関与者の返還義務
返還者の法定（会規21）
取締役会決議賛成者も含む
但し注意を怠らなかったことを証明すれば免責（法120Ⅳ）
② 違法配当等（法462、計規159）

Ⅳ 取締役の善管注意義務と経営判断

　　　　違法配当に関し法462条1項6号イ、ロのほか計算規則159条8号の者
　　　　決議賛成取締役にも支払義務あり
　　　　但し注意を怠らなかったことを証明すれば免責（法462Ⅱ）
　　(ウ) 会社法上に上記のような特別規定がない場合の取締役の業務実行行為と経営判断原則
　　　① 　会社の利益を図るため
　　　　自己又は会社以外の第三者の利益のためでないこと
　　　　グループ全体の利益を図ること
　　　　同一商号使用企業（子会社等）の救済（長野地裁佐久支決平成7年3月22日近藤15）
　　　　経営者が同一の会社、資本関係なし（東京高判平成8年12月11日金商1105-23）
　　　　部下の不祥事隠しの為の融資（和歌山地判平成15年2月25日近藤61、同平成15年9月9日近藤63）
　　　② 　具体的な法令違反のないこと
　　　　刑法（贈収賄等）
　　　　経済法（談合）
　　　　外国法も（外国を舞台とした場合）
　　　　大口融資規制違反（富山地判平成16年12月1日近藤80、大口信用供与規制違反につき、京都地判平成18年2月3日近藤91）
　　　　不当労働行為（函館地裁平成15年11月27日近藤67）
　　　　食品衛生法違反（大阪高判平成18年6月9日判時1979-115）
　　　　日教組集会拒否（使用認容仮処分に違反、東京高決平成22年11月25日判時2107-116）
　　　③ 　前提となる事実の認識に重要かつ不注意な誤りがないこと
　　　　部下の作成した資料、そこでの判断も一般的には信用して良い（東京地判平成14年7月18日判時1794-131）
　　　　社内稟議手続、社内監査手続
　　　　決裁手続
　　　　但し著しく不当な場合は別（東京地判平成14年4月25日、判時1793-140）
　　　④ 　意思決定の過程、内容が特に不合理、適切なものでないこと
　　　　暴力団の脅迫に応じたとき（最判平成18年4月10日民集60-4-1273）
　　　　食の安全を無視（名古屋高裁金沢支判平成17年5月18日判時1898-130）
　　　　専門家の意見を参照（最判平成22年7月15日判時2091-90）
　　　　但し行政庁の要請、助言は意味を有しない（東京地判平成16年5月25日判

タ1177-267、最判平成21年11月27日判時2063-138)
　　　金融機関の取締役の注意義務は高いか？
　　　岩原紳作「銀行融資における取締役の注意義務」(商事法論集Ⅰ259以下)
(エ)　部下の業務執行に関し
　　適切な監督、指示権の行使
　　不適切行為の防止手当
　　業務実行ラインに属する下位の取締役も含む
　　内部統制システム構築、運用義務
　　如何なる体制とするか
　　取締役会で決議した基本原則(法362Ⅳ⑥)の担当分野における具体化(大阪地判平成12年9月20日判時1721-3)
　　支店長、工場長という使用人職としても
　　費用対効果の問題
　　どこまで規律するか
　　どの様に規律するか
　　担当部署の特性
　　リスクの洗い出し
　　他社事例、事故の発生(雪印乳業事件後、名古屋高裁金沢支部平成17年5月18日)
　　適時の補充、改善
　　運用実施の確認
　　規定の存在に止まらずその実際の運用
　　実施率の向上の努力
(3)　親会社取締役の子会社管理に関し
　　企業集団における内部統制システムの構築
　　親会社取締役に対する子会社管理に関する責任の有無
　　従来の判決例での理解(東京地判平成13年1月25日判時1760-144)
　　子会社取締役兼任の場合(福岡高判平成24年4月13日金商1399-24)
　　会社法362条4項6号
　　「企業集団の業務の適正を確保するため…法務省令で定める体制」
　　会規100条1項5号イ乃至ニ、3項4号、5号
　　　　ただし
　　監査役等の子会社調査拒否権(法381Ⅳ、399の3Ⅲ他)
　　会規100条3項4号ロ、5号の問題
　　子会社管理義務の問題
　　現実社会における企業対応

Ⅳ 取締役の善管注意義務と経営判断

　　杭打能力不足問題
　　親会社対応の現実
　　親会社資産である子会社株式の価値の保全
　　法上規定された各種株主権の行使は義務か
　　それ以上に事実上の影響力を行使すべきか、義務か
　　少数株主を擁する子会社の場合
　　親会社以外の株主の保護
　　大株主の権利抑制の要請

　　親子会社間の協議、合意による権限行使
　　子会社の統治体制自体の変更
　　特に必要とされる客観的状況が認められるとき

　　親会社が決定した子会社を含めた企業集団の内部統制決議と子会社自身が制定した子会社自身の内部統制決議が矛盾したとき

　　会社によるリスクの違い、業態による差異
　　電鉄会社と子会社ホテルのリスクの所在、内容

5　まとめ
　　社外役員として
　　弁護士として

参考文献
近藤光男編『判例法理経営判断原則』(中央経済社、2012年)
判例集未登載事件は同書判例番号で引用

〇旧商法

〔会社に対する責任〕

第266条 ① 左ノ場合ニ於テハ其ノ行為ヲ為シタル取締役ハ会社ニ対シ連帯シテ第1号ニ在リテハ違法ニ配当又ハ分配ノ為サレタル額、第2号ニ在リテハ供与シタル利益ノ価額、第3号ニ在リテハ未ダ弁済ナキ額、第4号及第5号ニ在リテハ会社ガ蒙リタル損害額ニ付弁済又ハ賠償ノ責ニ任ズ

1 第290条第1項ノ規定ニ違反スル利益ノ配当ニ関スル議案ヲ総会ニ提出シ又ハ第293条ノ5第3項ノ規定ニ違反スル金銭ノ分配ヲ為シタルトキ
2 第295条第1項ノ規定ニ違反シテ財産上ノ利益ヲ供与シタルトキ
3 他ノ取締役ニ対シ金銭ノ貸付ヲ為シタルトキ
4 前条第1項ノ取引ヲ為シタルトキ
5 法令又ハ定款ニ違反スル行為ヲ為シタルトキ

② 前項ノ行為ガ取締役会ノ決議ニ基キテ為サレタルトキハ其ノ決議ニ賛成シタル取締役ハ其ノ行為ヲ為シタルモノト看做ス

③ 前項ノ決議ニ参加シタル取締役ニシテ議事録ニ異議ヲ止メザリシ者ハ其ノ決議ニ賛成シタルモノト推定ス

④ 取締役ガ第264条第1項ノ規定ニ違反シテ取引ヲ為シタルトキハ其ノ取引ニ因リ取締役又ハ第三者ガ得タル利益ノ額ハ第1項ノ会社ノ蒙リタル損害額ト推定ス但シ同条第3項ニ定ムル権利ヲ行使シタルトキハ此ノ限ニ在ラズ

⑤ 第1項ノ取締役ノ責任ハ総株主ノ同意アルニ非ザレバ之ヲ免除スルコトヲ得ズ

⑥ 第1項第4号ノ取引ニ関スル取締役ノ責任ハ前項ノ規定ニ拘ラズ総株主ノ議決権ノ3分ノ2以上ノ多数ヲ以テ之ヲ免除スルコトヲ得此ノ場合ニ於テハ取締役ハ株主総会ニ於テ其ノ取引ニ付重要ナル事実ヲ開示スルコトヲ要ス

Ⅴ　攻めのガバナンスとは何か？

弁護士　内藤　良祐

V 攻めのガバナンスとは何か？

内藤良祐でございます。この企画がなされた当時、今ある会社法の改正を視野に入れ、商事法務の会社法研究会というところで事実上たたき台の議論がなされていたという関係もあり、演題を「会社法と攻めのガバナンス」としていたのですが、皆様ご承知のように、既にコーポレートガバナンスコードあるいはスチュワードシップコードを始めとしてソフトローを含めたガバナンスに関する規律、規範といったものが実務を支配しています。並行してその改正というようなことも視野に上っており、「会社法」と狭く限定せずに現在の実務を踏まえて捉えていきたいと思ったものですから、タイトルを変更しました。

本日は、まず、攻めのガバナンスというのはどういうものなのかということ、そうした攻めのガバナンスというような考え方がどういう背景で出てきたのか、攻めのガバナンスの中身を成す政策あるいは規範というのはどういうものなのか、そして最後に、攻めのガバナンスという考え方の持つ問題点といったことをお話ししようと思っております。

一　はじめに

①　「日本再興戦略」

「攻めのガバナンス」といっても法律用語ではなく、また、明確な概念があるわけでもありません。ただ、近時のコーポレートガバナンス実務あるいはこれについての立法動向を理解する上で必要な概念だろうと思いますので、本日取り上げているわけです。

では、その攻めのコーポレートガバナンスという言葉をいつ頃から使い始めたのかということなのですが、2013年にアベノミクスの第3の矢として成長戦略をまとめた「日本再興戦略」というものがあります。本日は資料として「日本再興戦略」の2015年版を付けていますが、その2代前の最初のものが第3の矢としての成長戦略をまとめた「日本再興戦略」です。これについては、皆様方ご承知のとおり見るべきものがあまりなかった等いろいろと言われております。ネットで検索されると2013年版の再興戦略が出てくるのですが、この「日本再興戦略」のタイトルの下に「JAPAN is BACK」と書いてあります。これは「日本再興戦略」の英語訳のつもりなのかサブタ

イトルなのかよく分かりませんが、きわめて印象に残る文章だと思います。これはもう一つ意味のよく分からない英文です。アーノルド・シュワルツネッガー主演の映画「ターミネーター」の中に、「I'll be back」という台詞があり、これは「また戻ってくる」という意味だと思うのですが、そうだとすると失われた十年を克服しバブル時代に戻るのだというという宣言のようにも見えます。しかし、また「BACK」というのは、後退とか裏側とか後ろという意味合いもあるわけで、そうだとすると「日本は後ろ向きだ」とか、「日本は後れて後ろにいる」とか、「日本は裏側にいる」といった意味になり、ビジョンをまとめたものとしては何とも情けないネーミングになるのであって、優秀な官僚が付けたにしては少し皮肉な英文かなと思っております。このころ日本人は官僚含めて自信喪失の極致にあったということでしょうか。ちなみに2014年以降の「日本再興戦略」にはこの訳語は落ちています。

　最初の2013年の「日本再興戦略」の中に何が書いてあるのかというと、新陳代謝や新たな起業を促し、株主等が企業経営者の前向きな取組を積極的に後押しするようコーポレートガバナンスを見直し、日本企業を国際競争において勝てる体質に変革する、あるいはコーポレートガバナンスを見直し、公的資金の運用の在り方を検討するというような記述があります。また、事業再編あるいは事業組替の促進の中でコーポレートガバナンスの強化が謳われています。ただ、戦略の一つの柱というような位置付けではなく、こういういろいろな場所に散見されるといったほうが正しいかと思います。

　まとまった形で出てくるのが翌2014年の「日本再興戦略」で、ここには「日本の稼ぐ力を取り戻す」という項目の冒頭で、コーポレートガバナンスの強化が謳われています。当時、アベノミクスが始まって株価がずっと上がったのですが、これが2014の再興戦略が出る頃には株価が低迷しまして、株が上がらないのは日本企業に稼ぐ力（いわゆるROEを使っているのですが）がないからで、稼ぐ力がないのはガバナンスができていないからだというようなことが書いてあるのですね。逆にいえば、ガバナンスがきちんとできていれば企業は稼ぐ力が付いて、給料も上がり、我が国の経済が発展して目標としていた物価成長率2％も達成できるということになるわけです。しかし、ここでは立論の正当性について何の論証もなされておりません。いわゆる風が

V 攻めのガバナンスとは何か？

吹けば桶屋が儲かる程度の理屈です。これが攻めのコーポレートガバナンスの考え方を含んでいるわけですが、ただ、用語としては2014年の段階の「日本再興戦略」には「攻めのガバナンス」という言葉は出てきません。

明確に「攻めのガバナンス」という言葉が使われたのは、「日本再興戦略」の2015年版です。資料の11頁に、小見出しとして「「攻め」のコーポレートガバナンスの更なる強化」が挙げられています。「更なる強化」といっているので、2014年のコーポレートガバナンスというのは「攻めのコーポレートガバナンス」を指していたということが分かると思います。つまり定義も無しに2015年版でいきなり持ち出された用語と言うことになるのです。民間でも2014年頃から、例えば、日本取締役協会で企業の持続的成長に向けた攻めのコーポレートガバナンスに向けて、「コーポレートガバナンス・コード案」というものが2014年の10月に公表され、「攻めのコーポレートガバナンス」という用語が頻繁に使われるようになっています。

② コーポレートガバナンスの概念

では、「攻めのコーポレートガバナンス」というのはどういう意味なのでしょうか。稼ぐ力を取り戻すためのガバナンスと読むことができそうですね。では、そもそもコーポレートガバナンスというのは何なのでしょうか。この用語は多義的に使われており、コーポレートガバナンスに関して議論する際に嚙み合わない原因になっているのですが、大まかには二つの考え方があり、その一つは、企業において経営者支配というものがあり、種々の弊害の原因となっている、経営者支配を抑制するシステムだという考え方があります。

それと全く正反対に、マネジメントそれ自体をコーポレートガバナンスだといっている人たちもいるわけです。そうすると、経営者支配を抑制するシステムだと考えている人とマネジメント自体と考えている人が議論しても、嚙み合うわけがないわけですね。ただ、学者は従前、会社法学の最大の課題は所有と経営の分離から生ずる経営者支配と考えていますから、どちらかというと経営者支配を抑制するシステムだという考え方が強い。逆に、経営学では経営効率を考えていますから、マネジメントそれ自体というようなことに近くなるのでしょうか。

二　意　義

1　攻めのガバナンス・守りのガバナンス？

　オフィシャルにはコーポレートガバナンスとはどう考えられていたかというと、東証の「上場会社コーポレート・ガバナンス原則」では、「コーポレート・ガバナンスは企業統治と訳され、一般に企業活動を律する枠組みのことを意味する」と定義しています。ここからは、それ自体、価値中立で何も出てこないですね。目的あるいは機能を定めることによって初めて内容が決まってくるわけですが、実は、コーポレートガバナンスの目的あるいは機能というのは、国や立場によって違ってくるので、ここでもはっきりしません。ところが、コーポレートガバナンス・コードになりますと、「会社が、株主をはじめ顧客・従業員・地域社会等の立場を踏まえた上で、透明・公正かつ迅速・果断な意思決定を行うための仕組み」というように、政策を取り込んだ内容に変わってきています。

　では、その目的や機能をどう考えているのかということですが、モデル的に考えると、機能の不祥事を防ぐコンプライアンス重視の考え方と、企業の収益力を強化するという効率性を重視する考え方がありますが、どちらかというと攻めのガバナンスというのは、効率性重視の考え方なのではないだろうかと思います。それから、ガバナンスの見方、社会全体から見た見方と、あるいは投資家から見た見方。例えば、投資家に対するリターンを高めるという点に重点を置くと、ROEというような考え方が出てくるわけですが、社会全体という視点もあり得るわけで、そうなってくると、若干その中身は違ってくるのかなとも思われます。

　もう一つ重要な点は、先ほど「ガバナンスができれば企業が稼げるというのであれば、では、ガバナンスができてないから稼げないのか」という話をしましたが、攻めのガバナンスが効率性に資するかどうかという点に関しての実証的な研究はありませんし、またそういった実証的な論拠というのもないのですね。これは、攻めのガバナンスを提唱している方々も認めているところで、コンセンサスといってよろしいのかなと思います。

V 攻めのガバナンスとは何か？

2　機関投資家と経営者との緊張関係

　日本版スチュワードシップ・コードの中では、社外の取締役の積極的活用を具体的に経営戦略の進化に結びつけていくと共に長期的に価値創造を行い、その方針を明確に指し示し、投資家との対話を積極化していく必要がある、それから、投資家と企業の間で緊張関係を保ち、積極的な役割を果たしていく必要があるというようなことが提唱されていますが、社外取締役の導入あるいは機関投資家等の緊張関係がどうして稼ぐ力の向上につながっていくのかというのは必ずしも明確な説明がなされているわけではありません。

　スチュワードシップコードとの関係でいえば、なぜ機関投資家と経営者との緊張関係がガバナンスに役立つのかというと、昔、メインバンク制度というのがあり、特定の企業は緊密な関係にあるメインバンクというものが後ろに付いており、ファイナンスの関係はそこが面倒を見る。その代わり、銀行としては焦げ付き等が生ずると困るので始終その企業をウォッチし、それがガバナンスに資する結果になっていたというような背景があって、それを機関投資家にも求めようというのが、ここに書かれている内容に近いだろうと思います。

3　迅速な意思決定

　これが2015年になって、「「攻め」のコーポレートガバナンスの更なる強化」ということで、「取締役の役割や個々の取締役の責任の範囲を明確化し、経営者が迅速かつ果断に意思決定を行えるようにする」というのが中身として入っているわけです。ここで、攻めのガバナンスというのはどういうことなのかという意味合いが分かってきますよね。要するに、「経営者が迅速かつ果断に意思決定を行えるようにする」というワンクッションが入ることによって攻めのガバナンスが稼ぐ力につながるという流れが見えてくるわけです。2014年の段階ではそういった説明はないので、「ガバナンスを入れて儲かるの？　何で？」という感じだったのですが、2015年で、意思決定を迅速に行えるという点に主眼が置かれているということは、そのような施策が法改正等でも議論されるということを示しているわけですね。

　「迅速な意思決定」については、あまりにも広範な取締役会の審議事項が多すぎるということが「会社法研究会資料」（資料5の47頁）でも指摘され

二　意　義

ており、「「重要な業務執行」の該当性の判断が容易ではないとの理由から、広範な事項が取締役会の決議事項として取り扱われているという問題があるとの指摘があるが、当該判断を容易にするための立法的な措置の要否について、どのように考えるか。監査役会設置会社においても、取締役会がモニタリングモデルを容易に採用することができるよう、一定の要件が認められる場合には、取締役会が、「重要な業務執行」の決定を取締役に委任できるようにすべきとの指摘があるが、このような指摘について、どう考えるか」と書かれています。

　重要な業務執行が曖昧だからという点に重点があるわけではなく、むしろ上程事項が多すぎるから減らしたい、それは監査役会設置会社でも同じだろうというのが本音なのだろうと思います。「重要な」という法律用語は法文中にいくらでも出てきます。確かに規律として見た場合画一的な判断がなされる保証はないわけです。例えばある取引が重要な取引に当たるのか当たらないのかというのは、相手を不安定にするというようなことが起き得るわけです。しかし、そのことが直ちに取引関係を不安定にするということはないのであって、我が国は判例法含めて取引の相手方にリスクを負わせるシステムにはなってはいません。そういう場合、一つは外観法理なりあるいは表見法理なりで取引の相手方が保護されます。またもう一つは、内部的な意思決定だからという理由で相手が保護されるということになっています。これらはもう既に固まった法理です。

　「重要な業務執行」が問題になるとすれば、取引の相手が問題なのではなく、会社がそれを決議すべき事項なのか事項でないのかよく分からないという話なのです。しかし、重要か重要でないかは自分たちが判断する話ですから、それを分からないはずはないですよね。そこで規範の命ずるところと自分たちの判断がずれるのは、規範である以上致し方ないことであり、それが分からないという話ではないのだと思います。

　すべての審議事項について、それが規範の命ずる範囲に含まれるのか否かについて判断が伴うのであり、「重要な」と言うだけでそれが判断困難としてしまうのでは、規律のきわめて重要ツールとしての重要性の基準を失う、あるいは放擲することになるばかりでなく、およそ審議事項という問題の規

律は不可能になるでしょう。ひいては取締役会の機能不全さえ引き起こしかねないと思われます。

4　平成26年改正と2つのコード

特に規制緩和ということが20世紀の終わりの頃からいわれていて、どういう動きをしてきたのか、特にこのガバナンスの関係でどういうことが行われてきたのかというのを、少し振り返ってみたいと思います。

①　平成26年改正

まず、会社法ができたときには、中小の閉鎖会社を含む会社全体としての規制緩和法といってよいと思うのですが、今までいろいろあった規制を緩和したというのは事実ですよね。このとき、衆議院の法務委員会で、私は参考人として、「特に中小閉鎖会社について規制緩和するのは正しいでしょう。でも上場会社について、そのまま同じように規制緩和してしまったのではガバナンスが後退するのではないでしょうか」ということを申し上げました。これに対して、当時の法制審議会・会社部会長であった江頭健治郎先生は、「そうかもしれないけれども、その他の規制が検討されているので、それに期待すればよいのではないか」というようなことをおっしゃっていました。後から考えると、コーポレートガバナンスコードや金商法あるいは東証の上場規則といったものによって規制をしていこうという方針のことをおっしゃっていたのだということが分かりますけれども。

では、平成26年の改正は何だったのだろうかということです。これは、公開会社を中心とした規制強化の改正であると総括されています。平成に入ってから商法改正が何度か行われていますし、それから会社法というのは1つの大きな立法なのですが、そういったもの全部含めても、規制強化法として改正されたというのは、この26年改正だけなのですね。あとは皆ディ・レギュレーションとして行われてきました。

ただ、26年改正も考えてみると、例えば、独立役員の改正であるとか、多重代表訴訟制度を導入したといった意味で規制強化という評価を受けていますが、社外取締役を強制するというところも、実現していれば規制強化という評価を受けただろうと思いますが、社外取締役の強制というのは導入されませんでしたし、それから、多重代表訴訟は要件の厳しさから見て実際に

は機能しないのではないかと思われます。あるいは、逆にエクイティの関係を見ていくと、株式買取請求は従来よりも規制緩和ですね。また、売渡請求制度等という制度が入っており、これは明らかに経営者の使い勝手をよくするための制度と言わざるを得ないので、本当に規制強化と評価し得るかどうかというのは、やはり今後の評価を待たなければいけないのかなとは思います。

②　2つのコード

　この後出てきますが、スチュワードシップコード（SSC）とコーポレートガバナンスコード（CGC）です。スチュワードシップコードというのは「機関投資家に対し企業との対話や株主総会での議決権投資等を通じた責任ある行動を促す」ものです。コーポレートガバナンスコードは「経営者に対し会社の持続的な成長のために企業家精神を発揮することを促す」目的をもって作られたもので、いずれも法律ではないわけですね。ソフトローといって、スチュワードシップコードは受入れ表明をした金融機関、機関投資家のみがそれを守るか守らないかであり、コンプライ・オア・エクスプレインで説明義務を果たさせるというシステムです。コーポレートガバナンスコードもコンプライ・オア・エクスプレインなのですが、上場規則として規範化されているわけですね。東証の有価証券上場規程463条の3で、要するに上場規則の中に取り込まれているわけです。そういう意味で、法律ではないけれども市場、マーケットの力、あるいはスチュワードシップコードの場合は機関投資家にお金を預ける人たちが事後的にチェックすることによって政策目的を実現していこうというようなアプローチなわけです。

③　研究会等

　会社法研究会では法改正を先取りする議論が今なされているということです。少し古いのですが、資料5は第1回の配布資料であり、どんなことが議論されるのかというようなことが書かれています。

　また、スチュワードシップコードとコーポレートガバナンスコードがスタートして、それに対して、その後の状況を見て意見書が出されたり、金融庁は金融審議会でディスクロージャーワーキング・グループ報告書を作ったりしています。これも会社法にかなり密接する部分があり、そのことにも言

及されています。資料6をご覧になると、例えば、総会日程の設定を容易にするための見直しであるとか、制度開示といったこともやっています。これは金融庁ですが、前述の会社法研究会は法務省が事実上バックアップする形であり、なぜこういうことになっているかというと、日本の場合、会社法と金商法とが二元規制されている結果なのですね。上場会社についてはこれらを一本にして、上場会社法を作ろうというような考え方もあります。ただ、なかなかこれはできません。なぜかというと、金商法は金融庁ですし、会社法は法務省ですから、障壁みたいなものがあり、立法記述の問題ももちろんありますが、やはり役所の縄張り争いみたいなものがなかなかクリアできないということになるわけです。

三　日本企業を取り巻く環境とその変化

1　日本的経営の主体

日本的な経営ということがよくいわれますが、この「攻めのガバナンス」という考え方が出てくる背景というのは、どういうところにあるのかということです。従来の考え方からいうと経営者の多くが内部昇進者で社外取締役が少ないという傾向があったわけですね。

日本の会社は経営者と従業員集団が事実上全てを決めており、株主はあまり関与させたくないという傾向があります。メインバンクは、先ほど申し上げたように関与をして、メインバンクが言うからガバナンスが利かせられるという点はあるのですが、これも限定的で、銀行は金さえ返ってくればそれ以上は言わないというところがあります。これが日本的経営というものの中身です。

2　背　景

どうしてそういうことになったかというと、株式持ち合いというのがやはり大きく、これも財閥解体があって個人株主が増えたのですが、結局、個人株主は株を売ってしまいました。それでどうしたかというと、会社がそれぞれ相手の株を買って持ち合いになっていたのですが、バブルが崩壊してそれぞれの会社がもう株を持っていられないということになり、最後は外国人が買い、今は外国人が市場をコントロールしているというのが現状です。

メインバンク制度も、もともと行政指導と業界団体の規制によって維持さ

れてきましたが、規制緩和により金融ビッグバンで直接金融もできるようになりました。要するに、マーケット、株式市場から資金調達できるようになったということです。もう一つは不良債権問題で銀行のほうが痛んでしまいました。もう個別企業にそんなに関与できない、いや、むしろ貸し剥がしです、銀行がお金を貸したくないというような話で、メインバンク制度自体が崩れていったという背景があります。

また、なぜ日本は年功序列で終身雇用なのかというと、戦後、熟練工が不足しており終身雇用で囲い込みをしておかないと優秀な労働者が確保できないという背景があり、このような制度が確立されてきました。ただ、今、非正規雇用あるいは人材派遣といった形で、ここも崩れつつあるというような状況にあるわけですね。

3　メンバーシップ型人事・労務と取締役会

会社の社長というのはどうやって決まるのかというと、要するに役所と同じで、内部昇進していって最後は自分の上司である社長が指名し、その人が社長になって、またその人が会長になって院政を敷くというように、外部から経営者が来るなどということはないというのが日本の会社の特徴であったわけです。そのような自分たちの身内で固めている会社ですから、当然、社外取締役なんかは入れたくないわけですね。レジュメには「経営者の保身」と「経営者と正社員からなる会社共同体選好」と書きましたが、やはり仲間内だけでやりたいというのが今までの日本企業の特色といってよいかもしれません。これはある意味、官僚システムとも似ているわけですね。ただ、実証的な研究等を見ますと、経営者から独立した株主、投資家が多くいる企業では、わりと社外取締役の導入がスムーズに行われてきたという研究もあり、また、社外取締役を一律に義務づけるというのは企業価値の向上につながらない可能性もあるというような指摘もされていたわけです。結局のところ、法律の上でも社外取締役というのはコンプライ・オア・エクスプレインのところで落ち着いたという評価がなされています。

4　長期低迷の原因

ただ、世界全体を見渡すと、新興国には経済発展が著しい国もありますが、先進国を見ていくとやはり低成長・デフレ・低金利・財政破綻というの

は共通項でみんな同じなのですね。買いたい物がなく、また、我が国特有の問題としては、先進国きっての高齢化、もともと公益発想の強い国民性があります。それでも一時期、盛んにベンチャービジネスを育てましょうという形で、教育現場においても大学を出たらすぐ起業する、中には在学中から起業する、起業しないのは人にあらず、みたいな雰囲気が一時期あったのですが、またそれがなくなってしまい、どうなるか分からないような企業には金を貸さない、就職しないというような社会になっていますから、インキュベーションの環境があまりよくありません。何よりもバブルが崩壊して、失われた20年というような問題があって、アメリカ等の先進国においては確かにベンチャービジネスがビッグビジネスになっていくのですが、それもごく一部の企業なのですね。日本はそのごく一部の企業すらないというような違いはあるのかもしれません。

5 ガバナンス論の歴史

今のところをもう一度整理すると、所有と経営の分離あるいは経営者支配の問題があって、それに対するガバナンス論というのは、「攻めのガバナンス」に対して、使うとすれば「守りのガバナンス」がまず考えられてきました。日本の場合、特に特殊株主問題があったので、株主の権利をやたら強くするわけにもいきませんでした。監査役会や取締役会の改革を散々やってきましたが、なかなかうまくいかないというところです。社外取締役を入れたのですが、入れても企業不祥事がなお起きます。これはアメリカもそうですね。社外取締役を入れてもエンロン問題は起きてしまいました。また、アメリカとの比較で言うとすれば資本効率の低さというのがあります。これを市場コントロールで何とかしましょうということなのですが、そのための「攻めのガバナンス」ということなのでしょうか。ただ、資本効率の低さというのは一概に比較できる話ではないだろうと思います。これは、成熟している社会なのか、それとも家を一歩出ると拳銃で撃ち合っているような社会なのかによって全く違う話で、計算の尺度が違うといえるかもしれません。単に計算上お金がいくら儲かったかを示すだけでその背景を考慮しないと、社会の全体の成熟度、安定度、幸福度といったものは比較できないのではないかとは思います。

四　攻めのガバナンスを支える制度

1　規制手法

これまで見てきたように法制度は守りのガバナンス中心に組み立てられてきたので、攻めのガバナンスはCGC、SSCといったソフトローによる規制が中心となっています。

攻めのガバナンスが画一的規制になじまないと考えられているのかもしれませんが、ここでは「プリンシプルベース・アプローチ」、要するに原則だけ立てて細かいところは言わず、各会社で考えてくださいというたて付けになっています。なぜなら各会社によってベストプラクティスというのは違うはずだという前提です。

ご存じのように、同じ事項について、コンプライ・オア・エクスプレインだけではなく、法や上場規程では異なる規律が存在しているわけです。例えば、社外取締役の選任義務で説明しますと、効力規定、努力規定、コンプライ・オア・エクスプレイン規定の3つの異なるレベルの規律が存在しているということができると思います。効力規定というのは、違反の場合にサンクションのある規律、規定です。これは、東証の上場規程436条の2、同施行規則436条の2第1項で、何て書いてあるかというと、独立役員を1名以上確保し、かつ、独立役員届出書を取引所に提出するという規律、義務があるわけですね。これに違反した場合にどうなるかというと、ひとつは特設注意市場銘柄への指定で、同規程の501条1項4号です。改善報告書の提出は502条の1項2号ですね。それから、公表措置が508条1項2号、上場契約違約金の支払義務の発生が509条1項2号であり、こういったサンクションが加えられるわけですね。これは取引所によってなされますが、上場規程で1人を選んで届出書を出すというのは違反すると罰せられるという意味で効力規定です。

また、努力規定もあります。努力規定はどうなっているかというと、上場規程445条の4で、取締役である独立役員を少なくとも1名以上確保するように努めなければならないとされています。それからコンプライ・オア・エクスプレインになるわけですが、これは法レベルとCGCレベルと2つある

V　攻めのガバナンスとは何か？

わけです。法レベルはもう皆様よくご存じのように、上場会社等の有価証券報告書提出会社については、社外取締役1名以上の設置をすべきであり、しない場合は置くことが相当でない理由を説明しなさいとされています。説明義務違反ということになると、取締役選任決議取消しの対象になるかもしれません。特に、参考書類における説明の記載漏れや無効な説明があったような場合には取消しになる可能性が出てきます。ただ、先ほど申し上げた効力規定とは、ワンクッション説明義務を置いているところで違いがあるということが言えると思いますが。

　CGCになると、本則市場（一部・二部）の上場会社は独立社外取締役を少なくとも2名以上選任すべきであり（原則4-8）、これに違反した場合どうなるかというと、行動の規範内容を実施せず、その説明もしない場合には上場規則の企業行動原則違反として、理屈の上では実効性確保手段の対象となります。ただ、取引所が実効性確保措置をとるかどうかというのは、その違反が、まず原則を実施していないということが客観的に明らかで、かつ、会社がその理由の説明を拒絶するような場合、あるいは説明が虚偽であるといったような場合に発動されるので、現実にあまり発動されることはないのかなというところでグレーですよね。いずれにしても、規定の作り方としてはコンプライ・オア・エクスプレインのやり方を使っているといってよいと思います。

　では、そのコンプライ・オア・エクスプレインというのは、どういうメリットがあるかということですが、会社独自の判断の余地を残しているというところが一番大きなところなのだろうと思います。エクスプレインされることによって、株主は会社に対して修正を迫っていくということもできるわけですね。こうやってコーポレートガバナンスコードみたいな形で規範ができると、だんだん上場会社はこれを守らなくてはならないということで規範自体がデフォルトスタンダードになっていくというような効果もあるということです。

　また、これを守っていれば資本市場から資金調達するための信頼の糧になっていくという意味で、法律にはしないがだんだんと皆が守るようになっていく。あるいは、東証自体も、説明すればよいので義務ではないのですが、

四　攻めのガバナンスを支える制度

皆守るようになってくるという、やはり社会全体の規範化がされていくというところを狙っています。ですから、ある政策をとる場合に時期尚早などという場合、世の中が成熟するのを待つというようなときに、これを使うというのが今はやりなのですね。いつまでそういう状況が続くのかは、よく分かりませんが、そういう意味合いがあります。

　ただし、取引所の規則にしろ、コードにしろ立法手続を経ていないわけです。規則やコードを策定する場合に、それぞれ大体、20人くらい、それも毎回同じような人がなっていますが、こうした人たちが委員として決めているわけです。そうした人たちがそれぞれ意見を持っているのかどうか分かりませんが、審議会や委員会といったものは、実際はお役人の言うとおりにやるわけですね。特に研究会なんてそういう傾向が強いわけですね。私もそういう委員をやったことがありますが、反対論を言うといつの間にか議事録から自分の発言が消えていたり、変わっていたりということもあるのですね。実際に役人の思いどおりの報告書になっていくわけです。そうなると、これは、従来の行政指導の代替として使われる可能性もあるということになります。

　他方、よい点としては、法律で任意規定としてしまうと、採用する場合原則として定款変更で変えていくということになります。これでは規範が社会に浸透するまでに相当時間がかかってしまいます。常に企業に問題を投げかけ進化していくことを可能とする意味では有用だといえるのです。

　もちろん任意規程にしたほうがよい場合もあります。最初から株主が関与して、会社の規律を自分たちで作るほうがよいというケースもあるのです。コンプライ・オア・エクスプレインのやり方だと株主はあくまでもエクスプレインを見て、それに対して取締役あるいは役員の責任を追及していくというような形で事後的なチェックしかできません。

　どちらがよいか一概には言えません。その事項によって違うと思います。

　コーポレートガバナンスコードに各社がどう対応しているのかというのは、資料4の44頁を見ていただくとお分かりになるように、概ねどの会社も大概の事項でコンプライしているのですが、いくつかエクスプレインされている項目があって、上から見ていくと、議決権の電子行使あるいは英訳などはやっていませんという会社がありますが、株主に外国人がいなければや

る必要のない話でしょうね。また、取締役会の実効性に関する分析は初めて入ってきた話で戸惑いもあるのでしょう。それから、業績連動型報酬は後で申し上げるように、やはりいろいろな会社があるのでこれを入れるのが一概にベストプラクティスと言えるのか、私は非常に疑問に思っています。その他、報酬あるいは代表取締役の指名の問題、社外取締役2名以上の選任といったところがエクスプレインの多かった事項ということになります。

2　株主総会関係
I　投資家の種類・役割・評価

　レジュメには「良い投資家と悪い投資家」と書いてありますが、要するに、敵対的買収が日本でも起こり買収防衛策が導入されている頃には、いわゆるファンドというのは悪い投資家だと言われたのですね。結局、短期的な利益を得ようしてすぐ株を売って逃げてしまうからけしからんと言われていました。今は、アクティビストというようなものも含めて、ファンドというのは個別企業をよく調べ上げているのです。機関投資家というのは、例えば年金などを見るとお分かりになるように、それこそたくさんの会社の株を持っており1つ1つの個別の会社の詳細な内容なんて構っていないのですね。

　昔、あるところから頼まれて、外国人投資家向けに多くの会社の議案内容が分かるように典型的な議案の英訳をやったことがあるのですが、議案の英訳といっても、例えば、取締役選任議案といった同じような種類が同じような言葉で全部使えるように、典型的な議案を英文で作ってほしいと言われたわけで個別事情は一切無視する前提で作ったのです。それを機械的にAパターンの何かとつなぎ合わせて海外の投資家にそれを投げるというようなことをやったことがあるのですが、機関投資家はこのような程度のものを見て判断するそんなレベルですよね。要するに、個別の企業の中身なんか全然知ったことではないというのが実態です。ところがファンドは違いますよね。これはその企業の成長性に賭けているので、売るために株価が高くなるところを投資するわけで、要するに一番詳しいしプロの目で見ているわけです。ですから、この攻めのガバナンスもそういう人たちにこの会社を是正してもらいましょうと言わないとできないですよね、機関投資家にそれをやらせようとしても無理な話ですから。したがって、アクティビストに対する評価が変

わってきたということを、少し頭に入れておいていただければと思います。

ただ、SSCの対象として、アクティビストにだけ期待しているわけではなく、いわゆる機関投資家も入っています。多くの株を持っているような機関投資家と積極的に会社に対して提言していくような投資家をアクティビストといったのですが、そういった機関投資家といっても、ヘッジファンドもあれば、公的基金もあれば、金融機関もあるわけです。また、ファンドでもいろいろなファンドがあり、極端な話、株価指数みたいなものに投資しているところもあるわけですね。ですから、ファンドだからアクティビストだというわけでもありません。

Ⅱ （外国人）機関投資家の株主総会への関与を容易にする

①のうち、ⅰ．総会日が集中するという問題に対しては、補充原則1-2③で総会開催日の適切な設定をしなさいとなっています。これも見ていきますと、「上場会社は株主との建設的な対話の充実やそのための正確な情報提供等の観点を考慮し、株主総会開催日を始めとする株主総会関連の日程の適切な設定を行うべきである」ということです。また、「できるだけ早く招集通知を送りなさい。これも電子的な公表を行いなさい」というのが1-2②です。「十分な検討期間を確保するように、また正確性を担保し、早期発送に努めるべきである。収集通知に記載する情報は株主総会の招集に係る取締役会決議から招集通知を発送するまでにTDnetや自己のウェブサイトにより電子的に公表すべきである」ということです。

今、多くの会社で自社のサイトに参考書類や議案といったものを公表しているケースもかなり見受けられます。この発表のタイミングと実際に送られる招集通知がずれた場合はどうなのでしょうか。また、一番問題になるのは、例えば取締役が総会期日までの間に亡くなってしまったというようなときで、その対応は差し替えるかどうか含めタイミングによっても違いますね。

招集通知の発送のほうが遅くなることもあるわけで、そうなったときに招集通知は正しく修正した後に発送したが、ウェブ上の開示は当初は間違っていたというような、つまり当初は食い違っていたというような、いろいろな問題が起きる可能性があると思います。

この招集通知の電子化というのは、実際、招集通知に関しては利用例が少

V 攻めのガバナンスとは何か？

ないわけですね。ウェブ開示については相当数利用されており45％というような数字がありますが、この招集通知の電磁的方法を使えるようにしようということで、今、会社法研究会で、今は定款変更をして電磁的方法で提供するようにしますというのを決めないと、要するに、紙で送るのをやめるということができなかったのですが、これを電磁的方法で提供できて株主から要求があったときに紙で送るようにしようというようなことが、今、議論されています。要求しなければ送られてこないというのは実際これまでの実務とかなり変わることを意味するのであって、株主の保護として十分と言えるのか、この辺は議論の帰趨を皆様も関心をもって見ていただければと思います。

③の「有価証券報告書の総会開催前の開示」ですが、有価証券報告書に添付する計算書類というのは、定時総会に報告済みのものでなくてもよいことになっています。これは平成21年の府令第75号で改正されており、昔は総会で承認されてその後有価証券報告書が提出されるという手続で、今も大部分の会社がそうなのだろうと思いますが、前倒しをして総会前に有価証券報告書を提出している会社というのもかなり見受けられるようになってきています。それをさらに早くしようというのが先ほど申し上げたいろいろな試みです。

逆に、7月開催というのは総会自体を後ろ倒ししてしまおうという考え方になるわけです。ただ、決算期それから株主確定時、株主総会で議決権を行使する株主と、確定した株主との間に3か月という保証があるのですが、決算期株主との関係でいうと3か月以上になってくる可能性があるわけです。決算期末株主に配当するというときに、議決権を行使する株主と配当をもらう株主がずれてくるといった問題ですね。この辺りの実務は、総会決議を経ないで配当してしまうということもできるので、そのような会社はそこはクリアできるわけですが、決算期と総会の間があまり間が空くのもどうなのでしょうか。

他方、メリットとしては、有価証券報告書を株主総会前に提出できるということ、また、議案の検討期間が長くなり、検討する時間も多くなる、総会日の分散も図られる、監査のためにもっと時間を確保することができるといったことがあると言われていますが、ただ、これをやるためには基準日の

有効期間が3か月ですから、議決権を行使する株主の基準日設定が別途必要になるわけですね。資料6の「ディスクロージャーワーキング・グループ報告の概要」ですが、大株主判定の基準日というのは具体的に何を言っているかというと、有価証券報告書と事業報告における大株主状況等の記載時点の議決権行使基準日、要するに、有価証券報告書と事業報告に大株主状況等を記載した時点を基準日としようということが提案されているようです。ただ問題としては、やはり総会が遅れると役員選任も遅れて経営上の意思決定が遅れる、あるいは決議が遅れると配当も遅れるではないか、それから基準日を2回設定するとやはり株主確定コストが増加するといったような問題点も指摘されていますが、どうなるか分かりません。

⑤の海外機関投資家（特に名義株主ではなくて実質株主）が株主総会に出たいと言ったときにどういう対応をするかということが、昨年、一昨年辺りの株主総会から問題になっていますが、これについて私の考え方だけ申し上げますと、自分たちが株主以外は出てはいけないというルールを決めたのであれば、やはりそれに従うべきだろうと思います。それから、実質株主の認定自体は非常に難しいですし、やはりそこでその議決権だとか質問させる、これを会社がリスクを負って認めるというのはリスクが大きすぎると思います。では、現実的にどういう対応したらよいかといえば、信託銀行のような機関投資家のバックにいるような実質株主、また、機関投資家といった人たちが入れてくれと来たときに、コーポレートガバナンスコードがこう言っていますし、全く入れないというのもどうかと思うので、今の対応としては、オブザーバーという形で入れるくらいでよいのではないかと思います。

3 開示関係

取引所規則に基づく決算短信、会社法に基づく計算書類・事業報告、金商法に基づく有価証券報告書制度といった3つがあり、法定開示だけでも2つあるわけですね。決算短信の特徴は速いが監査は受けていないというものです。これとほぼ同じ時期に行われるのが四半期報告書です。そうなると、四半期報告書と四半期決算短信が同じようなことを書いているのでは意味がないではないか。かたや監査が要らないのだから、対象を監査が不要な事項にして、迅速性が必要なものだけを開示させたらどうか。要するに、開示項目

V　攻めのガバナンスとは何か？

と双方の関係を見直していくという検討が行われているわけです。

　有価証券報告書についてもそうですね。これは記載事項の重複という点が一番問題視されており、むしろ業績に関する経営者の認識や分析を記載させるといった、これからどうやって経営していくのかというような観点の情報をもっと増やしていったらどうかと、その代わり、既に公表している、あるいは重複している事業報告などの情報は外していったらどうかという議論が今なされているところです。

　非財務情報については、既にコーポレートガバナンス報告書や、自主的なものとしてはCSR報告書、環境報告書といったものがあるわけで、さらに、非財務情報の開示を充実させていこうという試みも検討されています。

　注目していただきたいのはⅤの「選択的開示の禁止ルール」であり、「ディスクロージャーワーキング・グループ報告書」の15〜16頁に書いてあるのですが、特定の株主あるいは投資家だけに特定の情報を与えるというのは不公平なのでやってはいけないというルールなのですね。アメリカのSECなどというのは、2000年頃からルール化されているわけです。日本でもこれを導入しようという動きが出ており、ところが証券会社に所属しているアナリストの話を聞くと、アナリストが会社に行ってインタビューしようとすると、「いや、それはやってはいけない。選択的開示禁止に当たる可能性がある」というようなことで萎縮しているそうです。その結果どういうことが起きるかというと、会社が公表した途端に株価が大きく動いてしまうというような問題があると言われています。もっとも、本来の在り方はこうあるべきなのかも知れません。

　上述のとおり、報告書に取り上げられただけで決定されたわけではないのですが、平成28年9月20日付け日本証券取引業協会の「協会員のアナリストによる発行体への取材及び情報伝達行為に関するガイドライン」で、要するに事前の接触はやめましょうということが書かれています。証券会社のアナリストなどは、自主規制に近いような形で、むしろ「行ってはいけない」と会社から言われており情報が取れないので、なかなか長期での会社の業績予測等が立てられないというようなことをおっしゃっていますね。そうすると結局、投資家は情報が足りなくなってきて、アナリストの予測は外れると

四　攻めのガバナンスを支える制度

いうようなことになってきます。選択的開示の禁止は、やはりインサイダー規制だけでは足りない部分を補うものとして、アナリストだけが自分たちが得た情報を外へ出してはいけないわけですよね。ところが、証券会社の営業ツールとしてそれを出してお客さんに買わせるといった不祥事が現に起きています。

　ですから、やはりこの辺りのきれいなルールを一旦作り、整備していくということは必要だろうと思うのです。日本に今までこういった発想がなかったというのは非常に残念なのですが。アナリストも分析できないといったような問題についてはどうするのかについても考えていかなければなりませんね。

　会社としては、今後ますますタイムリー・ディスクロージャーは要求されるが、その伝達先や情報の正確性などいろいろと難しい問題が出てくると思います。業績予測をしょっちゅう変えているような会社も多くありますから、なかなか悩ましい問題だろうと思います。ただ、これを金融審議会が取り上げたというのは、アメリカから比べるともう20年も遅れてはいるものの、やはり画期的なことだろうと思います。

4　取締役・取締役会関係

　「攻めのガバナンス」の観点からは、どのような社外取締役が求められているのかということ、すなわち望ましい社外取締役としての出自について、「攻め」ですから他社で経営経験のあるような人がよいが、少し妥協して専門家でも致し方がないということが言われております。「経営経験のある経営者なんてたくさんいるじゃないですか、人材が足りないなんてそれは違いますよ」というようなことを平成26年改正の座長をされた岩原紳作先生がおっしゃっていました。ただ、日本の経営者が無能だという評価をしているからこういうことをやるのであって、無能な人を社外取締役で入れたところで、無能なものは無能なのだろうと思いますが……。

　また、「専門家」ということで皆さんは弁護士として喜んだかもしれませんが、「攻め」ですから実はやはり儲けるためのアドバイザーでないといけないわけですね。すなわちコンサルタントや会計士のことを指しているのであってここでの「専門家」は我々ではありません。我々弁護士は「守りのガバナンス」の担い手として見られています（笑）。

Ⅴ　攻めのガバナンスとは何か？

　取締役会の役割（Ⅰ）に関し、今、監査役会設置会社、監査等委員会設置会社、指名委員会等設置会社と大きく分けて3種類あり、制度間競争というような言い方をしたのですが、どちらかというと今の主流の考え方はモニタリングのほうに傾いてきているのかなとは思うものの、本当にそれで決着したともなかなか言い難いだろうと思います。取締役会の監督機能を重視するのか、それとも意思決定機能を重視するのかというところです。

　監督機能を重視するから監督者は意思決定には関与しないほうがよいということであれば、上程事項は限定して社外取締役というのは監督機能を担うのに適しているのだから、委任できる範囲が広くなり、要するにモニタリングモデルということになってきます。

　これに対して、取締役会というのは意思決定機能を有する機関で、要するに（最高決定機関は株主総会かもしれませんが、事実上の）最高決定機関なのだとすると、こういう考え方に立っても意思決定と監督は矛盾するものではありませんし、上程事項は多いほうがよいということになります。

　社外取締役というのは、情報収集源としてはやはり取締役会が一番大きいわけですね。そうすると、そこでの決議事項を減らしていくと情報収集量が減るというのは、否定し難いところなのだろうと思います。そうなると、社外取締役を入れたのはよいが、社外取締役は情報がないから何もできないということになりかねないので、議決の範囲を減らすというのは規制緩和ではあるものの、「守りのガバナンス」という点から見てどうなのだろうかという問題はあろうかと思います。取締役会の決議事項が多すぎるのかどうかというのは、これも会社によってやはり違うのだろうと思いますが、仮に多い会社のために減らそうということであれば、完全に決議事項から外してしまうのではなく、決議事項ではないけれども報告をさせるというような手当は、やはり「守りのガバナンス」を後退させないために必要なのではないかと思います。

　日本では社外監査役がもともといたわけですが、それにもかかわらず外国人投資家が社外取締役を入れろというのは、社外監査役は彼らからすると意思決定に参加していないと考えているからです。実際には、取締役会は社外監査役からかなり影響は受けていると思いますが、形の上では議決権を持っ

四　攻めのガバナンスを支える制度

ていませんから、社外取締役が意思決定に参加することが重要なのだということです。そういう社外監査役と社外取締役の区別からすれば、社外取締役が意思決定に参加して初めて外国人投資家が求めたものに応えることになるのではないかと思います。ただ、これに関しては部外者が意思決定に参加するのが嫌だというのが大いにあるのではないかと、うがった見方をしているのですが。

　会社法は、監督機能と意思決定機能の両方を求めているのだろうと思うわけですね。

　取締役会の評価をしなさいというのがCGC原則4-11補充原則4-11③です。これについても、外部や第三者にやらせるべきといったようなこともあるのですが、自己監査ができないなどという立場に立ったら、そもそもこんなものができるはずがないですよね。

　取締役の報酬（V）については、「攻めのガバナンス」ですからインセンティブ報酬を入れさせましょうと言っているわけですが、先ほど申し上げたように、日本の企業というのはいろいろな企業があり、事実上の独占企業もあれば、企業によってはコストが予め決まっていて、売上げもあまり変動しない、すなわち利益が最初から決まってしまっているようなところもあります。つまり予算で売上が決まるとコストも利益も決まってしまうというような会社もあります。独法や三セク、一部の完全子会社などお役所に近いような形態ですね。こういう会社は業績連動にしてよいのでしょうか。また、法律はインセンティブ報酬を禁止しているわけではないので、今の状態で何が不都合なのか私にはよく理解できません。株式を使うというのは、これはこれでまた問題があります。開示の問題もあれば、新株予約権制度の問題などもあり様々です。要するにこれらの制度は株式の価値を含め評価が難しいのです。お手盛りや取締役の保身といったことは世界中で問題になっており、特に欧米では巨額の報酬をどうするかで頭を悩ませています。ウォール街に何万人もの人が押し寄せ貧富の格差拡大に異を唱えたというニュースが伝わっています。こうした格差が問題であることはトマ・ピケティーの指摘を受けるまでもなく当然のことです。その格差の象徴としてやり玉に挙げられているのがストック・オプションです。そうした攻撃的問題に日弁連が業績連動型報

223

V 攻めのガバナンスとは何か？

酬を積極的に導入する方向で提言するとは、いったいどういうことなのでしょう。日弁連が言うことはないですよね。世も末です。日本で業績連動型報酬も望ましいというのは結構ですが、それを規範として強制していく方向性というのはどうなのか、ベストプラクティスなのかというところは先ほど申し上げたとおり疑問があります。

代表訴訟（Ⅵ）に関し、今、何を議論しているのかというと、原告による証拠収集において、会社にほとんどの情報があり株主は持っていないというところを何とかしましょうということなのですが、これは民事訴訟法の問題だろうと思うのですね。会社法上規定を設けるべきなのかどうかを含めて、もう少し訴訟法的に検討しないといけないところではないかと思います。

会社による被告への補助参加に関し、補助参加の利益を要しないという解釈について異論があるところですが、この点についてはあまり意味がない議論で、実際は補助参加の利益はあると判断されるわけです。もともと補助参加要件としてそういうものを設けるのか設けないのかといったような類いの議論で、実際、補助参加の利益がないという判断をされることはないといってよいので、議論する価値はないところだろうと思います。

問題は次です。社外取締役等の活用の観点から代表訴訟への独立性のある会社の機関の関与の在り方及び立法的な措置の要否についてどのように考えるか。これは訴訟委員会のことを言っており、代表訴訟を起こされたときに訴訟委員会がその提訴をどうするかを決めるという提案なのです。これは法制審で会社法の提訴要件が問題になったときに散々議論している話であり、訴訟委員会は採用しないというのは結論として出ているのですが、それをまた蒸し返しているわけです。アメリカには訴訟委員会を持っている会社があるのでそれの真似なのですが、経団連などは会社法の審議のときもそうでしたが、「濫訴」ということを盛んにいうのです。ところが、日本全体で代表訴訟が何件起きているのかというと、40件とか50件とかそんなものですよね。40件、50件をもって「濫訴」という感覚は、私には理解できないというようなことを申し上げました。あのときに提訴要件として、濫用的な訴訟ともう一つは経済的合理性を欠く訴訟の2つが入っていたのです。社会の構成の観点からいえば、たとえ金額が小さくても代表訴訟を認める必要がある

というようなことを私は申し上げたのですが、その結果、政府提出法案であるにもかかわらず超党派でそれは正しいということになり、政府提出法案からその部分が削除されて今の会社法になっているわけです。よほど代表訴訟がお嫌いなのでしょうね。

五　疑問点

1　ベストプラクティスと言えるのか？

　まず、CGCコードについて言うと、このコードに書かれている内容というのは、一応ベストプラクティスという位置付けです。ベストプラクティスでそれを実行できない会社もあるだろうから、そこはコンプライ・オア・エクスプレインだというような考え方をされているのですが、例えば、業績連動型報酬を導入するかしないというのは、そもそも規範が関与する話なのかなという気がするのですね。業績連動型報酬を導入することがベストプラクティスで、それを入れないのがベストプラクティスでないと言い切れるのかどうか。その他の条項もそうですけども、本当にそこに書かれていることがベストプラクティスだとすれば、全ての会社がベストプラクティスに倣うことが望ましいということになるはずです。もしそうでないのなら、ベストプラクティスとは言えないのではないでしょうか。私はスタンダードプラクティスなのではないかなと思っています。

　確かに社外取締役の人数の問題などは、1人よりは2人、2人よりは3人のほうがよいという話なのだと思います。そうすると、3人はベストプラクティスで、1人、2人は説明すればまあ勘弁してやろうという話なのかもしれませんが、どうもそこはベストプラクティスというにしては安易に作られてコード原則間でも矛盾があったりしますから、なぜ過半数ではないのかなど、まずベストプラクティスと言えるのかどうかは検討を要する問題だろうと思います。

2　目的達成に有用な手段なのか？

　また、目的達成に有用な手段なのかどうかも疑問です。効果が検証されているわけではないので、強制するにしてはその効果が期待できないような議論がなされているような気がします。本当に社外取締役を入れたらROEが

上がるのかという類いの話ですよね。

目的自体もあまりはっきりしません。ROEを高めることなのか、資本調達で有利になることなのか、企業価値を高めることなのか、社会的価値を高めることなのか。企業不祥事を防止することは、今まではどちらかというと「守りのガバナンス」と捉えられてきたかと思うのですが、これも企業不祥事を防止すれば企業価値も上がるだろうし、社会的価値も上がるだろうし、ということで関係のないわけではないだろうと思いますが、そこの何をターゲットに議論しているのかというのが、もうひとつはっきりしないと思います。

さらに、有用性の測定ができないということがあります。アメリカでは、社外取締役がいて報酬委員会がある会社のCEOの報酬とそうでない会社の報酬を比較した研究というのがあるのですが、これがなんとそういった報酬委員会があるほうが高かったという結論が出ている統計もあります。レジュメに挙げた以外にも、先ほども述べたように行政指導や護送船団の代替とならないか、過剰規制になる心配はないのか、全ての会社が同じようになることは本当に活力のある社会を生む結果になるのか、官僚の天下り先を提供するだけではないのか、といったことが考えられます。今、社外取締役の出自を見ていくと、かなりの会社で元役人という方が数多く載っています。ところが、東京証券取引所が社外役員の出自に関する統計を出していますが、そこには元官僚という枠組みはありません。経営者や弁護士はあるのにです。日頃ディスクロージャーを重視している取引所がこうした事実を隠しているわけですね。

3　コストはどうなのか？　形式のみで負担増になっていないのか？

また、やはりこれを行うためにはコストがかかるわけで、今後こうしたコードというのは、もっといろいろなものが付け加わっていき、どんどん増えていくだろうと思います。

また、形式だけの中味のないガバナンスということも往々にして起こり得ます。特に、ディスクロージャーというのは、最初は何とか懇談会みたいなところが作ったひな型を皆真似して作ってというようなプラクティス（今までもそういうところはあって徐々によくなってきてはいるのですが）が多いわけですね。ひな型のコピーペーストですね。要するに、他社と違う表現を使う、

実質こだわって実態を開示するというのを、会社は非常に嫌がりますよね。それでよいのでしょうか、目的を達成し得るのでしょうか。会社は、本当は百社百様であるにもかかわらず、出てくる書面は皆同じというようなことでよいのでしょうか。皆同じ書類を作るのにものすごいお金がかかるとすれば、費用対効果でどうなのかというところはあるかと思います。

4　現実に目標は達成されつつあるのか？

　例えば社外取締役の導入を例に挙げると、「守りのガバナンス」の観点があります。それだけではなく、例えば、外国人投資家が安心して投資できるような環境作りをするというものもあります。「日本再興戦略」のレベルで考えていくと、アベノミクスを完成させるために必要だということもありますよね。ただ、アベノミクスも目標が達成できたと2015年版には書いてありますが、ここは様々な人が様々なことを言っており、「いや、そうじゃない。少なくとも2％の物価目標は達成できていないじゃないか」というような見方もあります。「アベノミクスの目標が達成できなかったのは企業のガバナンスのせいなのか」というと、これは書き過ぎですね。達成できたか否かは、いろいろな方の議論にお任せするとしても、それは企業のガバナンスと関係ある話なのかというのは、やはり率直に疑問が残るところなのだろうと思います。

5　過剰規制になる心配はないのか？

　過剰規制も今後どうなっていくのかと思いますが、CGCもより細かく、より複雑にいろいろと場合分けするかもしれませんね。こういう会社はこうしなさい、ああいう会社はこうしなさい、要するに、箸の上げ下げまで細かくいうようになるかもしれませんし、あるいは逆に、こんなものはやっていられないといって企業側が放棄してしまうということもあるかもしれません。今後どうなるか分かりませんが、もし前段で申し上げたようなことになると、過剰規制になって企業の活力を削いでしまうということはあり得る話なのだろうと思います。そこら辺はもっといろいろな関係者が議論して何が適切なのかという結論を出すべきでしょう。20人くらいでしかも毎回同じようなメンバーで同じような結論を出して、それが絶対だというようなことになると、やはりあまりよい結果は出ないのではないかと思います。ですか

ら、これはやはり行政との関係もあるわけですね。

　日本の場合、もはや高度成長を実現し得る社会ではありませんから、そうなると昔みたいな行政指導や護送船団でよいのか。例えばGDPを上げるとか物価上昇だって計算の仕方を変えれば簡単な話ですが、世の中がそれでよくなるのかということを考えたら、無駄な経済サイクルが増えるだけで、皆が何も豊かにならないわけですね。ですから、そんなことでよいのだろうかという面はあろうかと思います。

6　規制緩和に過ぎず、守りのガバナンスを弱体化させる心配はないのか？

　「攻めのガバナンス」というのは、儲かる会社を作るということを目的にしてガバナンスもそれに資するという、ある意味信仰といってよいのでしょうね。いろいろと掘り下げていくと、企業不祥事をなくせば企業価値は上がるわけですが、コストパフォーマンスがどうなるかはよく分からないというところだろうと思います。今まではあまりこういう発想がなく、会社法学者が考えていた図式というのは、所有と経営が分離してしまい経営者をコントロールする者がいなくなったが、唯一コントロールしているように見えたメインバンクはつぶれてなくなってしまったというところで、誰がどうやってコントロールしようかという議論でした。意外にこれをご存じない方が多いのですが、江頭先生の本でも「経営者支配の問題は会社法学の最大の問題である」というようなことをおっしゃっていますよね。やはりそこからスタートしなければいけないのであって、規制緩和の問題もありますが、そういう規制をどこまで緩めたらよいのかという議論は当然起こってしかるべきだろうと思います。その経営者支配の問題を克服するために、いろいろと総会改革を行い、取締役会改革を行い、監査役の改革を行ってきて、社外取締役を入れて何とかしようとしているわけです。

　そして、ディスクロージャーと社外取締役が2つの大きなガバナンス改革のツールだったといってよいのでしょう。ただし、ディスクロージャーは、公表することによって様々な人が様々なことをいうので、それで是正されるということはあり得る話だと思いますが、これもどういう形でディスクローズするのというのが大事な問題です。公認会計士の不祥事というのがいろいろとありましたが、ああやって全く独立の専門家にチェックさせても不祥事

が起きてしまうということをやはり考えないといけないと思います。

　社外取締役もやはり同じなのだろうと思います。アメリカも当初は社外取締役だったのですが、それがインディペンデントになって、要するに大きな利害関係がないことという要件が入ってきて会社をチェックさせようとしています。ところが、誰がそういう人を選任するのか。経営者が選任しているのでは、なかなかうまくいかないだろうと思いますね。そこで報酬委員会あるいは指名委員会を設けてコントロールしようとしたのですが、どうなのでしょうか。

　ですから、「攻めのガバナンス」と「守りのガバナンス」と峻別できるわけではありませんが、不祥事防止よりは儲かる会社を作るというのが本音かなと思います。

　また、背景としての労働者の長期雇用に関して、日本の場合、労働市場の跛行性といいますか、正社員と昨今増えてきた非正規社員との2階層に分かれており、さらに、大企業と中小企業という2つがあるわけです。そういう意味では、経営者と労働者の関係というのは、労働者はいずれ出世して経営者になっていくという同じ社内の仲間の中で、労働者が経営者をチェックできるかどうかという点もいろいろと疑問が生じていたわけですね。

　諸外国にはいろいろと面白い法制があって、例えば、もうだいぶ前ですが、スウェーデンでは、毎年の利益の何％かを積み立てて、それによって労働組合がただで株式を取得するマイドナー法という法律があったのですね。いわゆる社会主義・資本主義がそれこそ制度間競争をしているときに、スウェーデン辺りはそのような試みをしたこともあったわけですね。

　結局、「攻めのガバナンス」といっても、あまりはっきりした話ではないのですが、「ガバナンス」という言葉の中に、従来とは違った視点、すなわち効率性や経営者のインセンティブを重視し、儲けさせるためにはどうしたらよいかという発想が入り込んでいるということは言えるのではないかと思います。この中には規制緩和の要素が入り込んでおり、守りのガバナンスを弱体化させる危険が入り込む余地があるように思われるのです。

レジュメ

V 攻めのガバナンスとは何か？

弁護士　内藤　良祐

一　はじめに

① 「日本再興戦略」

　i　日本再興戦略2014（抜粋）

（生産性の向上）企業の「稼ぐ力」の向上は、これからが正念場である。

（コーポレートガバナンスの強化）

　コーポレートガバナンスの強化により、経営者のマインドを変革し、グローバル水準のROEの達成等を一つの目安に、グローバル競争に打ち勝つ攻めの経営判断を後押しする仕組みを強化していくことが重要である。

　昨年の成長戦略を受けて、これまでに日本版スチュワードシップコードの策定、社外取締役を選任しない企業に説明責任を課す会社法改正、さらには公的・準公的資金の運用の在り方の検討を通じて、投資家と企業の間で持続的な収益力・資本効率向上やガバナンス強化に向けた対話を深めるための取組等が緒についたところである。

　今後は、企業に対するコーポレートガバナンスを発揮させる環境を更に前進させ、企業の「稼ぐ力」の向上を具体的に進める段階に来た。これまでの取組を踏まえて、各企業が、社外取締役の積極的な活用を具体的に経営戦略の進化に結びつけていくとともに、長期的にどのような価値創造を行い、どのようにして「稼ぐ力」を強化してグローバル競争に打ち勝とうとしているのか、その方針を明確に指し示し、投資家との対話を積極化していく必要がある。

　同時に、銀行、機関投資家等の我が国の金融を担う各プレーヤーが、長期的な価値創造と「稼ぐ力」の向上という大きな方向に向けて、それぞれが企業とよい意味での緊張関係を保ち、積極的な役割を果たしていく必要がある。

　ii　日本再興戦略2015（抜粋）　資料1

「攻め」のコーポレートガバナンスのさらなる強化

　「経営者による大胆かつ前向きな判断を後押しする一環として、取締役会の役割や個々の取締役の責任の範囲を明確化し、経営者が迅速かつ果敢に意思決定を行えるようにする。

―1―

あわせて、投資家に対する企業情報の開示が迅速かつ効率的になされるよう、会社法、金融商品取引法、証券取引所上場規則それぞれが定める<u>情報開示ルールの見直し</u>を行い、中長期的な企業価値の創造に向けた企業と投資家の建設的な対話を促進する。また、金融機関についても、企業に対する経営支援機能の強化等を一層推進し、企業の<u>収益力向上</u>や<u>事業再編</u>に<u>積極的に関与</u>していくよう促していくこととする。

② 　コーポレートガバナンスの概念

二　意　義
1 　攻めのガバナンス・守りのガバナンス？
　① 　コーポレートガバナンスとは何か？
　　ⅰ 　「コーポレート・ガバナンスは企業統治と訳され、一般に企業活動を律する枠組みのことを意味する。」上場会社コーポレート・ガバナンス原則（2009年改訂版）→定義からは何も出てこない
　　ⅱ 　「会社が、株主を始め顧客・従業員・地域社会等の立場を踏まえた上で、透明・公正かつ迅速・果断な意思決定を行うための仕組み」を意味する。コーポレートガバナンスコード（2015年）2p（資料3）→定義の中に既に政策を取り込んでいる。
　② 　攻めのガバナンス
　　ⅰ 　目的ないし機能の大枠（モデル論）
　　　ア 　企業不祥事を防ぐ（法・倫理の問題）コンプライアンス重視
　　　イ 　企業の収益力を強化する（効率性）経営効率重視＝攻めのガバナンス
　　ⅱ 　視点や主体（ステークホルダーの範囲）をどうとらえるか？（モデル論）
　　　ア 　社会全体の視点から見た議論
　　　イ 　投資家の視点から見た議論
　　ⅲ 　攻めのガバナンスが効率性に資するかは実証されていない。
2 　機関投資家と経営者との緊張関係
3 　迅速な意思決定
4 　平成26年改正と2つのコード
　① 　平成26年改正
　　会社法　中小閉鎖会社を含む全体としての規制緩和
　　平成26年改正　公開会社を中心とする規制強化？
　　独立役員、多重代表訴訟など
　② 　2つのコード
　　ⅰ 　スチュワードシップコード（SSC）　資料2

V 攻めのガバナンスとは何か？

　　　　機関投資家に対し企業との対話や株主総会での議決権投資等を通じた責任ある行動を促す。
　　ii　コーポレートガバナンスコード（CGC）　資料3
　　　　経営者に対し会社の持続的な成長のために企業家精神を発揮することを促す。
　③　会社法研究会　資料5
　④　2015年7月24日「コーポレート・ガバナンスの実践〜企業価値向上に向けたインセンティブと改革〜」・「法的論点に関する解釈指針」（コーポレート・ガバナンス・システムの在り方に関する研究会 経済産業省）
　⑤　2016年2月18日会社の持続的成長と中長期的な企業価値の向上に向けた取締役会のあり方「スチュワードシップ・コード及びコーポレートガバナンス・コードのフォローアップ会議」意見書(2)（金融庁および東京証券取引所）
　⑥　金融審議会「ディスクロージャーワーキング・グループ報告書」　資料6

三　日本企業を取り巻く環境とその変化
平成26年改正までの日本企業のガバナンスに対する一般的認識と環境変化

1　日本的経営の主体
経営者と従業員集団の裁量
外部株主の経営への関与を排除
メインバンクの限定的介入

2　背　景
①　株式持ち合い（安定株主）財閥解体→個人株主→持ち合い→外国人
②　メインバンク制度(資金調達)行政指導と業界団体による規制→規制緩和(金融ビッグバン）と直接金融　不良債権問題→銀行持ち株規制
③　労働者の長期雇用と転職市場の未発達　熟練工不足→終身雇用・労働市場の形成阻害

3　メンバーシップ型人事・労務と取締役会
①　内部昇進と社長の後継者指名
②　企業価値を高める場合であっても自発的に社外取締役を導入しないケースがある
　　経営者保身
　　経営者と正社員からなる会社共同体選好
③　経営者から独立の投資家が保有比率が高い企業では社外取締役の導入が期待される
④　一律の義務づけは企業価値の向上につながらない可能性

4 長期低迷の原因（ガバナンスの要因を除外して考える）
① 先進国共通の問題　低成長・デフレ・低金利・財政破綻
② 我が国特有の問題　高齢化・公益発想・インキュベーション環境・失われた10年

5 ガバナンス論の歴史
① 所有と経営の分離と経営者支配の問題
② 特殊株主問題　総会制度改革の限界　監査役会・取締役会改革
③ 企業不祥事　社外役員の導入とその限界
④ 資本効率の低さ　市場によるコントロール

四　攻めのガバナンスを支える制度

1 規制手法
Ⅰ　プリンシプルベース・アプローチ
Ⅱ　コンプライ・オア・エクスプレイン
Ⅲ　対応状況　コーポレートガバナンス・コードへの対応状況（2016年12月）資料4

2 株主総会関係（SSC目的6および7）（CGC基本原則5）　資料3
Ⅰ　投資家の種類・役割・評価
① 良い投資家と悪い投資家
② 短期的利益を得ようとする投資家・長期保有投資家・株式を売却する投資家
③ 個別企業を詳細に調べる投資家・多数企業の株式を保有し基準に従って株主権を行使する投資家
④ アクティビスト（積極的に会社に提言する投資家）・いわゆる**機関投資家**
⑤ 背後の出資者の違い（ヘッジファンド・公的基金・金融機関）

Ⅱ　（外国人）機関投資家の株主総会への関与を容易にする
① 問題点とCGCの対応
ⅰ　総会日の集中
　　総会開催日程の適切な設定（補充原則1-2③）
ⅱ　議案の検討期間の不足
　　招集通知の早期発送・電子的公表（補充原則1-2②）
ⅲ　基準日株主と実質株主の乖離
ⅳ　株主名簿上の株主でない機関投資家の総会参加
ⅴ　外国人機関投資家の総会参加の困難性
　　議決権行使プラットフォームの利用・招集通知の英訳（補充原則1-2）

V 攻めのガバナンスとは何か？

　　　　資料3
　　② 株主総会招集通知等の電子化　会社法研究会資料1第4、資料5、資料13
　　　　i 招集通知の電磁的方法による提供
　　　　　利用例が少ない（2.6％「株主総会白書2015年度」）
　　　　　株主の事前承諾（法299③、325、令2①Ⅱ、施行規222）
　　　　　書面交付請求権（法301②但し、302②但し）
　　　　ii WEB開示
　　　　　一定の事項につきみなし提供制度（施行規94①、133③、計規133④、134④）
　　　　　相当数利用（45％「株主総会白書2015年度」）
　　③ 有価証券報告書の株主総会開催前の開示
　　　　添付計算書類は定時総会に報告済みのものでなくても良くなった。（平成21年府令75号）
　　　　平成27年47社が株主総会開催前に開示（「株主総会白書2015年度」）
　　④ 株主総会の7月開催
　　　　基準日の有効期間3ヵ月（法124②）
　　　　別途基準日設定の妥当性
　　　　大株主判定の基準日設定を柔軟化
　　　　金融審議会「ディスクロージャーワーキング・グループ報告書」　資料6
　　⑤ 名義株主以外の海外機関投資家の株主総会への主席
　　　　CGC補充原則1-2⑤
　　　　対応（定款変更、代理人として、会社の判断で株主と認める、オブザーバーとして等）

3 開示関係
　Ⅰ 取引所規則に基づく決算短信、会社法に基づく計算書類・事業報告、金商法に基づく有価証券報告書制度などの多重開示システム
　Ⅱ 決算短信（速報性・非監査性）の見直し、四半期報告書制度の見直し、四半期決算短信と四半期報告書の関係見直し（経済同友会「企業と投資家の対話促進に関する意見」）
　Ⅲ 有価証券報告書の記載事項の見直し（業績に関する経営者の認識と分析を記載させるなど）
　Ⅳ 非財務情報の開示　例えば東証の「コーポレートガバナンスに関する報告書」、自主的なものとして「CSR報告書」「環境報告書」、金融審議会「ディスクロージャーワーキング・グループ報告書」14pの指摘　資料6
　Ⅴ 選択的開示の禁止ルール

金融審議会「ディスクロージャーワーキング・グループ報告書」15-16p
「協会員のアナリストによる発行体への取材等及び情報伝達行為に関するガイドライン」(日本証券業協会2016年9月20日)

4　取締役・取締役会関係　会社法研究会　資料1
Ⅰ　取締役会の役割（CGC基本原則4）
　(1)　業務執行の決定と監督
　　①　監査役会設置会社（362②、④）
　　②　監査等委員会設置会社（399の13①、②、④）
　　③　指名委員会等設置会社（416①、②）
　(2)　業務執行の決定の委任
　　①　監査役会設置会社 不可（362④）重要性の判断基準は確定的・固定的なものではない
　　②　監査等委員会設置会社（399の13⑤、⑥）
　　③　指名委員会等設置会社（416④）
　(3)　監督機能と意思決定機能（モデル論）
　　①　監督機能重視
　　　監督者は意思決定には関与していない方が良い
　　　上程事項を限定した方が良い
　　　社外取締役が監督機能をになうのに適している
　　　委任できる範囲の広い監査等委員会設置会社や指名委員会等設置会社の方が優れている
　　②　意思決定機能重視
　　　意思決定と監督は矛盾するものではない
　　　上程事項は多い方が良い
　　　社外取締役の意思決定参加こそ本来外人投資家が求めていたもの（部外者が意思決定に参画することが妥当なのか）
　　③　会社法は両機能の充足を求めている
　　　ア　委任の問題
　　　　意思決定の効率・迅速の観点から考慮すべき問題で、関与させるか否かの問題ではない。
　　　　自ら決定したことがきちんと守られているか否かチェックすることに矛盾があるとは思われない。
　　　　経営陣の権限が拡大することは権限の濫用ないし不適切行使の危険が増大することを意味する。
　　　イ　取締役会の審議事項

Ⅴ　攻めのガバナンスとは何か？

　　　　　経営陣の決定に委ねる業務執行事項の範囲が拡大しても、職務執行状況に関する適宜適切な報告（363②、417④）は求められるから、審議事項それ自体には大きな変化は生じないと考えるべき。
　　　　　委任事項についても、事前に取締役会に報告し社外取締役の意見を聴取することが妥当な場合もある。
　Ⅱ　取締役会の決議事項・評価
　　①　重要な決議事項の取締役への委任（特に監査役会設置会社）会社法研究会資料1第2、資料3、資料12
　　②　取締役会評価　CGC原則4-11補充原則4-11③
　Ⅲ　社外取締役の役割・機能　CGC原則4-7、会社法研究会資料10
　　①　社外取締役の情報収集権　会社法研究会資料1第7
　　②　複数社外取締役　CGC補充原則4-8
　Ⅳ　会社補償およびD&O保険　会社法研究会資料1第5、資料2
　　①　会社補償
　　②　D&O保険
　　③　責任限定契約および責任の一部免除　会社法研究会資料7
　Ⅴ　取締役の報酬　会社法研究会資料1第1、資料2、資料11
　　①　インセンティブ報酬　CGC補充原則4-2①
　　②　株式型報酬
　Ⅵ　代表訴訟　会社法研究会資料1第6、資料8
　　①　原告による証拠収集
　　②　訴訟委員会
　Ⅶ　その他

五　疑問点
1　ベストプラクティスといえるのか？
2　目的達成に有用な手段なのか？
　Ⅰ　目的は何なのか？
　　①　ROEを高めること？
　　②　資本調達で有利になること？
　　③　企業価値を高めること？
　　④　社会的価値を高めること？
　　⑤　企業不祥事を防止すること？（攻めの直接のテーマではないが上記②から④に関わる）
　Ⅱ　有用性の測定は出来るのか？

レジュメ

3 コストはどうなのか？ 形式のみで負担増になっていないのか？
4 現実に目標は達成されつつあるのか？
5 過剰規制になる心配はないのか？
6 規制緩和に過ぎず、守りのガバナンスを弱体化させる心配はないのか？

Ⅴ　攻めのガバナンスとは何か？

資　料

資料1

「日本再興戦略」改訂2015
―未来への投資・生産性革命―

平成27年6月30日

第一　総　論

Ⅰ．日本再興戦略改訂の基本的な考え方
（アベノミクス第二ステージ）

　日本経済は、かつての強さを取り戻しつつある。

　今から2年半前、安倍政権をスタートさせた時は、日本経済は、需要不足から来るデフレ経済の泥沼から抜けきれず、企業も国民も将来への展望を描ききれない状態にあった。

　こうした状況を打破すべく、政権発足後、矢継ぎ早に、大胆な金融緩和政策という第一の矢、機動的な財政政策という第二の矢を放ち、マクロ面から需要を支え、喚起するための対策を講じたところである。今は、企業や国民のデフレマインドを払拭するための構造改革としての第三の矢の成長戦略を大胆かつスピード感を持って「実行している最中」にある。

　農業、医療、エネルギー、雇用など岩盤規制が残る分野で「戦後以来の大改革」を断行する一方で、法人税改革やコーポレートガバナンス強化、経済連携交渉への本格的な取組など、企業経営者による「攻めの経営」を後押しするための対策を次々と決断し、実行に移してきた。さらには、国民や企業の間に蔓延するデフレマインドの払拭を狙って、「政労使会議」を活用した賃上げ要請・価格転嫁対策を展開してきた。

　この結果、企業収益は過去最高を記録し、その収益が2年連続で賃上げに振り向けられ、凍り付いていた消費もようやく持ち直しの兆しを見せ始めている。失業率は3％台前半まで低下し、有効求人倍率も23年ぶりの高水準に達し、雇用者数が100万人も増加した。今後、労働需給はさらにタイト化し、GDPギャップが急速に縮小するとともに、デフレからの脱却が実現していくことが予想される。

経済の好循環は着実に回り始めているのである。

しかしながら、人口減少社会の到来によって、女性や高齢者等の活躍の場を最大限に広げたとしても、生産年齢人口の増加が当分の間期待できないことを考えるならば、消費だけが拡大したとしても、経済全体としての生産性が向上しなければ、いずれ成長の限界にぶつかってしまうのは明らかである。

この意味で、アベノミクスは、デフレ脱却を目指して専ら需要不足の解消に重きを置いてきたステージから、人口減少下における供給制約の軛(くびき)を乗り越えるための腰を据えた対策を講ずる新たな「第二ステージ」に入ったのである。

今後とも経済の好循環を維持し、そして持続的な成長路線を辿っていけるかどうかは、従来の単なる延長ではない、全く新しい発想をもって、錆びた資本ストックを革新し、より自由な発想が生かされる競争環境下で最も効率的かつ効果的な投資が行われることを通じて、個人一人一人が、そして地方の一つ一つがその潜在力を開花する「生産性革命」を成し遂げられるかどうかにかかっている。

生産性を高めるための鍵は、何と言っても投資である。将来の発展に向けた、設備、技術、人材への投資である。グローバル経済下で生き残りを賭ける者にとって「寄るべき大樹」は存在せず、大企業も中堅企業も、中小・小規模企業も、個人も横一線である。デフレ脱却が視野に入り、企業収益が過去最高水準となっている今日、日本が新たな産業群を作り出し、再び世界のフロントランナーとなるためには、将来投資を行う「民間の出番」であり、「今こそが行動の時」である。英断をもって過去の成功体験と決別し、未知なる世界に新たな一歩を踏み出す時である。

人口減少の波をまともに受けている地方にとっても同じ問題が存在している。依然としてバラつきがあるとはいえ、アベノミクスの浸透により、地方経済は、少なくとも2年半前と比べて、雇用や所得環境は着実に改善してきている。しかしながら、依然として労働生産性は東京と比べて極端に低く、東京と比べて2倍の開きがある地方もある。このままでは、加速的に経済が縮小するという悪循環に陥りかねない状況にある。

地方の活性化なくして、国全体の成長はなく、アベノミクスの成功もない。

どの地方も、まだまだ使われていない地域資源を豊富に保有しているにもかかわらず、その潜在力を活かし切っていないことは疑いようのない事実である。ただし、従来のやり方の延長線上や他力本願の姿勢の上に答えはなく、今こそ「地方自らが自分の将来を決める」ための「行動を起こす時」なのである。

アベノミクス第二ステージとは、設備革新にとどまらない、技術や人材を含め

V 攻めのガバナンスとは何か？

た「未来投資による生産性革命の実現」と、地域に活気溢れる職場と魅力的な投資先を取り戻し、日本全国隅々まで、人材や資金、それを支える技術や情報が自由・活発に行き交う、活力ある日本経済を取り戻す「ローカル・アベノミクスの推進」、この二つを車の両輪として推し進めることによって、日本を成長軌道に乗せ、世界をリードしていく国になることである。

デフレ脱却に向けた動きを確実なものにし、将来に向けた発展の礎を再構築することこそがアベノミクス成長戦略の狙いである。

経済再生なくして財政健全化なし。経済成長を持続的なものとすることに全力を挙げつつ、強い姿勢・決意をもって財政健全化に取り組む。経済再生と財政健全化を両立させるためにも成長戦略は常に進化するものでなければならない。

Ⅱ．改訂戦略における鍵となる施策
1．未来投資による生産性革命
(1)「稼ぐ力」を高める企業行動を引き出す
　i)「攻め」のコーポレートガバナンスの更なる強化

　安倍政権発足以来、成長志向の法人税改革や、電気料金をはじめとするエネルギーコストの上昇を抑制するエネルギー政策、TPPなどの経済連携交渉への本格的な取組など、ビジネス環境の改善に向けた政策を一つ一つ着実に実行してきたことは異論のないところである。

　しかしながら、政府が行えるのは環境整備にとどまらざるを得ず、経済成長を牽引するのはあくまで企業であり、個人であり、民間である。産業の新陳代謝を加速し、未来に向けた投資を増やしていくためには、最終的には、企業経営者自らの大胆な決断こそが必要なのである。

　昨年の成長戦略では、日本企業の「稼ぐ力」の回復に向けてコーポレートガバナンスの強化を第一の柱に掲げ、スチュワードシップ・コードとコーポレートガバナンス・コードを策定することで、金融・資本市場を通じて企業経営に規律を働かせ、経営者による前向きな判断を後押しする仕組みを導入した。

　その結果、投資家の目を意識した経営が幅広く浸透し、2年前には4社に1社であったROEが10％を超える上場企業は3社に1社を占めるようになった。また、1年程度の短い期間であるにもかかわらず、会社の経営体制も大きく変化しつつあり、今年は、複数の独立社外取締役を選任する上場企業が昨年から倍増し、全体の約半数に上る見込みである。長らく社内の人材のみで経営がなされてきた我が国の会社経営の在り方が一変し、積極的に社外の知見・経験を活用し、短期

間に競争環境が激変する変革の時代を切り拓いていく準備が整いつつある。

こうした動きを一過性のものに終わらせず、グローバル市場において「稼ぐ力」を高めていくには、上場企業の経常利益水準も利益率も過去最高を記録している今こそ、稼ぐための最適解を見出し、能力増強や更新等の設備投資にとどまらず、技術、人材を含めて積極果敢に「未来に向けた投資」を決断し、「攻めの経営」を展開していくことが不可欠である。

経営者による大胆かつ前向きな判断を後押しする一環として、取締役会の役割や個々の取締役の責任の範囲を明確化し、経営者が迅速かつ果敢に意思決定を行えるようにする。

あわせて、投資家に対する企業情報の開示が迅速かつ効率的になされるよう、会社法、金融商品取引法、証券取引所上場規則それぞれが定める情報開示ルールの見直しを行い、中長期的な企業価値の創造に向けた企業と投資家の建設的な対話を促進する。また、金融機関についても、企業に対する経営支援機能の強化等を一層推進し、企業の収益力向上や事業再編に積極的に関与していくよう促していくこととする。

この2年間、アベノミクスの成果としての企業収益を賃上げにつなげる環境整備を展開してきたが、こうした賃金上昇の流れを継続させるためにも、今必要なのは「稼ぐ力」の向上につながる民間投資を加速することである。日本経済がデフレを脱却し、成長軌道に乗ることができるかどうかを決定するのは、この1、2年の間に企業が未来に向けた投資を決断するかどうかにかかっていると言っても過言でない。

このため、グローバル競争の激化や急速な技術革新により不確実性の高まる時代に日本経済が歩むべき道筋を明らかにし、政府として取り組むべき環境整備の在り方と民間投資の目指すべき方向性を共有するための「官民対話」を開始し、中長期的な企業価値の向上に向けた企業の大胆な経営判断を後押ししていくこととする。

〈鍵となる施策〉
① 「攻め」のガバナンス体制の強化
② 企業と投資家の建設的な対話の促進
③ 金融機関における経営支援機能の強化等の一層の推進
④ 成長志向の法人税改革

V 攻めのガバナンスとは何か？

ii）イノベーション・ベンチャーの創出
① 「ベンチャー創造の好循環」の確立

　国全体の稼ぐ力を高めるためには、既存プレーヤーの生産性の向上だけでは不十分である。失敗を恐れない挑戦こそが称賛される社会的価値観を広げ、経済社会や産業構造全体に大きなインパクトを与える、ダイナミックなイノベーション・ベンチャーが連続的に生み出される社会にしていかなければならない。

　世界では、米国・西海岸の例に見るように、大学が結節点となって、ITやバイオなどの新たな技術シーズと経営のプロと投資家が結びつき、新技術と新たなビジネスモデルを融合したベンチャー企業が次々と生み出され、それがまた優れた人材と技術と資金を呼び込み、ついには新たな成長企業群を作り出す「ベンチャー創造の好循環」が確立されている拠点が各地に形成されつつある。

　残念ながら我が国では、こうした好循環が確立できているとは言い難いのが現実である。世界が技術と人材の争奪戦を展開している中にあって、これに遅れを取らないためには、我が国においても、大学等の経営に思い切った自由度を持たせ、ビジネス・シーズの創出、人材育成、人脈形成、成長金融の提供などベンチャー創出の苗床としての役割を担えるようにすることは喫緊の課題である。

　他方、我が国独自のベンチャー拠点の形成にこだわり、それに時間を取られるあまり、グローバルな競争に遅れを取るようなことがあってはならない。我が国の意欲ある企業・人材と世界のベンチャー拠点を架け橋でつなぐことで、「ベンチャー創造の好循環」に直結させ、スピード感を持って、世界の叡智を引き寄せる魅力ある拠点を創り出していかなければならない。

　こうした取組を加速するためにも、東京オリンピック・パラリンピック競技大会が行われる2020年に、世界中から、一流の経営者、起業家、ベンチャーキャピタル、機関投資家等を招き、世界規模でのビジネス・マッチングを行う「グローバル・ベンチャーサミット（仮称）」を開催することとする。それまでに、我が国のイノベーション・ベンチャー活動をグローバルレベルのものに引上げ、むしろ世界を牽引していくベンチャー創造拠点として花開いている姿をアピールしていく必要がある。

　そのため、これまで様々な主体がバラバラに展開してきたが故に十分な効果を上げてこなかったベンチャー関連施策を有機的に統合・連携させる形で、グローバル競争力のあるベンチャー創出促進に向けた2020年までのロードマップとして「ベンチャー・チャレンジ2020」を策定することとする。

〈鍵となる施策〉
① 国際的イノベーション・ベンチャー創出拠点の形成に向けた新たな大学・大学院制度の創設
② シリコンバレーと日本の架け橋プロジェクト
③ グローバルなベンチャーエコシステムとの連動

② イノベーション・ナショナルシステムの本格稼働に向けた大学改革

　過去二回の成長戦略では、世界最高の知財立国を目指しながら、そこで生み出された革新的な技術シーズがビジネスとして活かされるようにするため、クロスアポイントメント等を通じた産学官の橋渡し機能の強化や研究開発法人の機能強化など「イノベーション・ナショナルシステム」の構築を進めてきた。これを本格稼働させるためには、課題として残されている国立大学改革をきちんと成し遂げる必要がある。

　社会が直面する変化及び未来に対する不安とそれに伴う閉塞感を打破し、我が国の国際的な地位を高めるためには、イノベーションの礎となる知とそれを担う人材が不可欠である。そのためには、綿々と築かれてきた学問の基礎を活かしつつ大胆な発想の転換が必要であり、イノベーション創出の基盤として国立大学が果たす役割には大きいものがある。

　国立大学が全体を支える形で、人文社会から自然科学まで多様かつ重要な学問分野の継承・発展を基礎とし、新領域や融合分野など新たな価値を生み出す学問領域を創出し、地域・日本・世界が直面する経済社会の課題解決に貢献していく必要がある。

　そのためにも国立大学としての人材育成機能を抜本的に強化する必要があるが、その際、産業構造の変化や雇用のニーズを的確に把握し、実社会のニーズに即した人材育成を行っていく仕組みを作っていくことが重要である。

　今般策定された「国立大学経営力戦略」において、国立大学が将来のビジョンを持ち、経営力と財務基盤を強化する中で自己改革を進めるための方向性が示されたところである。今後、自己改革の評価結果を基にした国立大学運営費交付金のメリハリある配分を行っていくこととなるが、こうした取組を通じて、各国立大学がそれぞれの特徴を活かしながら学問の進展とイノベーションの創出に向けた大いなる挑戦を加速することを期待する。

〈鍵となる施策〉
① 運営費交付金の重点配分導入による大学間競争の促進

Ⅴ 攻めのガバナンスとは何か？

② 研究成果最大化に向けた競争的研究費改革

ⅲ）アジアをはじめとする成長市場への挑戦

　我が国経済の成長を持続的なものとするには、成長する海外市場の需要を取り込んでいくことが不可欠である。特に、目覚ましい成長を続けるアジア市場における成否は、世界市場における成功の鍵を握ると言っても過言でない。同時に、海外にモノやサービスを輸出するだけでなく、質の高い投資等を行うことにより、相手国とWin-Winの関係を構築していくことが重要である。グローバル化の進展により各国が経済的結びつきを強める中、モノ、カネ、技術等の国境を越えた移動を促進する経済連携協定は重要性を増している。

　このためTPP交渉の早期妥結に引き続き取り組むとともに、日EU・EPAをはじめ、東アジア地域包括的経済連携（RCEP）、日中韓FTAなどの経済連携交渉を戦略的かつスピード感を持って推進していく。

　成長を続けるアジアでは、インフラ需要が極めて旺盛であり、長年にわたり、インフラ建設の技術と経験を積み上げてきた我が国に期待される役割は大きい。アジアにおけるインフラ建設案件の規模は大きく、事業期間も長期にわたる。また、広域的総合開発に当たっては、産業基盤の整備や都市間交通ネットワークの整備など、複合的な要素が含まれる場合も多い。このため、官民が協力して総合的な推進体制を構築し、川上の構想段階から現地の政府、民間企業等と連携して取り組んでいく。

　海外におけるインフラ需要に対し、我が国は、特に「質の高いインフラ投資」をもって応える。このため、JBICの機能強化を図り、リスクマネーを供給する新制度を創設し、リスクが高いとみなされるプロジェクトへの積極的な投融資を実施する。また、個別案件に場当たり的に対応するのではなく、長期的かつ継続的に関与し、多様な後続プロジェクトの連続的な創出・推進につなげていくことが重要である。そうした取組を進める中で、現地経済圏の発展と我が国の経済成長がより有機的な関係性を深めていくよう戦略性を持たせながら、これまでの経験に基づくノウハウや優れた関連技術・サービス等を提供することにより、相手国とのWin-Winの関係を築いていく。

〈鍵となる施策〉
① TPP、日EU・EPAなどの経済連携交渉の推進
② 「質の高いインフラパートナーシップ」の展開
③ 海外インフラの総合的広域開発推進体制の強化

資料

資料2

「責任ある機関投資家」の諸原則
《日本版スチュワードシップ・コード》
～投資と対話を通じて企業の持続的成長を促すために～

日本版スチュワードシップ・コードに関する有識者検討会
平成26年2月26日

「責任ある機関投資家」の諸原則《日本版スチュワードシップ・コード》について

　本コードにおいて、「スチュワードシップ責任」とは、機関投資家が、投資先企業やその事業環境等に関する深い理解に基づく建設的な「目的を持った対話」（エンゲージメント）などを通じて、当該企業の企業価値の向上や持続的成長を促すことにより、「顧客・受益者」（最終受益者を含む。以下同じ。）の中長期的な投資リターンの拡大を図る責任を意味する。

　本コードは、機関投資家が、顧客・受益者と投資先企業の双方を視野に入れ、「責任ある機関投資家」として当該スチュワードシップ責任を果たすに当たり有用と考えられる諸原則を定めるものである。本コードに沿って、機関投資家が適切にスチュワードシップ責任を果たすことは、経済全体の成長にもつながるものである。

経緯及び背景

1. 平成24年12月、我が国経済の再生に向けて、円高・デフレから脱却し強い経済を取り戻すため、政府一体となって、必要な経済対策を講じるとともに成長戦略を実現することを目的として、内閣に「日本経済再生本部」が設置された。また、平成25年1月、同本部の下に、我が国産業の競争力強化や国際展開に向けた成長戦略の具現化と推進について調査審議するため、「産業競争力会議」が設置された。同会議における議論を踏まえ、日本経済再生本部において、本部長である内閣総理大臣より、「内閣府特命担当大臣（金融）は、関係大臣と連携し、企業の持続的な成長を促す観点から、幅広い範囲の機関投資家が適切に受託者責任を果たすための原則のあり方について検討すること。」との指示がなされた[1]。

2. 以上の経緯を経て、平成25年6月、いわゆる「第三の矢」としての成長戦略を定める「日本再興戦略」において、「機関投資家が、対話を通じて企業の中長期

---

[1] 日本経済再生本部第6回会合（平成25年4月2日）

V 攻めのガバナンスとは何か？

的な成長を促すなど、受託者責任を果たすための原則（日本版スチュワードシップコード）」、すなわち「企業の持続的な成長を促す観点から、幅広い機関投資家が企業との建設的な対話を行い、適切に受託者責任を果たすための原則」について検討を進め、年内に取りまとめることが閣議決定された。

3. 前記の総理指示及び閣議決定を踏まえた検討の場として、平成25年8月、金融庁において「日本版スチュワードシップ・コードに関する有識者検討会」（以下、「本検討会」という。）が設置された。本検討会は、同年8月から計6回にわたり議論を重ね、今般、『『責任ある機関投資家』の諸原則《日本版スチュワードシップ・コード》』（以下、「本コード」という。）を策定した。なお、「本コード」の取りまとめに当たっては、和英両文によるパブリックコメントを実施し、和文については26の個人・団体から、英文については19の個人・団体から充実した意見が寄せられた。本検討会は、これらについても議論を行い、「本コード」の取りまとめに反映させていただいた。

本コードの目的

4. 冒頭に掲げたように、本コードにおいて、「スチュワードシップ責任」とは、機関投資家が、投資先の日本企業やその事業環境等に関する深い理解に基づく建設的な「目的を持った対話」（エンゲージメント）などを通じて、当該企業の企業価値の向上や持続的成長を促すことにより、顧客・受益者の中長期的な投資リターンの拡大を図る責任を意味する。本コードは、機関投資家が、顧客・受益者と投資先企業の双方を視野に入れ、「責任ある機関投資家」として当該「スチュワードシップ責任」を果たすに当たり有用と考えられる諸原則を定めるものである。

5. 一方で、企業の側においては、経営の基本方針や業務執行に関する意思決定を行う取締役会が、経営陣による執行を適切に監督しつつ、適切なガバナンス機能を発揮することにより、企業価値の向上を図る責務を有している。企業側のこうした責務と本コードに定める機関投資家の責務とは、いわば「車の両輪」であり、両者が適切に相まって質の高い企業統治が実現され、企業の持続的な成長と顧客・受益者の中長期的な投資リターンの確保が図られていくことが期待される。本コードは、こうした観点から、機関投資家と投資先企業との間で建設的な「目的を持った対話」（エンゲージメント）が行われることを促すものであり、機関投資家が投資先企業の経営の細部にまで介入することを意図するものではない[2]。

6. また、スチュワードシップ責任を果たすための機関投資家の活動（以下、「スチュワードシップ活動」という。）において、議決権の行使は重要な要素ではあるものの、

---

[2] また、本コードは、保有株式を売却することが顧客・受益者の利益に適うと考えられる場合に売却を行うことを否定するものではない。

当該活動は単に議決権の行使のみを意味するものと理解すべきではない。スチュワードシップ活動は、機関投資家が、投資先企業の持続的成長に向けてスチュワードシップ責任を適切に果たすため、当該企業の状況を適切に把握することや、これを踏まえて当該企業と建設的な「目的を持った対話」（エンゲージメント）を行うことなどを含む、幅広い活動を指すものである[3]。

7. 本コードにおいて、機関投資家は、資金の運用等を受託し自ら企業への投資を担う「資産運用者としての機関投資家」（投資運用会社など）である場合と、当該資金の出し手を含む「資産保有者としての機関投資家」（年金基金や保険会社など）である場合とに大別される。

   このうち、「資産運用者としての機関投資家」には、投資先企業との日々の建設的な対話等を通じて、当該企業の企業価値の向上に寄与することが期待される。また、「資産保有者としての機関投資家」には、スチュワードシップ責任を果たす上での基本的な方針を示した上で、自ら、あるいは委託先である「資産運用者としての機関投資家」の行動を通じて、投資先企業の企業価値の向上に寄与することが期待される。

   「資産運用者としての機関投資家」は、「資産保有者としての機関投資家」の期待するサービスを提供できるよう、その意向の適切な把握などに努めるべきであり、また、「資産保有者としての機関投資家」は、「資産運用者としての機関投資家」の評価に当たり、短期的な視点のみに偏ることなく、本コードの趣旨を踏まえた評価に努めるべきである。

   機関投資家による実効性のある適切なスチュワードシップ活動は、最終的には顧客・受益者の中長期的な投資リターンの拡大を目指すものである。したがって、スチュワードシップ活動の実施に伴う適正なコストは、投資に必要なコストであるという意識を、機関投資家と顧客・受益者の双方において共有すべきである。

8. 本コードの対象とする機関投資家は、基本的に、日本の上場株式に投資する機関投資家を念頭に置いている。また、本コードは、機関投資家から業務の委託を受ける議決権行使助言会社等に対してもあてはまるものである。

プリンシプルベース・アプローチ」及び「コンプライ・オア・エクスプレイン」

9. 本コードに定める各原則の適用の仕方は、各機関投資家が自らの置かれた状況に応じて工夫すべきものである。本コードの履行の態様は、例えば、機関投資家

---

[3] 機関投資家と投資先企業との対話の円滑化を図るため、大量保有報告制度や公開買付制度等に係る法的論点について可能な限り解釈の明確化が図られることが望ましい。（金融庁では別に示すような形（http://www.fsa.go.jp/singi/stewardship/legalissue.pdf）で「日本版スチュワードシップ・コードの策定を踏まえた法的論点に係る考え方の整理」を公表し、明確化を図っている。）

V 攻めのガバナンスとは何か？

の規模や運用方針（長期運用であるか短期運用であるか、アクティブ運用であるかパッシブ運用であるか等）などによって様々に異なり得る。

10．こうした点に鑑み、本コードは、機関投資家が取るべき行動について詳細に規定する「ルールベース・アプローチ」（細則主義）ではなく、機関投資家が各々の置かれた状況に応じて、自らのスチュワードシップ責任をその実質において適切に果たすことができるよう、いわゆる「プリンシプルベース・アプローチ」（原則主義）を採用している。

「プリンシプルベース・アプローチ」は、我が国では、いまだ馴染みの薄い面があると考えられるが、その意義は、一見、抽象的で大掴みな原則（プリンシプル）について、関係者がその趣旨・精神を確認し、互いに共有した上で、各自、自らの活動が、形式的な文言・記載ではなく、その趣旨・精神に照らして真に適切か否かを判断することにある。機関投資家が本コードを踏まえて行動するに当たっては、こうした「プリンシプルベース・アプローチ」の意義を十分に踏まえることが望まれる。

11．本コードは、法令とは異なり、法的拘束力を有する規範ではない。本検討会は、本コードの趣旨に賛同しこれを受け入れる用意がある機関投資家に対して、その旨を表明（公表）することを期待する。

12．その上で、本コードは、いわゆる「コンプライ・オア・エクスプレイン」（原則を実施するか、実施しない場合には、その理由を説明するか）の手法を採用している。すなわち、本コードの原則の中に、自らの個別事情に照らして実施することが適切でないと考える原則があれば、それを「実施しない理由」を十分に説明することにより、一部の原則を実施しないことも想定している。したがって、前記の受入れ表明（公表）を行った機関投資家であっても、全ての原則を一律に実施しなければならない訳ではないことには注意を要する。ただし、当然のことながら、機関投資家は、当該説明を行う際には、実施しない原則に係る自らの対応について、顧客・受益者の理解が十分に得られるよう工夫すべきである。

13．こうした「コンプライ・オア・エクスプレイン」の手法も、我が国では、いまだ馴染みの薄い面があると考えられる。機関投資家のみならず、顧客・受益者の側においても、当該手法の趣旨を理解し、本コードの受入れを表明（公表）した機関投資家の個別の状況を十分に尊重することが望まれる。本コードの各原則の文言・記載を表面的に捉え、その一部を実施していないことのみをもって、機械的にスチュワードシップ責任が果たされていないと評価することは適切ではない。

14．本検討会は、本コードの受入れ状況を可視化するため、本コードを受け入れる機関投資家に対して、

・「コードを受け入れる旨」（受入れ表明）及びスチュワードシップ責任を果たすための方針など「コードの各原則に基づく公表項目」（実施しない原則がある場

合には、その理由の説明を含む）を自らのウェブサイトで公表すること
・当該公表項目について、毎年、見直し・更新を行うこと
・当該公表を行ったウェブサイトのアドレス（URL）を金融庁に通知することを期待する。

　また、本検討会は、当該通知を受けた金融庁に対して、当該公表を行った機関投資家について、一覧性のある形で公表を行うことを期待する。

15. 本検討会は、機関投資家による本コードの実施状況（受入れ・公表を含む）や国際的な議論の動向等も踏まえ、本コードの内容の更なる改善が図られていくことを期待する。このため、本検討会は、金融庁に対して、おおむね3年毎を目途として、本コードの定期的な見直しを検討するなど、適切な対応をとることを期待する。こうした見直しが定期的に行われることにより、機関投資家やその顧客・受益者において、スチュワードシップ責任に対する認識が一層深まり、本コードが我が国において更に広く定着していく効果が期待できるものと考えられる。

本コードの原則

　投資先企業の持続的成長を促し、顧客・受益者の中長期的な投資リターンの拡大を図るために、

1. 機関投資家は、スチュワードシップ責任を果たすための明確な方針を策定し、これを公表すべきである。
2. 機関投資家は、スチュワードシップ責任を果たす上で管理すべき利益相反について、明確な方針を策定し、これを公表すべきである。
3. 機関投資家は、投資先企業の持続的成長に向けてスチュワードシップ責任を適切に果たすため、当該企業の状況を的確に把握すべきである。
4. 機関投資家は、投資先企業との建設的な「目的を持った対話」を通じて、投資先企業と認識の共有を図るとともに、問題の改善に努めるべきである。
5. 機関投資家は、議決権の行使と行使結果の公表について明確な方針を持つとともに、議決権行使の方針については、単に形式的な判断基準にとどまるのではなく、投資先企業の持続的成長に資するものとなるよう工夫すべきである。
6. 機関投資家は、議決権の行使も含め、スチュワードシップ責任をどのように果たしているのかについて、原則として、顧客・受益者に対して定期的に報告を行うべきである。
7. 機関投資家は、投資先企業の持続的成長に資するよう、投資先企業やその事業環境等に関する深い理解に基づき、当該企業との対話やスチュワードシップ活動に伴う判断を適切に行うための実力を備えるべきである。

V 攻めのガバナンスとは何か?

> **原則1** 機関投資家は、スチュワードシップ責任を果たすための明確な方針を策定し、これを公表すべきである。

指針

1-1. 機関投資家は、投資先企業やその事業環境等に関する深い理解に基づく建設的な「目的を持った対話」[4]（エンゲージメント）などを通じて、当該企業の企業価値の向上やその持続的成長を促すことにより、顧客・受益者の中長期的な投資リターンの拡大を図るべきである。

1-2. 機関投資家は、こうした認識の下、スチュワードシップ責任を果たすための方針、すなわち、スチュワードシップ責任をどのように考え、その考えに則って当該責任をどのように果たしていくのか、また、顧客・受益者から投資先企業へと向かう投資資金の流れ（インベストメント・チェーン）の中での自らの置かれた位置を踏まえ、どのような役割を果たすのかについての明確な方針を策定し、これを公表すべきである[5]。

> **原則2** 機関投資家は、スチュワードシップ責任を果たす上で管理すべき利益相反について、明確な方針を策定し、これを公表すべきである。

指針

2-1. 機関投資家は顧客・受益者の利益を第一として行動すべきである。一方で、スチュワードシップ活動を行うに当たっては、自らが所属する企業グループと顧客・受益者の双方に影響を及ぼす事項について議決権を行使する場合など、利益相反の発生が避けられない場合がある。機関投資家は、こうした利益相反を適切に管理することが重要である。

2-2. 機関投資家は、こうした認識の下、あらかじめ想定し得る利益相反の主な類型について、これをどのように管理するのかについての明確な方針を策定し、これを公表すべきである。

> **原則3** 機関投資家は、投資先企業の持続的成長に向けてスチュワードシップ責任を適切に果たすため、当該企業の状況を的確に把握すべきである。

---

[4] 「目的を持った対話」とは、「中長期的視点から投資先企業の企業価値及び資本効率を高め、その持続的成長を促すことを目的とした対話」を指す（原則4の指針4-1参照）。

[5] 当該方針の内容は、各機関投資家の業務の違いにより、例えば、主として資産運用者としての業務を行っている機関投資家と、主として資産保有者としての業務を行っている機関投資家とでは、自ずと異なり得る。

指針

3-1．機関投資家は、中長期的視点から投資先企業の企業価値及び資本効率を高め、その持続的成長に向けてスチュワードシップ責任を適切に果たすため、当該企業の状況を的確に把握することが重要である。

3-2．機関投資家は、こうした投資先企業の状況の把握を継続的に行うべきであり、また、実効的な把握ができているかについて適切に確認すべきである。

3-3．把握する内容としては、例えば、投資先企業のガバナンス、企業戦略、業績、資本構造、リスク（社会・環境問題に関連するリスクを含む）への対応など、非財務面の事項を含む様々な事項が想定されるが、特にどのような事項に着目するかについては、機関投資家ごとに運用方針には違いがあり、また、投資先企業ごとに把握すべき事項の重要性も異なることから、機関投資家は、自らのスチュワードシップ責任に照らし、自ら判断を行うべきである。その際、投資先企業の企業価値を毀損するおそれのある事項については、これを早期に把握することができるよう努めるべきである。

原則4　機関投資家は、投資先企業との建設的な「目的を持った対話」を通じて、投資先企業と認識の共有を図るとともに、問題の改善に努めるべきである。

指針

4-1．機関投資家は、中長期的視点から投資先企業の企業価値及び資本効率を高め、その持続的成長を促すことを目的とした対話[6]を、投資先企業との間で建設的に行うことを通じて、当該企業と認識の共有[7]を図るよう努めるべきである。
　なお、投資先企業の状況や当該企業との対話の内容等を踏まえ、当該企業の企業価値が毀損されるおそれがあると考えられる場合には、より十分な説明を求めるなど、投資先企業と更なる認識の共有を図るとともに、問題の改善に努めるべきである[8]。

4-2．以上を踏まえ、機関投資家は、実際に起こり得る様々な局面に応じ、投資先企業との間でどのように対話を行うのかなどについて、あらかじめ明確な方針を持つべきである[9]。

---

[6]　その際、対話を行うこと自体が目的であるかのような「形式主義」に陥ることのないよう留意すべきである。
[7]　認識の共有には、機関投資家と投資先企業との間で意見が一致しない場合において、不一致の理由やお互いの意見の背景について理解を深めていくことも含まれる。
[8]　当該企業との対話の内容等を踏まえ、更に深い対話を行う先を選別することも考えられる。
[9]　当該方針の内容は、例えば、主として資産運用者としての業務を行っている機関投資家と、主として資産保有者としての業務を行っている機関投資家とでは、自ずと異なり得る。

V 攻めのガバナンスとは何か？

4-3. 一般に、機関投資家は、未公表の重要事実を受領することなく、公表された情報をもとに、投資先企業との建設的な「目的を持った対話」を行うことが可能である。また、「OECDコーポレート・ガバナンス原則」や、これを踏まえて策定された東京証券取引所の「上場会社コーポレート・ガバナンス原則」は、企業の未公表の重要事実の取扱いについて、株主間の平等を図ることを基本としている。投資先企業と対話を行う機関投資家は、企業がこうした基本原則の下に置かれていることを踏まえ、当該対話において未公表の重要事実を受領することについては、基本的には慎重に考えるべきである[10]。

> 原則5　機関投資家は、議決権の行使と行使結果の公表について明確な方針を持つとともに、議決権行使の方針については、単に形式的な判断基準にとどまるのではなく、投資先企業の持続的成長に資するものとなるよう工夫すべきである。

指針

5-1. 機関投資家は、すべての保有株式について議決権を行使するよう努めるべきであり、議決権の行使に当たっては、投資先企業の状況や当該企業との対話の内容等を踏まえた上で、議案に対する賛否を判断すべきである。

5-2. 機関投資家は、議決権の行使についての明確な方針を策定し、これを公表すべきである[11]。当該方針は、できる限り明確なものとすべきであるが、単に形式的な判断基準にとどまるのではなく、投資先企業の持続的成長に資するものとなるよう工夫すべきである。

5-3. 機関投資家は、議決権の行使結果を、議案の主な種類ごとに整理・集計して公表すべきである。こうした公表は、機関投資家がスチュワードシップ責任を果たすための方針に沿って適切に議決権を行使しているか否かについての可視性を高める上で重要である。

　　ただし、スチュワードシップ責任を果たすに当たり、どのような活動に重点を置くかは、自らのスチュワードシップ責任を果たすための方針、運用方針、顧客・受益者の特性等により様々に異なり得るものであるため、こうした点に照らし、前記の集計公表に代わる他の方法により議決権の行使結果を公表する

10　その上で、投資先企業との特別な関係等に基づき未公表の重要事実を受領する場合には、当該企業の株式の売買を停止するなど、インサイダー取引規制に抵触することを防止するための措置を講じた上で、当該企業との対話に臨むべきである。

11　なお、投資先企業の議決権に係る権利確定日をまたぐ貸株取引を行うことを想定している場合には、当該方針においてこうした貸株取引についての方針を記載すべきである。

方が、自らのスチュワードシップ活動全体についてより的確な理解を得られると考えられる場合には、その理由を説明しつつ、当該他の方法により議決権行使結果の公表を行うことも考えられる。

5-4. 機関投資家は、議決権行使助言会社のサービスを利用する場合であっても、議決権行使助言会社の助言に機械的に依拠するのではなく、投資先企業の状況や当該企業との対話の内容等を踏まえ、自らの責任と判断の下で議決権を行使すべきである。仮に、議決権行使助言会社のサービスを利用している場合には、議決権行使結果の公表に合わせ、その旨及び当該サービスをどのように活用したのかについても公表すべきである。

> 原則6 機関投資家は、議決権の行使も含め、スチュワードシップ責任をどのように果たしているのかについて、原則として、顧客・受益者に対して定期的に報告を行うべきである。

指針

6-1.「資産運用者としての機関投資家」は、直接の顧客に対して、スチュワードシップ活動を通じてスチュワードシップ責任をどのように果たしているかについて、原則として、定期的に報告を行うべきである[12]。

6-2.「資産保有者としての機関投資家」は、受益者に対して、スチュワードシップ責任を果たすための方針と、当該方針の実施状況について、原則として、少なくとも年に1度、報告を行うべきである[12]。

6-3. 機関投資家は、顧客・受益者への報告の具体的な様式や内容については、顧客・受益者との合意や、顧客・受益者の利便性・コストなども考慮して決めるべきであり、効果的かつ効率的な報告を行うよう工夫すべきである[13]。

6-4. なお、機関投資家は、議決権の行使活動を含むスチュワードシップ活動について、スチュワードシップ責任を果たすために必要な範囲において記録に残すべきである。

> 原則7 機関投資家は、投資先企業の持続的成長に資するよう、投資先企業やその事業環境等に関する深い理解に基づき、当該企業との対話やスチュワードシップ活動に伴う判断を適切に行うための実力を備えるべきである。

---

[12] ただし、当該報告の相手方自身が個別報告は不要との意思を示しているような場合には、この限りではない。また、顧客・受益者に対する個別報告が事実上困難な場合などには、当該報告に代えて、一般に公開可能な情報を公表することも考えられる。

[13] なお、当該報告において、資産運用上の秘密等を明かすことを求めるものではない。

V　攻めのガバナンスとは何か？

指針

7-1．機関投資家は、投資先企業との対話を建設的なものとし、かつ、当該企業の持続的成長に資する有益なものとしていく観点から、投資先企業やその事業環境等に関する深い理解に基づき、当該企業との対話やスチュワードシップ活動に伴う判断を適切に行うための実力を備えていることが重要である。

7-2．このため、機関投資家は、こうした対話や判断を適切に行うために必要な体制の整備を行うべきである。

7-3．こうした対話や判断を適切に行うための一助として、必要に応じ、機関投資家が、他の投資家との意見交換を行うことやそのための場を設けることも有益であると考えられる。また、機関投資家は、過去に行った投資先企業との対話やスチュワードシップ活動に伴う判断の幾つかについて、これらが適切であったか否かを適宜の時期に省みることにより、スチュワードシップ責任を果たすための方針や議決権行使の方針の改善につなげるなど、将来のスチュワードシップ活動がより適切なものとなるよう努めるべきである。

資料3

コーポレートガバナンス・コード
〜会社の持続的な成長と中長期的な企業価値の向上のために〜

2015年6月1日
株式会社東京証券取引所

コーポレートガバナンス・コードについて

本コードにおいて、「コーポレートガバナンス」とは、会社が、株主をはじめ顧客・従業員・地域社会等の立場を踏まえた上で、透明・公正かつ迅速・果断な意思決定を行うための仕組みを意味する。

本コードは、実効的なコーポレートガバナンスの実現に資する主要な原則を取りまとめたものであり、これらが適切に実践されることは、それぞれの会社において持続的な成長と中長期的な企業価値の向上のための自律的な対応が図られることを通じて、会社、投資家、ひいては経済全体の発展にも寄与することとなるものと考えられる。

基本原則

【株主の権利・平等性の確保】

1. 上場会社は、株主の権利が実質的に確保されるよう適切な対応を行うとともに、株主がその権利を適切に行使することができる環境の整備を行うべきである。

   また、上場会社は、株主の実質的な平等性を確保すべきである。少数株主や外国人株主については、株主の権利の実質的な確保、権利行使に係る環境や実質的な平等性の確保に課題や懸念が生じやすい面があることから、十分に配慮を行うべきである。

【株主以外のステークホルダーとの適切な協働】

2. 上場会社は、会社の持続的な成長と中長期的な企業価値の創出は、従業員、顧客、取引先、債権者、地域社会をはじめとする様々なステークホルダーによるリソースの提供や貢献の結果であることを十分に認識し、これらのステークホルダーとの適切な協働に努めるべきである。取締役会・経営陣は、これらのステークホルダーの権利・立場や健全な事業活動倫理を尊重する企業文化・風土の醸成に向けてリーダーシップを発揮すべきである。

Ⅴ 攻めのガバナンスとは何か？

【適切な情報開示と透明性の確保】
3. 上場会社は、会社の財政状態・経営成績等の財務情報や、経営戦略・経営課題、リスクやガバナンスに係る情報等の非財務情報について、法令に基づく開示を適切に行うとともに、法令に基づく開示以外の情報提供にも主体的に取り組むべきである。

　その際、取締役会は、開示・提供される情報が株主との間で建設的な対話を行う上での基盤となることも踏まえ、そうした情報（とりわけ非財務情報）が、正確で利用者にとって分かりやすく、情報として有用性の高いものとなるようにすべきである。

【取締役会等の責務】
4. 上場会社の取締役会は、株主に対する受託者責任・説明責任を踏まえ、会社の持続的成長と中長期的な企業価値の向上を促し、収益力・資本効率等の改善を図るべく、
　　(1) 企業戦略等の大きな方向性を示すこと
　　(2) 経営陣幹部による適切なリスクテイクを支える環境整備を行うこと
　　(3) 独立した客観的な立場から、経営陣（執行役及びいわゆる執行役員を含む）・取締役に対する実効性の高い監督を行うこと
をはじめとする役割・責務を適切に果たすべきである。

　こうした役割・責務は、監査役会設置会社（その役割・責務の一部は監査役及び監査役会が担うこととなる）、指名委員会等設置会社、監査等委員会設置会社など、いずれの機関設計を採用する場合にも、等しく適切に果たされるべきである。

【株主との対話】
5. 上場会社は、その持続的な成長と中長期的な企業価値の向上に資するため、株主総会の場以外においても、株主との間で建設的な対話を行うべきである。経営陣幹部・取締役（社外取締役を含む）は、こうした対話を通じて株主の声に耳を傾け、その関心・懸念に正当な関心を払うとともに、自らの経営方針を株主に分かりやすい形で明確に説明しその理解を得る努力を行い、株主を含むステークホルダーの立場に関するバランスのとれた理解と、そうした理解を踏まえた適切な対応に努めるべきである。

第1章　株主の権利・平等性の確保

> 【基本原則1】
> 　上場会社は、株主の権利が実質的に確保されるよう適切な対応を行うとともに、株主がその権利を適切に行使することができる環境の整備を行うべきである。
> 　また、上場会社は、株主の実質的平等性を確保すべきである。
> 　少数株主や外国人株主については、株主の権利の実質的な確保、権利行使に係る環境や実質的な平等性の確保に課題や懸念が生じやすい面があることから、十分に配慮を行うべきである。

考え方

　上場会社には、株主を含む多様なステークホルダーが存在しており、こうしたステークホルダーとの適切な協働を欠いては、その持続的な成長を実現することは困難である。その際、資本提供者は重要な要であり、株主はコーポレートガバナンスの規律における主要な起点である。上場会社には、株主が有する様々な権利が実質的に確保されるよう、その円滑な講師に配慮することにより、株主との適切な協働を確保し、持続的な成長に向けた取組みに邁進することが求められる。

　また、上場会社は、自らの株主を、その有する株式の内容及び数に応じて平等に取り扱う会社法上の義務を負っているところ、この点を実質的にも確保していることについて広く株主から信認を得ることは、資本提供者からの支持の基盤を強化することにも資するものである。

> 【原則1-1．株主の権利の確保】
> 　上場会社は、株主総会における議決権をはじめとする株主の権利が実質的に確保されるよう、適切な対応を行うべきである。

補充原則

1-1①　取締役会は、株主総会において可決には至ったものの相当数の反対票が投じられた会社提案議案があったと認めるときは、反対の理由や反対票が多くなった原因の分析を行い、株主との対話その他の対応の要否について検討を行うべきである。

1-1②　上場会社は、総会決議事項の一部を取締役会に委任するよう株主総会に提案するに当たっては、自らの取締役会においてコーポレートガバナンスに関する役割・責務を十分に果たし得るような体制が整っているか否かを考慮すべきである。他方で、上場会社において、そうした体制がしっかりと整って

V 攻めのガバナンスとは何か？

いると判断する場合には、上記の提案を行うことが、経営判断の機動性・専門性の確保の観点から望ましい場合があることを考慮に入れるべきである。

1-1③ 上場会社は、株主の権利の重要性を踏まえ、その権利行使を事実上妨げることのないよう配慮すべきである。とりわけ、少数株主にも認められている上場会社及びその役員に対する特別な権利（違法行為の差止めや代表訴訟提起に係る権利等）については、その権利行使の確保に課題や懸念が生じやすい面があることから、十分に配慮を行うべきである。

【原則1-2．株主総会における権利行使】
　上場会社は、株主総会が株主との建設的な対話の場であることを認識し、株主の視点に立って、株主総会における権利行使に係る適切な環境整備を行うべきである。

補充原則

1-2① 上場会社は、株主総会において株主が適切な判断を行うことに資すると考えられる情報については、必要に応じ適確に提供すべきである。

1-2② 上場会社は、株主が総会議案の十分な検討期間を確保することができるよう、招集通知に記載する情報の正確性を担保しつつその早期発送に努めるべきであり、また、招集通知に記載する情報は、株主総会の招集に係る取締役会決議から招集通知を発送するまでの間に、TDnetや自社のウェブサイトにより電子的に公表すべきである。

1-2③ 上場会社は、株主との建設的な対話の充実や、そのための正確な情報提供等の観点を考慮し、株主総会開催日をはじめとする株主総会関連の日程の適切な設定を行うべきである。

1-2④ 上場会社は、自社の株主における機関投資家や海外投資家の比率等も踏まえ、議決権の電子行使を可能とするための環境作り（議決権電子行使プラットフォームの利用等）や招集通知の英訳を進めるべきである。

1-2⑤ 信託銀行等の名義で株式を保有する機関投資家等が、株主総会において、信託銀行等に代わって自ら議決権の行使等を行うことをあらかじめ希望する場合に対応するため、上場会社は、信託銀行等と協議しつつ検討を行うべきである。

【原則1-3．資本政策の基本的な方針】
　上場会社は、資本政策の動向が株主の利益に重要な影響を与え得ることを踏まえ、資本政策の基本的な方針について説明を行うべきである。

【原則1-4. いわゆる政策保有株式】
　上場会社がいわゆる政策保有株式として上場株式を保有する場合には、政策保有に関する方針を開示すべきである。また、毎年、取締役会で主要な政策保有についてそのリターンとリスクなどを踏まえた中長期的な経済合理性や将来の見通しを検証し、これを反映した保有のねらい・合理性について具体的な説明を行うべきである。
　上場会社は、政策保有株式に係る議決権の行使について、適切な対応を確保するための基準を策定・開示すべきである。

【原則1-5. いわゆる買収防衛策】
　買収防衛の効果をもたらすことを企図してとられる方策は、経営陣・取締役会の保身を目的とするものであってはならない。その導入・運用については、取締役会・監査役は、株主に対する受託者責任を全うする観点から、その必要性・合理性をしっかりと検討し、適正な手続を確保するとともに、株主に十分な説明を行うべきである。

補充原則

1-5①　上場会社は、自社の株式が公開買付けに付された場合には、取締役会としての考え方（対抗提案があればその内容を含む）を明確に説明すべきであり、また、株主が公開買付けに応じて株式を手放す権利を不当に妨げる措置を講じるべきではない。

【原則1-6. 株主の利益を害する可能性のある資本政策】
　支配権の変動や大規模な希釈化をもたらす資本政策（増資、MBO等を含む）については、既存株主を不当に害することのないよう、取締役会・監査役は、株主に対する受託者責任を全うする観点から、その必要性・合理性をしっかりと検討し、適正な手続を確保するとともに、株主に十分な説明を行うべきである。

【原則1-7. 関連当事者間の取引】
　上場会社がその役員や主要株主等との取引（関連当事者間の取引）を行う場合には、そうした取引が会社や株主共同の利益を害することのないよう、また、そうした懸念を惹起することのないよう、取締役会は、あらかじめ、取引の重要性やその性質に応じた適切な手続を定めてその枠組みを開示するとともに、その手続を踏まえた監視（取引の承認を含む）を行うべきである。

V 攻めのガバナンスとは何か？

第2章　株主以外のステークホルダーとの適切な協働

> 【基本原則2】
> 　上場会社は、会社の持続的な成長と中長期的な企業価値の創出は、従業員、顧客、取引先、債権者、地域社会をはじめとする様々なステークホルダーによるリソースの提供や貢献の結果であることを十分に認識し、これらのステークホルダーとの適切な協働に努めるべきである。
> 　取締役会・経営陣は、これらのステークホルダーの権利・立場や健全な事業活動倫理を尊重する企業文化・風土の醸成に向けてリーダーシップを発揮すべきである。

考え方

　上場会社には、株主以外にも重要なステークホルダーが数多く存在する。これらのステークホルダーには、従業員をはじめとする社内の関係者や、顧客・取引先・債権者等の社外の関係者、更には、地域社会のように会社の存続・活動の基盤をなす主体が含まれる。上場会社は、自らの持続的な成長と中長期的な企業価値の創出を達成するためには、これらのステークホルダーとの適切な協働が不可欠であることを十分に認識すべきである。また、近時のグローバルな社会・環境問題等に対する関心の高まりを踏まえれば、いわゆるESG（環境、社会、統治）問題への積極的・能動的な対応をこれらに含めることも考えられる。

　上場会社が、こうした認識を踏まえて適切な対応を行うことは、社会・経済全体に利益を及ぼすとともに、その結果として、会社自身にも更に利益がもたらされる、という好循環の実現に資するものである。

> 【原則2-1．中長期的な企業価値向上の基礎となる経営理念の策定】
> 　上場会社は、自らが担う社会的な責任についての考え方を踏まえ、様々なステークホルダーへの価値創造に配慮した経営を行いつつ中長期的な企業価値向上を図るべきであり、こうした活動の基礎となる経営理念を策定すべきである。

> 【原則2-2．会社の行動準則の策定・実践】
> 　上場会社は、ステークホルダーとの適切な協働やその利益の尊重、健全な事業活動倫理などについて、会社としての価値観を示しその構成員が従うべき行動準則を定め、実践すべきである。取締役会は、行動準則の策定・改訂の責務を担い、これが国内外の事業活動の第一線にまで広く浸透し、遵守されるようにすべきである。

補充原則

2-2① 取締役会は、行動準則が広く実践されているか否かについて、適宜または定期的にレビューを行うべきである。その際には、実質的に行動準則の趣旨・精神を尊重する企業文化・風土が存在するか否かに重点を置くべきであり、形式的な遵守確認に終始すべきではない。

【原則2-3. 社会・環境問題をはじめとするサステナビリティーを巡る課題】

上場会社は、社会・環境問題をはじめとするサステナビリティー(持続可能性)を巡る課題について、適切な対応を行うべきである。

補充原則

2-3① 取締役会は、サステナビリティー(持続可能性)を巡る課題への対応は重要なリスク管理の一部であると認識し、適確に対処するとともに、近時、こうした課題に対する要請・関心が大きく高まりつつあることを勘案し、これらの課題に積極的・能動的に取り組むよう検討すべきである。

【原則2-4. 女性の活躍促進を含む社内の多様性の確保】

上場会社は、社内に異なる経験・技能・属性を反映した多様な視点や価値観が存在することは、会社の持続的な成長を確保する上での強みとなり得る、との認識に立ち、社内における女性の活躍促進を含む多様性の確保を推進すべきである。

【原則2-5. 内部通報】

上場会社は、その従業員等が、不利益を被る危険を懸念することなく、違法または不適切な行為・情報開示に関する情報や真摯な疑念を伝えることができるよう、また、伝えられた情報や疑念が客観的に検証され適切に活用されるよう、内部通報に係る適切な体制整備を行うべきである。取締役会は、こうした体制整備を実現する責務を負うとともに、その運用状況を監督すべきである。

補充原則

2-5① 上場会社は、内部通報に係る体制整備の一環として、経営陣から独立した窓口の設置(例えば、社外取締役と監査役による合議体を窓口とする等)を行うべきであり、また、情報提供者の秘匿と不利益取扱の禁止に関する規律を整備すべきである。

Ⅴ 攻めのガバナンスとは何か？

第3章　適切な情報開示と透明性の確保

【基本原則3】
　上場会社は、会社の財政状態・経営成績等の財務情報や、経営戦略・経営標題、リスクやガバナンスに係る情報等の非財務情報について、法令に基づく開示を適切に行うとともに、法令に基づく開示以外の情報提供にも主体的に取り組むべきである。その際、取締役会は、開示・提供される情報が株主との間で建設的な対話を行う上での基盤となることも踏まえ、そうした情報（とりわけ非財務情報）が、正確で利用者にとって分かりやすく、情報として有用性の高いものとなるようにすべきである。

考え方

　上場会社には、様々な情報を開示することが求められている。これらの情報が法令に基づき適時適切に開示されることは、投資家保護や資本市場の信頼性確保の観点から不可欠の要請であり、取締役会・監査役・監査役会・外部会計監査人は、この点に関し財務情報に係る内部統制体制の適切な整備をはじめとする重要な責務を負っている。

　また、上場会社は、法令に基づく開示以外の情報提供にも主体的に取り組むべきである。

　更に、我が国の上場会社による情報開示は、計表等については、様式・作成要領などが詳細に定められており比較可能性に優れている一方で、定性的な説明等のいわゆる非財務情報を巡っては、ひな型的な記述や具体性を欠く記述となっており付加価値に乏しい場合が少なくない、との指摘もある。取締役会は、こうした情報を含め、開示・提供される情報が可能な限り利用者にとって有益な記載となるよう積極的に関与を行う必要がある。

　法令に基づく開示であれそれ以外の場合であれ、適切な情報の開示・提供は、上場会社の外側にいて情報の非対称性の下におかれている株主等のステークホルダーと認識を共有し、その理解を得るための有力な手段となり得るものであり、「『責任ある機関投資家』の諸原則《日本版スチュワードシップ・コード》」を踏まえた建設的な対話にも資するものである。

【原則3-1．情報開示の充実】
　上場会社は、法令に基づく開示を適切に行うことに加え、会社の意思決定の透明性・公正性を確保し、実効的なコーポレートガバナンスを実現するとの観点から、（本コードの各原則において開示を求めている事項のほか、）以下の事項に

ついて開示し、主体的な情報発信を行うべきである。
(ⅰ) 会社の目指すところ（経営理念等）や経営戦略、経営計画
(ⅱ) 本コードのそれぞれの原則を踏まえた、コーポレートガバナンスに関する基本的な考え方と基本方針
(ⅲ) 取締役会が経営陣幹部・取締役の報酬を決定するに当たっての方針と手続
(ⅳ) 取締役会が経営陣幹部の選任と取締役・監査役候補の指名を行うに当たっての方針と手続
(ⅴ) 取締役会が上記(ⅳ)を踏まえて経営陣幹部の選任と取締役・監査役候補の指名を行う際の、個々の選任・指名についての説明

補充原則

3-1① 上記の情報の開示に当たっても、取締役会は、ひな型的な記述や具体性を欠く記述を避け、利用者にとって付加価値の高い記載となるようにすべきである。

3-1② 上場会社は、自社の株主における海外投資家等の比率も踏まえ、合理的な範囲において、英語での情報の開示・提供を進めるべきである。

【原則3-2. 外部会計監査人】
外部会計監査人及び上場会社は、外部会計監査人が株主・投資家に対して責務を負っていることを認識し、適正な監査の確保に向けて適切な対応を行うべきである。

補充原則

3-2① 監査役会は、少なくとも下記の対応を行うべきである。
(ⅰ) 外部会計監査人候補を適切に選定し外部会計監査人を適切に評価するための基準の策定
(ⅱ) 外部会計監査人に求められる独立性と専門性を有しているか否かについての確認

3-2② 取締役会及び監査役会は、少なくとも下記の対応を行うべきである。
(ⅰ) 高品質な監査を可能とする十分な監査時間の確保
(ⅱ) 外部会計監査人からCEO・CFO等の経営陣幹部へのアクセス（面談等）の確保
(ⅲ) 外部会計監査人と監査役（監査役会への出席を含む）、内部監査部門や社外取締役との十分な連携の確保
(ⅳ) 外部会計監査人が不正を発見し適切な対応を求めた場合や、不備・問

Ⅴ　攻めのガバナンスとは何か？

　　　題点を指摘した場合の会社側の対応体制の確立

第4章　取締役会等の責務

> 【基本原則4】
> 　上場会社の取締役会は、株主に対する受託者責任・説明責任を踏まえ、会社の持続的成長と中長期的な企業価値の向上を促し、収益力・資本効率等の改善を図るべく、
> 　(1)　企業戦略等の大きな方向性を示すこと
> 　(2)　経営陣幹部による適切なリスクテイクを支える環境整備を行うこと
> 　(3)　独立した客観的な立場から、経営陣（執行役及びいわゆる執行役員を含む）・取締役に対する実効性の高い監督を行うこと
> をはじめとする役割・責務を適切に果たすべきである。
> 　こうした役割・責務は、監査役会設置会社（その役割・責務の一部は監査役及び監査役会が担うこととなる）、指名委員会等設置会社、監査等委員会設置会社など、いずれの機関設計を採用する場合にも、等しく適切に果たされるべきである。

考え方

　上場会社は、通常、会社法（平成26年改正後）が規定する機関設計のうち主要な3種類（監査役会設置会社、指名委員会等設置会社、監査等委員会設置会社）のいずれかを選択することとされている。前者（監査役会設置会社）は、取締役会と監査役・監査役会に統治機能を担わせる我が国独自の制度である。その制度では、監査役は、取締役・経営陣等の職務執行の監査を行うこととされており、法律に基づく調査権限が付与されている。また、独立性と高度な情報収集能力の双方を確保すべく、監査役（株主総会で選任）の半数以上は社外監査役とし、かつ常勤の監査役を置くこととされている。後者の2つは、取締役会に委員会を設置して一定の役割を担わせることにより監督機能の強化を目指すものであるという点において、諸外国にも類例が見られる制度である。上記の3種類の機関設計のいずれを採用する場合でも、重要なことは、創意工夫を施すことによりそれぞれの機関の機能を実質的かつ十分に発揮させることである。

　また、本コードを策定する大きな目的の一つは、上場会社による透明・公正かつ迅速・果断な意思決定を促すことにあるが、上場会社の意思決定のうちには、外部環境の変化その他の事情により、結果として会社に損害を生じさせることとなるものが無いとは言い切れない。その場合、経営陣・取締役が損害賠償責任を負うか否

かの判断に際しては、一般的に、その意思決定の時点における意思決定過程の合理性が重要な考慮要素の一つとなるものと考えられるが、本コードには、ここでいう意思決定過程の合理性を担保することに寄与すると考えられる内容が含まれており、本コードは、上場会社の透明・公正かつ迅速・果断な意思決定を促す効果を持つこととなるものと期待している。

【原則4-1．取締役会の役割・責務(1)】
　取締役会は、会社の目指すところ（経営理念等）を確立し、戦略的な方向付けを行うことを主要な役割・責務の一つと捉え、具体的な経営戦略や経営計画等について建設的な議論を行うべきであり、重要な業務執行の決定を行う場合には、上記の戦略的な方向付けを踏まえるべきである。

補充原則

4-1① 取締役会は、取締役会自身として何を判断・決定し、何を経営陣に委ねるのかに関連して、経営陣に対する委任の範囲を明確に定め、その概要を開示すべきである。

4-1② 取締役会・経営陣幹部は、中期経営計画も株主に対するコミットメントの一つであるとの認識に立ち、その実現に向けて最善の努力を行うべきである。仮に、中期経営計画が目標未達に終わった場合には、その原因や自社が行った対応の内容を十分に分析し、株主に説明を行うとともに、その分析を次期以降の計画に反映させるべきである。

4-1③ 取締役会は、会社の目指すところ（経営理念等）や具体的な経営戦略を踏まえ、最高経営責任者等の後継者の計画（プランニング）について適切に監督を行うべきである。

【原則4-2．取締役会の役割・責務(2)】
　取締役会は、経営陣幹部による適切なリスクテイクを支える環境整備を行うことを主要な役割・責務の一つと捉え、経営陣からの健全な企業家精神に基づく提案を歓迎しつつ、説明責任の確保に向けて、そうした提案について独立した客観的な立場において多角的かつ十分な検討を行うとともに、承認した提案が実行される際には、経営陣幹部の迅速・果断な意思決定を支援すべきである。
　また、経営陣の報酬については、中長期的な会社の業績や潜在的リスクを反映させ、健全な企業家精神の発揮に資するようなインセンティブ付けを行うべきである。

V 攻めのガバナンスとは何か?

補充原則
4-2①　経営陣の報酬は、持続的な成長に向けた健全なインセンティブの一つとして機能するよう、中長期的な業績と連動する報酬の割合や、現金報酬と自社株報酬との割合を適切に設定すべきである。

【原則4-3. 取締役会の役割・責務(3)】
　取締役会は、独立した客観的な立場から、経営陣・取締役に対する実効性の高い監督を行うことを主要な役割・責務の一つと捉え、適切に会社の業績等の評価を行い、その評価を経営陣幹部の人事に適切に反映すべきである。
　また、取締役会は、適時かつ正確な情報開示が行われるよう監督を行うとともに、内部統制やリスク管理体制を適切に整備すべきである。
　更に、取締役会は、経営陣・支配株主等の関連当事者と会社との間に生じ得る利益相反を適切に管理すべきである。

補充原則
4-3①　取締役会は、経営陣幹部の選任や解任について、会社の業績等の評価を踏まえ、公正かつ透明性の高い手続に従い、適切に実行すべきである。
4-3②　コンプライアンスや財務報告に係る内部統制や先を見越したリスク管理体制の整備は、適切なリスクテイクの裏付けとなり得るものであるが、取締役会は、これらの体制の適切な構築や、その運用が有効に行われているか否かの監督に重点を置くべきであり、個別の業務執行に係るコンプライアンスの審査に終始すべきではない。

【原則4-4. 監査役及び監査役会の役割・責務】
　監査役及び監査役会は、取締役の職務の執行の監査、外部会計監査人の選解任や監査報酬に係る権限の行使などの役割・責務を果たすに当たって、株主に対する受託者責任を踏まえ、独立した客観的な立場において適切な判断を行うべきである。
　また、監査役及び監査役会に期待される重要な役割・責務には、業務監査・会計監査をはじめとするいわば「守りの機能」があるが、こうした機能を含め、その役割・責務を十分に果たすためには、自らの守備範囲を過度に狭く捉えることは適切でなく、能動的・積極的に権限を行使し、取締役会においてあるいは経営陣に対して適切に意見を述べるべきである。

補充原則

4-4① 監査役会は、会社法により、その半数以上を社外監査役とすること及び常勤の監査役を置くことの双方が求められていることを踏まえ、その役割・責務を十分に果たすとの観点から、前者に由来する強固な独立性と、後者が保有する高度な情報収集力とを有機的に組み合わせて実効性を高めるべきである。また、監査役または監査役会は、社外取締役が、その独立性に影響を受けることなく情報収集力の強化を図ることができるよう、社外取締役との連携を確保すべきである。

【原則4-5．取締役・監査役等の受託者責任】

上場会社の取締役・監査役及び経営陣は、それぞれの株主に対する受託者責任を認識し、ステークホルダーとの適切な協働を確保しつつ、会社や株主共同の利益のために行動すべきである。

【原則4-6．経営の監督と執行】

上場会社は、取締役会による独立かつ客観的な経営の監督の実効性を確保すべく、業務の執行には携わらない、業務の執行と一定の距離を置く取締役の活用について検討すべきである。

【原則4-7．独立社外取締役の役割・責務】

上場会社は、独立社外取締役には、特に以下の役割・責務を果たすことが期待されることに留意しつつ、その有効な活用を図るべきである。

(ⅰ) 経営の方針や経営改善について、自らの知見に基づき、会社の持続的な成長を促し中長期的な企業価値の向上を図る、との観点からの助言を行うこと

(ⅱ) 経営陣幹部の選解任その他の取締役会の重要な意思決定を通じ、経営の監督を行うこと

(ⅲ) 会社と経営陣・支配株主等との間の利益相反を監督すること

(ⅳ) 経営陣・支配株主から独立した立場で、少数株主をはじめとするステークホルダーの意見を取締役会に適切に反映させること

【原則4-8．独立社外取締役の有効な活用】

独立社外取締役は会社の持続的な成長と中長期的な企業価値の向上に寄与するように役割・責務を果たすべきであり、上場会社はそのような資質を十分に備えた独立社外取締役を少なくとも2名以上選任すべきである。

V 攻めのガバナンスとは何か?

　また、業種・規模・事業特性・機関設計・会社をとりまく環境等を総合的に勘案して、自主的な判断により、少なくとも3分の1以上の独立社外取締役を選任することが必要と考える上場会社は、上記にかかわらず、そのための取組み方針を開示すべきである。

補充原則

4-8①　独立社外取締役は、取締役会における議論に積極的に貢献するとの観点から、例えば、独立社外者のみを構成員とする会合を定期的に開催するなど、独立した客観的な立場に基づく情報交換・認識共有を図るべきである。

4-8②　独立社外取締役は、例えば、互選により「筆頭独立社外取締役」を決定することなどにより、経営陣との連絡・調整や監査役または監査役会との連携に係る体制整備を図るべきである。

【原則4-9．独立社外取締役の独立性判断基準及び資質】
　取締役会は、金融商品取引所が定める独立性基準を踏まえ、独立社外取締役となる者の独立性をその実質面において担保することに主眼を置いた独立性判断基準を策定・開示すべきである。また、取締役会は、取締役会における率直・活発で建設的な検討への貢献が期待できる人物を独立社外取締役の候補者として選定するよう努めるべきである。

【原則4-10．任意の仕組みの活用】
　上場会社は、会社法が定める会社の機関設計のうち会社の特性に応じて最も適切な形態を採用するに当たり、必要に応じて任意の仕組みを活用することにより、統治機能の更なる充実を図るべきである。

補充原則

4-10①　上場会社が監査役会設置会社または監査等委員会設置会社であって、独立社外取締役が取締役会の過半数に達していない場合には、経営陣幹部・取締役の指名・報酬などに係る取締役会の機能の独立性・客観性と説明責任を強化するため、例えば、取締役会の下に独立社外取締役を主要な構成員とする任意の諮問委員会を設置することなどにより、指名・報酬などの特に重要な事項に関する検討に当たり独立社外取締役の適切な関与・助言を得るべきである。

【原則4-11．取締役会・監査役会の実効性確保のための前提条件】
　取締役会は、その役割・責務を実効的に果たすための知識・経験・能力を全

体としてバランス良く備え、多様性と適正規模を両立させる形で構成されるべきである。また、監査役には、財務・会計に関する適切な知見を有している者が1名以上選任されるべきである。
　取締役会は、取締役会全体としての実効性に関する分析・評価を行うことなどにより、その機能の向上を図るべきである。

補充原則

4-11①　取締役会は、取締役会の全体としての知識・経験・能力のバランス、多様性及び規模に関する考え方を定め、取締役の選任に関する方針・手続と併せて開示すべきである。

4-11②　社外取締役・社外監査役をはじめ、取締役・監査役は、その役割・責務を適切に果たすために必要となる時間・労力を取締役・監査役の業務に振り向けるべきである。こうした観点から、例えば、取締役・監査役が他の上場会社の役員を兼任する場合には、その数は合理的な範囲にとどめるべきであり、上場会社は、その兼任状況を毎年開示すべきである。

4-11③　取締役会は、毎年、各取締役の自己評価なども参考にしつつ、取締役会全体の実効性について分析・評価を行い、その結果の概要を開示すべきである。

【原則4-12.　取締役会における審議の活性化】
　取締役会は、社外取締役による問題提起を含め自由闊達で建設的な議論・意見交換を尊ぶ気風の醸成に努めるべきである。

補充原則

4-12①　取締役会は、会議運営に関する下記の取扱いを確保しつつ、その審議の活性化を図るべきである。
　(i)　取締役会の資料が、会日に十分に先立って配布されるようにすること
　(ii)　取締役会の資料以外にも、必要に応じ、会社から取締役に対して十分な情報が（適切な場合には、要点を把握しやすいように整理・分析された形で）提供されるようにすること
　(iii)　年間の取締役会開催スケジュールや予想される審議事項について決定しておくこと
　(iv)　審議項目数や開催頻度を適切に設定すること
　(v)　審議時間を十分に確保すること

Ⅴ　攻めのガバナンスとは何か？

> **【原則4-13．情報入手と支援体制】**
> 　取締役・監査役は、その役割・責務を実効的に果たすために、能動的に情報を入手すべきであり、必要に応じ、会社に対して追加の情報提供を求めるべきである。
> 　また、上場会社は、人員面を含む取締役・監査役の支援体制を整えるべきである。取締役会・監査役会は、各取締役・監査役が求める情報の円滑な提供が確保されているかどうかを確認すべきである。

補充原則

4-13① 　社外取締役を含む取締役は、透明・公正かつ迅速・果断な会社の意思決定に資するとの観点から、必要と考える場合には、会社に対して追加の情報提供を求めるべきである。また、社外監査役を含む監査役は、法令に基づく調査権限を行使することを含め、適切に情報入手を行うべきである。

4-13② 　取締役・監査役は、必要と考える場合には、会社の費用において外部の専門家の助言を得ることも考慮すべきである。

4-13③ 　上場会社は、内部監査部門と取締役・監査役との連携を確保すべきである。また、上場会社は、例えば、社外取締役・社外監査役の指示を受けて会社の情報を適確に提供できるよう社内との連絡・調整にあたる者の選任など、社外取締役や社外監査役に必要な情報を適確に提供するための工夫を行うべきである。

> **【原則4-14．取締役・監査役のトレーニング】**
> 　新任者をはじめとする取締役・監査役は、上場会社の重要な統治機関の一翼を担う者として期待される役割・責務を適切に果たすため、その役割・責務に係る理解を深めるとともに、必要な知識の習得や適切な更新等の研鑽に努めるべきである。このため、上場会社は、個々の取締役・監査役に適合したトレーニングの機会の提供・斡旋やその費用の支援を行うべきであり、取締役会は、こうした対応が適切にとられているか否かを確認すべきである。

補充原則

4-14① 　社外取締役・社外監査役を含む取締役・監査役は、就任の際には、会社の事業・財務・組織等に関する必要な知識を取得し、取締役・監査役に求められる役割と責務（法的責任を含む）を十分に理解する機会を得るべきであり、就任後においても、必要に応じ、これらを継続的に更新する機会を得るべき

である。
4-14②　上場会社は、取締役・監査役に対するトレーニングの方針について開示を行うべきである。

第5章　株主との対話

【基本原則5】
　上場会社は、その持続的な成長と中長期的な企業価値の向上に資するため、株主総会の場以外においても、株主との間で建設的な対話を行うべきである。
　経営陣幹部・取締役（社外取締役を含む）は、こうした対話を通じて株主の声に耳を傾け、その関心・懸念に正当な関心を払うとともに、自らの経営方針を株主に分かりやすい形で明確に説明しその理解を得る努力を行い、株主を含むステークホルダーの立場に関するバランスのとれた理解と、そうした理解を踏まえた適切な対応に努めるべきである。

考え方
　「『責任ある機関投資家』の諸原則《日本版スチュワードシップ・コード》」の策定を受け、機関投資家には、投資先企業やその事業環境等に関する深い理解に基づく建設的な「目的を持った対話」（エンゲージメント）を行うことが求められている。
　上場会社にとっても、株主と平素から対話を行い、具体的な経営戦略や経営計画などに対する理解を得るとともに懸念があれば適切に対応を講じることは、経営の正統性の基盤を強化し、持続的な成長に向けた取組みに邁進する上で極めて有益である。また、一般に、上場会社の経営陣・取締役は、従業員・取引先・金融機関とは日常的に接触し、その意見に触れる機会には恵まれているが、これらはいずれも賃金債権、貸付債権等の債権者であり、株主と接する機会は限られている。経営陣幹部・取締役が、株主との対話を通じてその声に耳を傾けることは、資本提供者の目線からの経営分析や意見を吸収し、持続的な成長に向けた健全な企業家精神を喚起する機会を得る、ということも意味する。

【原則5-1．株主との建設的な対話に関する方針】
　上場会社は、株主からの対話（面談）の申込みに対しては、会社の持続的な成長と中長期的な企業価値の向上に資するよう、合理的な範囲で前向きに対応すべきである。取締役会は、株主との建設的な対話を促進するための体制整備・取組みに関する方針を検討・承認し、開示すべきである。

V 攻めのガバナンスとは何か？

補充原則

5−1① 株主との実際の対話（面談）の対応者については、株主の希望と面談の主な関心事項も踏まえた上で、合理的な範囲で、経営陣幹部または取締役（社外取締役を含む）が面談に臨むことを基本とすべきである。

5−1② 株主との建設的な対話を促進するための方針には、少なくとも以下の点を記載すべきである。

(ⅰ) 株主との対話全般について、下記(ⅱ)～(ⅴ)に記載する事項を含めその統括を行い、建設的な対話が実現するように目配りを行う経営陣または取締役の指定

(ⅱ) 対話を補助する社内のIR担当、経営企画、総務、財務、経理、法務部門等の有機的な連携のための方策

(ⅲ) 個別面談以外の対話の手段（例えば、投資家説明会やIR活動）の充実に関する取組み

(ⅳ) 対話において把握された株主の意見・懸念の経営陣幹部や取締役会に対する適切かつ効果的なフィードバックのための方策

(ⅴ) 対話に際してのインサイダー情報の管理に関する方策

5−1③ 上場会社は、必要に応じ、自らの株主構造の把握に努めるべきであり、株主も、こうした把握作業にできる限り協力することが望ましい。

【原則5−2．経営戦略や経営計画の策定・公表】

経営戦略や経営計画の策定・公表に当たっては、収益計画や資本政策の基本的な方針を示すとともに、収益力・資本効率等に関する目標を提示し、その実現のために、経営資源の配分等に関し具体的に何を実行するのかについて、株主に分かりやすい言葉・論理で明確に説明を行うべきである。

資料

資料4

コーポレートガバナンス・コードへの対応状況
（2016年12月末時点）

2017年1月16日
株式会社東京証券取引所

コーポレートガバナンス・コードへの対応状況

> コードは2015年6月1日から適用開始

> 決算期ごとに開始したコードへの対応状況の開示が一巡し、
> 集計時点（2016年12月31日）までに3,512社がコードへの対応状況を開示済（※）

【市場区分別の開示状況】

市場区分	開示会社数	2016年7月比	コンプライ・オア・エクスプレインの対象	
市場第一部	2,002社	+205社	全73原則	基本原則：5原則 原則　　：30原則 補充原則：38原則
市場第二部	528社	+63社		
マザーズ	227社	+30社	基本原則：5原則	
JASDAQ	755社	+50社		
合計	3,512社	+348社		

> 以下では、市場第一部・第二部のガバナンス報告書提出会社2,530社について分析

※ 2016年12月31日時点の上場会社のうち、2社（JASDAQ）のコードへの対応状況の開示が未了

V 攻めのガバナンスとは何か？

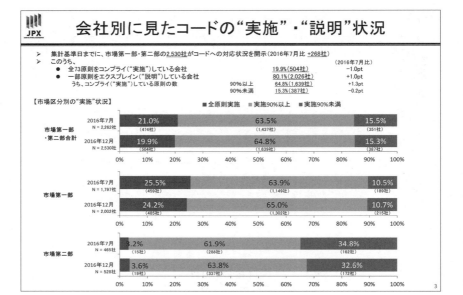

"説明"率が高い原則

> "説明"率が高い原則は以下のとおり。

【"説明"率が20%を超える原則】

原則	内容	"実施"会社数	"説明"会社数	"説明"率	2016年7月比
補充原則 1−2④	議決権の電子行使のための環境整備（例：議決権電子行使プラットフォームの利用等）、招集通知の英訳	1,069社	1,461社	57.7%	+2.0pt
補充原則 4−11③	取締役会による取締役会の実効性に関する分析・評価、結果の概要の開示	1,398社	1,132社	44.7%	-0.2pt
補充原則 4−2①	中長期的な業績と連動する報酬の割合、現金報酬と自社株報酬との割合の適切な設定	1,735社	795社	31.4%	+1.6pt
補充原則 3−1②	海外投資家等の比率等を踏まえた英語での情報の開示・提供の推進	1,770社	760社	30.0%	+1.9pt
補充原則 4−10①	指名・報酬等の検討における独立社外取締役の関与・助言（例：独立社外取締役を主な構成員とする任意の諮問委員会の設置）	1,881社	649社	25.7%	+0.5pt
原則 4−8	独立社外取締役の2名以上の選任	2,010社	520社	20.6%	-0.6pt

"説明"の内容

> 70の原則に対して、2,026社により、のべ9,746件（2016年7月比 +1,107件）の"説明"が記載されている

【"説明"の内容による分類】 （2016年7月比）
① 今後、"実施"の予定　　　　14.8%　　−1.9pt
② "実施"するかどうか検討中　40.0%　　+0.5pt
③ "実施"予定なし　　　　　　45.1%　　+1.3pt

2016年12月
N = 9,746件

（参考）2016年7月
N = 8,639件

（凡例）
■ 今後、"実施"予定（時期も明示）　■ 今後、"実施"予定（時期の明示なし）　■ "実施"するかどうか検討中　■ "実施"予定なし（自社の個別事情）　■ "実施"予定なし（代替手段により目的が達成可能）

Ⅴ 攻めのガバナンスとは何か？

資料5

会社法研究会資料　1

主な検討事項案

第1　取締役の報酬
○取締役の報酬を経営者に対する動機付けの手段であると考える立場から、取締役の報酬に関する規律の見直しが必要であるとの指摘があるが、このような指摘について、どのように考えるか。
　（注）第5の1「会社補償」及び2「D&O保険」については、取締役の報酬の後に議論をする予定。

第2　取締役会の決議事項
○「重要な業務執行」の該当性の判断が容易ではないとの理由から、広範な事項が取締役会の決議事項として取り扱われている問題があるとの指摘があるが、当該判断を容易にするための立法的な措置の要否について、どのように考えるか。
○監査役会設置会社においても、取締役会がモニタリングモデルを容易に採用することができるよう、一定の要件が認められる場合には、取締役会が、「重要な業務執行」の決定を取締役に委任することができるようにすべきとの指摘があるが、このような指摘について、どのように考えるか。

第3　社債
○社債管理者を設置することを要しない社債を対象としてより簡素な社債管理の制度を新たに設けるべきとの指摘があるが、このような指摘について、どのように考えるか。
○社債権者全員の同意がある場合における社債権者集会の規律、債権者保護手続における社債権者の異議申述権の行使方法等を見直すべきであるとの指摘があるが、このような指摘について、どのように考えるか。

第4　株主総会
1　株主提案権
○株主提案権の濫用的な行使について、立法的な措置が必要であるとの指摘があるが、このような指摘について、どのように考えるか。

2 招集通知の添付資料の提供
　○招集通知の添付資料について、株主が書面による提供を求めた場合を除き電磁的方法により提供することができるようにすべきとの指摘があるが、このような指摘について、どのように考えるか。

第5　役員責任
1　会社補償
　○会社法上、会社補償に関する規定を設けるべきとの指摘について、どのように考えるか。
2　D&O保険
　○会社法上、D&O保険に関する規定を設けるべきとの指摘について、どのように考えるか。
3　責任限定契約及び責任の一部免除
　○業務執行取締役等である取締役も責任限定契約を締結できるようにすべきとの指摘について、どのように考えるか。
　○責任限定契約及び、責任の一部免除に関する解釈上の問題点について、どのように考えるか。
　　（注）例えば、一部の役員等の会社に対する責任についての責任限定契約又は一部免除の効果が他の役員等の会社に対する責任に対してどのような効果が及ぶと考えるべきかなど。

第6　代表訴訟
1　原告による証拠収集
　○代表訴訟において、原告である株主による証拠の収集を容易にするための立法的な措置が必要であるとの指摘について、どのように考えるか。
2　会社の関与
　○会社による被告への補助参加に関して、補助参加の利益を要しないという解釈については、異論があるところであるが、この点について、どのように考えるか。
　○社外取締役等の活用の観点から代表訴訟への独立性のある会社の機関の関与の在り方及び立法的な措置の要否について、どのように考えるか。

第7　社外取締役
　○会社法の一部を改正する法律（平成26年法律第90号。以下「改正法」という。）施行後の社外取締役の選任状況について、どのように評価すべきか。
　○改正法附則第25条を踏まえ、社外取締役制度の在り方について、どのように

Ⅴ 攻めのガバナンスとは何か？

考えるか。
○社外取締役がMBOにおいて買付者との間で交渉を行うことなどは通常「株式会社の業務を執行した」に該当しないとの解釈があるが、「株式会社の業務を執行した」の意義及び立法的な措置の要否について、どのように考えるか。
○社外取締役の情報収集権について、どのように考えるか。

第8　その他
以下の点について検討することが考えられるとの指摘があった。
○自己新株予約権の処分の手続に有利発行規制等が存在しないこと及び新株予約権の払込金額の払込みに現物出資規制等がないことに関する見直しの要否について
○機関投資家等の実質株主による株主総会への出席及び株主提案権の行使について
○特別支配株主（又は一定の支配株主）に対する少数株主の株式買取請求権（セル・アウト権）を導入することについて
○株式買取請求権に基づく株式の代金支払請求権を一般債権者に劣後する債権とすることについて
○会社法上の罰則規定の見直しについて

資　料

資料6

金融審議会ディスクロージャーワーキング・グループ報告の概要

> 制度開示に係る自由度の向上と対話に資する情報の充実による、効果的・効率的で適時な開示 → 企業と株主・投資者との建設的な対話の促進 → 企業の持続的な成長と中長期的な企業価値の向上

○ **制度開示（決算短信、事業報告等、有価証券報告書）の開示内容の整理・共通化・合理化**
　開示内容の自由度を高め、例えば、事業報告等と有価証券報告書の開示内容の共通化や、欧米に見られるような両者の一体的な書類としての開示などをより容易に

○ **非財務情報の開示の充実**
　有価証券報告書の経営方針・経営成績等の分析等の記載を充実。任意開示も活用し、対話に資する情報の開示を促進

① **決算短信**
- 監査・四半期レビューが不要であることの明確化
- 速報性に着目し記載内容を削減
- 記載を要請する事項をサマリー情報、業績概要、連結財務諸表等に限定

② **事業報告等**
- 経団連ひな形に即している必要はない旨を明確化し、有価証券報告書との記載の共通化や一体化を容易に

③ **有価証券報告書**
- 事業報告との共通化（大株主の状況の計算における自己株式の取扱い）
- 記載の重複排除のための開示内容の合理化（新株予約権等）
- 経営方針等や経営者による経営成績等の分析等の記載を充実

○ **より適切な株主総会日程の設定を容易とするための見直し**
　開示の日程、手続に係る自由度を高め、株主総会までに十分な期間を置いて情報が開示されるなど、対話に資する情報のより適時な開示を促進

① **株主総会日程の後ろ倒しを容易にする開示の見直し**
- 大株主の状況の開示に関し、大株主判定の基準日設定を柔軟化

② **事業報告等の電子化の推進**
- 議決権行使率への影響等に留意しつつ、個別の同意なしに電子化できる書類の範囲を拡大

○ その他　①単体IFRSの任意適用の検討
　　　　　②フェア・ディスクロージャー・ルールの導入に向けた検討の実施
　　　　　③投資者のリテラシー向上等に向けた取組みの充実

VI 内部統制システムと株主代表訴訟

弁護士 **本 渡　章**

VI 内部統制システムと株主代表訴訟

弁護士の本渡です。本日は「内部統制システムと株主代表訴訟」という演題でお話しさせていただきますので、よろしくお願いいたします。それではこのレジュメに従ってお話したいと思います。

第1 内部統制システム

1 内部統制システムの説明

内部統制システムの説明としては、「健全な会社経営を行うためには、目的とする事業の種類、性質等に応じて生ずる各種のリスク、例えば、信用リスク、市場リスク、流動性リスク、事務リスク、システムリスク等の状況を正確に把握し、適切に制御すること、すなわちリスク管理が欠かせず、会社が営む事業の規模、特性等に応じたリスク管理体制(いわゆる内部統制システム)を整備することを要する」ということになります。

そういうことから、会社法は内部統制システムを整備する義務を規定しています。簡単にいいますと、「想定されるリスクに対してどのように対応するかを前もって考えて決めておきなさい」ということです。なお、以下においては、取締役会設置会社であり、監査役設置会社であることを前提として、会社法の条文を掲示してお話しいたします。

2 内部統制システムの法的根拠

(1) 会社法362条4項6号、5項

「取締役会は、取締役の職務の執行が法令及び定款に適合することを確保するための体制その他株式会社の業務並びに当該株式会社及びその子会社から成る企業集団の業務の適正を確保するために必要なものとして法務省令で定める体制の整備の決定を取締役(代表取締役などですが)に委任することができない」。要するに、内部統制システムの体制の整備の決定を代表取締役など1人に委任して、取締役会で審議して決定するということを省略してはいけないということです。

すなわち、内部統制システムの体制の整備を決定する場合には取締役会が決定しなければならない。さらに、大会社である取締役会設置会社においては、取締役会は、内部統制システムの体制の整備を決定しなければならない。この大会社というのは、資本金が5億円以上又は負債が200億円以上の会社

のことです。大会社については会社法2条6号に定義規定があります。

(2) 会社法362条4項6号に規定する法務省令で定める体制

会社法362条4項6号に規定する法務省令で定める体制については会社法施行規則100条に規定があります。なお、会社法施行規則は法務省令であり、法務省が会社法の授権に基づいて制定した規則です。

会社法施行規則100条は「業務の適正を確保するための体制」の表題の下に、1項において、「会社法362条4項6号に規定する法務省令で定める体制は、当該株式会社における次に掲げる体制とする。」として次の1号から5号までを掲げでいます。

1号として、「当該株式会社の取締役の職務の執行に係る情報の保存及び管理に関する体制」。

2号として、「当該株式会社の損失の危険の管理に関する規程その他の体制」。

3号として、「当該株式会社の取締役の職務の執行が効率的に行われることを確保するための体制」。

4号として、「当該株式会社の使用人の職務の執行が法令及び定款に適合することを確保するための体制」。

5号として、「次に掲げる体制その他の当該株式会社並びにその親会社及び子会社から成る企業集団における業務の適正を確保するための体制」。近頃は親子会社でグループ経営をするという会社が多くなっていますので、これもきちんと法律に書かないといけないということになっています。そのイとして、「当該株式会社の子会社の取締役、執行役、業務を執行する社員、持分会社の業務執行社員が法人である場合の職務執行者その他これらの者に相当する者（以下「取締役等」という。）の職務の執行に係る事項の当該株式会社への報告に関する体制」。ロとして、「当該株式会社の子会社の損失の危険の管理に関する規程その他の体制」。ハとして、「当該株式会社の子会社の取締役等の職務の執行が効率的に行われることを確保するための体制」。ニとして、「当該株式会社の子会社の取締役等及び使用人の職務の執行が法令及び定款に適合することを確保するための体制」。

そして、普通、会社は、グループ企業管理規程などというものを作り、「こ

ういうような事項については親会社に報告しなさい」といったことを定めています。

次に、同条3項において、「監査役設置会社（監査役の監査の範囲を会計に関するものに限定する旨の定款の定めがある株式会社を含む。）である場合には、第1項に規定する体制には、次に掲げる体制を含むものとする。」として、次の1号から7号までを掲げています。

1号として、「当該監査役設置会社の監査役がその職務を補助すべき使用人を置くことを求めた場合における当該使用人に関する事項」。

2号として、「前号の使用人の当該監査役設置会社の取締役からの独立性に関する事項」。

3号として、「当該監査役設置会社の監査役の1号の使用人に対する指示の実効性の確保に関する事項」。

4号として、「次に掲げる体制その他の当該監査役設置会社の監査役への報告に関する体制」。そのイとして、「当該監査役設置会社の取締役及び会計参与並びに使用人が当該監査役設置会社の監査役に報告をするための体制」。ロとして、「当該監査役設置会社の子会社の取締役、会計参与、監査役、執行役、業務を執行する社員、持分会社の業務執行社員が法人である場合の職務執行者その他これらの者に相当する者及び使用人又はこれらの者から報告を受けた者が当該監査役設置会社の監査役に報告をするための体制」。

5号として、「前号の報告をした者が当該報告をしたことを理由として不利な取扱いを受けないことを確保するための体制」。

6号として、「当該監査役設置会社の監査役の職務の執行について生ずる費用の前払又は償還の手続その他の当該職務の執行について生ずる費用又は債務の処理に係る方針に関する事項」。

7号として、「その他当該監査役設置会社の監査役の監査が実効的に行われることを確保するための体制」となっています。

(3) 事業報告への記載

株式会社は、法務省令で定めるところにより、各事業年度に係る計算書類及び事業報告並びにこれらの付属明細書を作成しなければなりません。このことが会社法435条2項に規定されています。

そして、この各事業年度に作成しなければならない事業報告には、内部統制システムの体制の整備についての決定の内容の概要及び当該体制の運用状況の概要を内容として記載しなければなりません。会社法施行規則118条2号に規定があります。

(4) 内部統制システムの運用

内部統制システムは、事業報告に記載される内部統制システムの基本方針の決定に始まり、内部統制システムの基本方針に基づいた具体的な監査・内部統制部やコンプライアンス委員会などの設置並びに社内規程の整備などの内部統制システムの構築をし、次いで、内部統制システムを具体的に運用し、リスクが現実化して惹起する様々な事件事故の経験の蓄積とリスク管理に関する研究の進展により見直し、充実させていくものです。

要するに、基本方針を決めて、それに基づいていろいろコンプライアンス委員会といったものを作って内部統制システムを構築し、具体的に運用していくわけです。そして、また何か事件だとか事故が起これば、それに対応したシステムに変えないといけないし、また社会的に研究が進めば、それを見直していかないといけないということです。

特に行政庁が策定した各種ガイドラインの定める指針や事件事故に関する第三者委員会の報告書などは内部統制システムを構築する参考にすべきであろうと思います。結局、社会情勢に応じて、内部統制システムをいろいろ見直して変えていかないといけないということです。それはかなり具体的な内容になりますが、そういうことになります。

第2 株主代表訴訟

次に、株主代表訴訟についてお話しします。株主代表訴訟については、会社法847条以下に株主による責任追及等の訴えに関する規定があります。これは手続規定ですが、その規定に基づいて裁判を起こすわけです。その株主による責任追及等の訴えの規定で一番多いのが、今からお話しする株主代表訴訟です。

株主代表訴訟は役員等の会社に対する損害賠償責任を株主が会社に代位して請求する訴訟です。そして、役員等の会社に対する損害賠償責任を規定し

ているのは会社法423条1項であり、この規定が、株主代表訴訟を理解する上で最も基本となる条文であると思います。

そして、会社法423条1項は表題が、「役員等の株式会社に対する損害賠償責任」ということで、「取締役、会計参与、監査役、執行役又は会計監査人（以下この節において「役員等」という。）は、その任務を怠ったときは、株式会社に対し、これによって生じた損害を賠償する責任を負う。」という規定です。

そうすると次にその任務を怠ったとき、取締役の任務を怠ったときとはどういうときなのかということが問題になります。まず、「役員等の『任務』とは何か」ということです。

(1) 株式会社と役員等との関係

株式会社と役員等との関係については、会社法330条に、「株式会社と役員及び会計監査人との関係は、委任に関する規定に従う。」と定められています。したがって、会社と役員との関係は委任関係にあるということです。そうすると、役員というのは会社にとっては受任者ということになりますので、「受任者（役員等）の注意義務」というのは何かということになります。

(2) 受任者（役員等）の注意義務

民法644条に、「受任者は、委任の本旨に従い、善良な管理者の注意をもって、委任事務を処理する義務を負う。」という規定があります。したがって、役員等は会社に対して善管注意義務を負うということになります。

(3) 忠実義務

会社法355条に、「取締役は、法令及び定款並びに株主総会の決議を遵守し、株式会社のため忠実にその職務を行わなければならない。」と規定されています。

会社法355条に定める取締役の忠実義務と善管注意義務との関係につきましては、「忠実義務は善管注意義務を敷衍し、かつ、一層明確にしたにとどまり、通常の委任関係に伴う善管注意義務とは別個の、高度な義務を規定したものではない」というのが判例になっています。

(4) 「委任の本旨」とは何か

それでは、民法644条に「受任者は、委任の本旨に従い」とありますが、この「委任の本旨」とは何かということが問題になると思います。これにつ

きましては、役員等は会社の適正な利益を追求すべきであって、違法な行為をしてまで利益を追求することは「委任の本旨」ではない。違法な行為を行うことは役員等の任務を怠ったことになる。要するに、委任の本旨に従って行動していないということです。役員等は会社の適正な利益を追求しなくてはいけないということなので、「洗練されたエクセレントな会社を目指せ!」ということで会社の人から聞かれたら、違法な行為はしてはいけないということ、きちんと洗練されたエクセレントな会社を目指さなくてはいけないというようなことをおっしゃっていただければ、ありがたいなと思います。

(5) 信頼の原則

なお、当該取締役が当該リスクを前もって想定し対応することを期待することができないと認められる場合には過失がないのですから、債務不履行責任である善管注意義務・忠実義務違反は認められないということになります。これをいわゆる信頼の原則といって、取締役が何か違法行為があれば全て責任を負わされるというのではなく、やはり自分がどうしても分からなかったこと、関与できなかったことに関しては、信頼の原則から責任を負わないでよいということです。

これは債務不履行責任なので、過失がなければ責任を負わないというのは当然の原則です。したがって、株主代表訴訟が仮に起こされたという場合も、ほとんど関与してないような取締役の代理をなさる場合には、信頼の原則から考えてこれは過失がない、善管注意義務違反はないということを主張されることになると思います。

第3 事業報告に記載された「業務の適正を確保するための体制の概要」の具体例と検討

この「業務の適正を確保するための体制の概要」というのは、内部統制システムについて、事業報告に記載するということの一環として、このような題名で記載されているということです。

「当社は、取締役社長を委員長とする『A社グループCSR委員会』を設置し」(なお、このCSRというのはCorporate Social Responsibility(企業の社会的責任)

Ⅵ　内部統制システムと株主代表訴訟

の略です。)、「同委員会の傘下に『危機管理委員会』『倫理委員会』『環境安全委員会』『個人情報管理委員会』『品質保証委員会』の各委員会を配置するとともに、専任部所としてCSR推進部を設置し、A社グループ全体でCSR活動を展開することにより、企業の社会的責任を果たす所存であり、当社取締役会は会社法及び会社法施行規則に基づく当社の業務の適正を確保するための体制について、以下のとおり整備することを決定した。」

検討1

　これが前文になります。会社法362条5項は、大会社である取締役会設置会社においては、取締役会は「取締役の職務の執行が法令及び定款に適合することを確保するための体制その他株式会社の業務並びに当該株式会社及びその子会社から成る企業集団の業務の適正を確保するために必要なものとして法務省令で定める体制の整備」を決定しなければならない旨規定しています。これに対し、会社法施行規則118条1項2号は「体制の整備」についての決定又は決議があるときは、その決定または決議の内容の概要及び当該体制の運用状況の概要を事業報告の内容としなければならない旨規定しています。つまり、事業報告に記載されているのは取締役会で内部統制システムとして整備決定された体制の内容ではなく、あくまでも「決定の内容の概要」です。基本方針を、事業報告には記載しているということになります。

　「1、取締役・使用人の職務執行が法令・定款に適合することを確保するための体制」として、「(1)当社及び子会社は、取締役・使用人の職務執行が法令・定款に適合することを確保するため、『A社グループの倫理行動憲章』を制定し、企業倫理の周知徹底を図るとともに、『倫理委員会』を原則として毎月開催することで企業倫理の啓発活動を推進する。また、『公益通報者の保護に関するガイドライン』を策定し、組織的または個人的な法令違反行為等に対する通報または相談の窓口を社内及び社外に設けるなど適正な処理の仕組みを定め、不正行為等を早期に発見し、是正することでコンプライアンス経営の強化を図る。」

検討2

　その検討ですが、まず、役員等は会社の適正な利益を追求すべきであって、

第3 事業報告に記載された「業務の適正を確保するための体制の概要」の具体例と検討

違法な行為をしてまで利益を追求することは「委任の本旨」ではありません。違法な行為を行うことは役員等の任務を怠ったことになります。したがって、取締役・使用人の職務執行が法令・定款に適合することを確保するための体制を構築・運用することは、それ自体が取締役の善管注意義務の内容であり、それを怠ったときは善管注意義務違反として取締役の責任が問われることになります。

次に、会社法362条4項6号では「取締役」について、会社法施行規則100条1項4号では「当該株式会社の使用人」について、同項5号ニでは「当該株式会社の子会社の取締役等及び使用人」について、各人の職務の執行が法令及び定款に適合することを確保するための体制の整備の概要を事業報告に記載することになりますが、一つにまとめて記載することも可能であり、一つにまとめて記載した例になります。

検討3

「コンプライアンス」という言葉が出てきましたが、今現在、一番問題になり話題になっているのが会社の不祥事です。一般に「重大な法令違反その他の不正・不適切な行為等」を不祥事といいますが、その不祥事が話題になっています。企業倫理やコンプライアンス、法令遵守というのがなぜそんなに重要なのかということを考える上でも、新聞などでも報道された不祥事の事例は非常に参考になると思います。

(1) 横浜市の傾斜マンションに関する杭打ちデータ改ざん問題

平成28年に問題になったこの杭打ちデータ改ざんの問題で、親会社の社長は退任しています。新聞報道では、「記者会見で退任について、子会社の旭化成建材の杭打ちデータ改ざん問題で傷ついた信頼の回復に向けたけじめだと説明した」ということです（日本経済新聞2016年2月10日朝刊）。

こういう不祥事が起きますと、その会社だけではなく親会社の社長まで退任しなくてはいけないというようなことになるわけですから、これは大変な問題だということになります。また、住宅受注額の減少とか補償問題も生じたということです。

そして、改ざんの背景として、「杭打ち工事の現場責任者らに施工データを軽視する風潮」があったということと、「現場責任者らが旭化成建材や元

請業者にデータ欠落を報告しにくい環境」があったということが報道されています。

　親会社の再発防止策としては、「役職員や現場責任者などにコンプライアンス（法令遵守）について教育を徹底する」ということと、「施工データの適切な管理体制を構築する。計測装置を改善し、工事現場からデータを送る仕組みなどを検討する」というようなことが書いてあります（日本経済新聞2016年2月9日夕刊）。

　会社法施行規則100条1項5号ニは「当該株式会社の子会社の取締役等及び使用人の職務の執行が法令及び定款に適合することを確保するための体制」の整備を親会社の取締役会に義務付けていますので、このような体制を親会社のほうで新たに作らないといけないということになります。そこで具体的な対応策を検討して、内部統制システムを構築していくということになります。

　親会社の取締役及び監査役等としては、いわゆる信頼の原則から、企業集団における内部統制システムの体制の整備が適切になされていることを確認しておけば、実効的な運用がなされていないことを疑うべき特段の事情がない限り、当該体制に信頼を置くことができ、子会社における不祥事について、任務懈怠ないし善管注意義務違反と評価されることはないと思われます。しかし、具体的な不祥事が発生した場合には、それに対応して具体的対応策や予防策等を検討しておくべきです。「実効的な運用がなされていないことを疑うべき特段の事情」があったにもかかわらず具体的対応策や予防策等を構築しなかったのは任務懈怠ないし善管注意義務違反と評価される可能性があります。

　結局、事件・事故が起こった場合には、それに対応する対応策や予防策を新たに構築しておかなければならないということを分かっていてやらなかったということになれば、過失があるということになりますので、その場合は取締役の任務懈怠ないし善管注意義務違反に問われる可能性が十分にあるということになります。

(2)　三菱自動車の燃費不正問題

　このときも会社の社長は辞任しています。そして、軽自動車4車種の顧

客への賠償金などが発生して、500億円の損失を見込むほか、軽自動車をOEM（相手先ブランドによる生産）で供給していた日産自動車や部品メーカーなどへの補償などもしなくてはいけなくなったという記載がありました（日本経済新聞2016年6月22日朝刊）。

「燃費不正の背景」ということで言われているのが、「無理な目標が性能実験部を追い込んだ」、また、「社内のチェック機能も働かなかった」ということで、データの検証を担当する技術検証部の担当者は、性能実験部から架空データ作成を知らされ「やめておいたほうがいい」と忠告したが、性能実験部から「こうしないと目標を達成できない」と言われて引き下がってしまっています。また、「社内の発表会で新入社員が法定と異なるデータ測定の見直しを提言した」ということが書いてありましたが、新入社員が法定と異なるデータ測定の見直しを提言したのであれば、これは当然問題化して、そのときにデータ測定をきちんと法定に従ったやり方に見直さないといけません。

これは当然そうあるべきだと思いますが、それもできなかったということです。また、「社内アンケートで燃費不正をにおわせる内部告発があった」ということですから、こういうことまで言われていて全く直さなかったというのはあまりにもひどいという気がします。こういうことがあっても、「問題は放置された」ということです。そこで、「再発防止策」としては、「全社的な意識改革や経営陣と現場の情報交換の強化など23項目」が発表されています。

(3) 不祥事に関する私見

次に、不祥事に対する私の考え方ですが、まず、「うそ」はいけないということです。「うそ」をつきますと、「うそ」に「うそ」を重ねることになってしまいます。したがって、「うそ」は絶対いけない、虚偽の内容を言うことはいけないということを最初に申し上げたいと思います。それにはまず、「倫理研修＝コンプライアンス（compliance）の重視」、「モラルやマナー等といった社会常識の順守」、「法令（法律・政令・その他の規則）の順守」、「社内規程や業務マニュアル等の社内ルールの順守」が必要だと思います。

簡単にいいますと、万が一、グループ内で重大な不祥事が発生した場合に

VI　内部統制システムと株主代表訴訟

は、企業活動の土台であるコンプライアンス体制について社会から厳しく問われるとともに、ステークホルダーからの信頼を失ってしまいます。また、それが原因となり企業ビジョンの達成はおろか、事業の継続さえ困難な状況に追い込まれる事態になりかねません。コンプライアンスの徹底は、社会との信頼関係を維持するための重要な取組であるとともに、事業を継続するためには必要不可欠なものであるという認識を各人が強く持たなくてはなりません。

　そこで、「A社グループの倫理行動憲章」など「業績よりもコンプライアンス（法令遵守）」で、「誠実・正直に行動する」等の基本姿勢を会社として明確に定めて倫理研修等を行うことは非常に重要であると考えます。経営者の意向や姿勢は従業員に対する影響が非常に大きいと思います。しかし、このような倫理等の内面的な社風の改善は一朝一夕では成し得ないので、これだけでよいというわけではありません。

　次に、「うそ」をつけないシステム構築が必要だろうと考えています。旭化成建材の杭打ちデータ改ざん問題に対する親会社の再発防止策として、「①施工データの適切な管理体制を構築する」、「②計測装置を改善し、工事現場からデータを送る仕組みなどを検討する」が挙げられています。不正行為ができないような作業手順等のシステムにすることは必要です。不正行為をした人はもちろん悪いのですが、不正行為ができる状態にしておいた会社も悪いということで、不正行為ができない状態にしておかないといけないということです。そういうシステムを構築すべきだと考えております。

　次に、「現場の『無理だ』トップに届かず」という記事が新聞に載っていました（日本経済新聞2016年6月2日夕刊）。その記事によりますと、「三菱自動車が燃費データ、東亜建設工業が工事データを改ざんし、国に虚偽報告した問題はいずれも社内の『失敗できないプレッシャー』が背景になり、現場が不正行為に手を染めた」とされています。「他社との激しい競争の中で掲げられる目標に『ノー』と言えない空気。専門家は『今回の問題は組織に尽す日本的経営の負の面が出た』と指摘している」。そして、「甲南大の加護野忠男特別客員教授（企業統治論）は『会社が成長するため高い目標を設定することは企業として当然だ』とする一方で、『問題は「達成は難しい」と

いう現場の声がトップに届かなかったことにある。現場の正論が早い段階でトップに伝わる社内体制の整備が必要だ』と指摘した」と記事にあります。

　結局、「風通しの良い会社を作ろう」ということで、要するにトップに情報が届かない、会社内で情報が共有できないような雰囲気であれば不祥事が生じかねませんので、風通しの良い会社を作ったほうがよいと、皆さん思っていると思いますが、そういう会社になればよいなと考えております。

　そこで、すぐに分かると思えば「うそ」はつかないということで、情報の透明性・公開の確保や内部通報制度、公益通報窓口を設けるといったことも必要だと考えています。

　「(2)内部監査の体制については、監査・内部統制部を取締役社長直轄とし、経理・業務に関する内部監査を定期的におこなう。また、金融商品取引法の定める『財務報告にかかる内部統制』については、監査・内部統制部により内部統制の整備・運用状況を評価し、財務報告の信頼性を確保する。なお、当該監査・内部統制部は必要に応じて会計監査人と情報交換をおこなうとともに、会計監査人の監査に立会う。」

検討4

　これについても私見ですが、まず、親会社の内部監査部門は定期的に内部監査を行います。報告を待っているだけではなく、内部監査部員が各現場に出向き積極的に話を聞くことによりその現場が困難に直面しているかどうかなど問題の有無を確認し、トップや監査役に報告する体制を整備する対策もあると考えています。もちろん、各現場に出向き積極的に話を聞くことにより、その現場が困難な問題に直面しているかどうかを確認し、トップや監査役に報告する役割を果たせるためには、かなり有能な内部監査部員であることが必要であると思われます。

　内部監査のために、事業所に行ったり支社に行ったり、また、子会社にも行くわけですから、そのときには一所懸命情報収集をして、何か変なことがないかどうかを確認するということは非常に大事かと考えています。

　次に、自分は有意義な仕事をしているのだと認識できるようにする。グループの経営理念を明確に打ち出し、グループ社員に理解してもらうことは重要

であると考えます。さらに、「自分は有意義な仕事をしているのだ」との認識の下で自分の仕事をしたいと従業員は考えているはずです。そして、「有意義な仕事である」と認識していれば、仕事に誇りを持ち、自分の仕事として責任を持って行動することになります。杭打ちデータ改ざん問題の背景に(ｱ)杭打ち工事の現場責任者らに施工データを軽視する風潮があったとの指摘がありますが、杭打ち工事が建築工事の基礎であり、なくてはならない重要な工事であることを工事現場の人たちに十分に認識してもらっていれば杭打ちデータを改ざんすることはなかったのではないかと思います。グループ企業の社員に「自分は有意義な仕事をしているのだ」と認識できるように仕事の意義・目的、お客様ひいては社会にどのように役に立つのかを十分に説明して理解してもらうことも非常に重要だと考えています。

「2.取締役の職務の執行に係る情報の保存および管理に関する事項
(1)取締役の職務の執行に係る情報に関しては、『文書規程』および『情報管理規程』に従い、書面または電磁的記録により保存し、適切な管理をおこなう。」

検討5

これは取締役会が行われれば、取締役会議事録を作るということです。ほかにも経営会議を行えば、経営会議の議事録を作る。できる限り会議というものは文書化して保存しておくというようなことになります。そういうことを文書規程や情報管理規程で定めるということです。これは、会社法施行規則100条1項1号に対応する規定です。

「(2)個人情報の保護については、『個人情報管理委員会』において個人情報保護推進計画など個人情報の保護に関する重要事項について調査審議する。また、『個人情報管理規程』に基づき個人情報の管理、教育および監査をおこなうことにより、個人情報の適切な取扱いと管理の徹底を図る。」

検討5-2

個人情報管理委員会を設けたり、個人情報管理規程を設けたりして、どのように具体的に対応するかということも文書化しておくということが、やは

第3 事業報告に記載された「業務の適正を確保するための体制の概要」の具体例と検討

り内部統制システムの構築として非常に大事だということになります。

「3.損失の危険の管理に関する規程その他の体制
(1)損失の危険の管理に関しては、『リスク管理規程』を制定し、『A社グループCSR委員会』においてリスクの具体的対応策や予防策等を検討し、リスク管理をおこなうとともに、当該委員会の審議・活動の進捗状況を定期的に取締役会に報告する。また、当社の経営に重大な影響をおよぼす危機等が発生した場合には、取締役社長を本部長とする『危機対策本部』を設置して危機対応をおこなう。」

検討6

リスクの具体的対応策や予防策等を検討することは必要ですが、まず具体的にどのようなリスクが想定されるのかを検討することが必要です。また、リスクとしてどこまで想定するのかについても難しい問題です。つまり、どのようなリスクがあるのかを認識できなければ当該リスクに対する具体的対応策や予防策等を検討できません。

加えて、近時においては、過労死など長時間残業の問題についてもリスクとして具体的な対応策等を検討しておくべきだと考えています。長時間残業の問題は、今現在、非常に社会で話題になっている問題です。普通の会社においても残業が多いところがたくさんあるわけです。残業時間が1か月に80時間を超えてしまったというような人がいた場合に、仮にその人が過労死してしまったりとか、自殺したりとか、はたまた、うつ病になってしまったとかいうようなことになれば、それは問題になってしまいますので、そういうことを予防しないといけません。

そういうときの具体的な対応策や予防策を検討するということですが、まずは勤怠管理です。要するに会社に出てきたのが何時で、退社したのが何時だということを具体的に分かるようにして、個々人の残業時間が何時間なのかを把握するということが大事だろうと考えています。そして、1か月に80時間も残業していたとなれば、限度を超えて残業している場合にどのように対応するかを検討するということです。その部署を辞めさせて他の部署に異動させてしまうことが簡単にできれば、それに越したことはないのかなと思

VI　内部統制システムと株主代表訴訟

うわけです。弁護士も、もちろん労働者ではないので残業なんてことはないでしょうが、下手をすると深夜12時までは仕事をしていたという人も多いのではないかと思います。メールなんかを見ていても、「何だこれ、真夜中にメールしてきたよ」というようなこともよくあります。

　なぜそうなってしまうかというと、仕事がたくさんありすぎてそうなるということもあるでしょうし、あと、仕事内容からいって時間を忘れて一所懸命仕事をしてしまうということもあり得ると思います。その場合、場合で違うとは思いますが、やはり少なくとも月80時間以上残業してはいけないということです。それに引っ掛かるような場合は厳重に注意するなり、他の部署に異動させるなり、そういうような具体的な対応策、予防策を構築しないといけません。

　また、残業に関しては自己申告なんていうことが、よくやられています。「残業時間は3時間です」などと、毎日申告させている会社が多いと思います。残業代が欲しくて多く申告する人というのはあまりおらず、逆に残業しているのに少なく申告するということが意外と多いのではないかということがあります。自己申告だけを信頼し、「残業時間はこれだけなら平気だ」なんて思っているといけないのではないかという気がしています。

　新聞には、「過労自殺巡り株主訴訟、肥後銀元行員遺族、7日提訴」という見出しで、過労自殺をした人の遺族の方が取締役に対して提訴する、株主代表訴訟を起こすというような記事が載っていました（日本経済新聞2016年9月5日夕刊）。きちんとした対応策、予防策をシステム化しておかないと、もしかすると取締役の責任追及までされてしまう可能性もあります。したがって、今現在、話題になっていることですから、よく検討しておいたほうがよいと思います。

　「(2)当社の事業推進に伴う損失の危険の管理については、取引権限や財務権限および与信管理などに関する社内規程を定め、迅速な営業活動と責任の明確化、取引の安全を図る。
　(3)事故、事件、自然災害に対する安全管理体制の整備に関しては、『危機管理委員会』において、調査審議する。

(4)当社および子会社は、危険物を取扱う企業として環境の保護、安全の確保を企業経営上の重要課題と位置付け、『環境安全委員会』において当社および子会社の事業活動における環境・安全に関する重要事項について調査審議する。また、『環境安全管理規程』に環境・安全に関する基本理念と行動指針を定め、環境の保護および安全の確保、ならびに事故・災害発生時の適切な対応の徹底を図るとともに、環境・安全に関する監査および教育の計画実施により事故・災害を未然に防止し、円滑かつ効果的な事業活動を推進する。

(5)製造物責任に関する事項については、『品質保証委員会』において、当社で製造するすべての製品について、事前に審議することで、製造物の欠陥に起因する損害賠償請求やクレームなどを未然に防止する。」

検討7

会社法施行規則100条1項2号、5号ロに対応する規程で、内部統制システムは別名「リスク管理体制」とも呼ばれることもあります。ですから、内部統制システムというのは、上場会社であればほとんどの会社が大体整備しており、量的にもかなりの分量の文書になっていると思いますが、リスクの具体的対応策や予防策等を検討し、文書化することによりリスクを管理するということです。

「4.取締役の職務の執行が効率的におこなわれることを確保するための体制」

(1)当社および子会社に係る重要な業務執行案件については、意思決定審議機関としての常務会を毎週定例日に開催し、取締役の職務の執行が効率的におこなわれることを確保する。(2)経営政策・方針等の会社の基本的案件を取扱う常勤役員会を毎月1回開催し、当社および子会社の予算、月次決算ならびにその進捗状況、会社全般に影響をおよぼす重要な事項について協議する。」

検討8

会社法施行規則100条1項3号、5号ハに対応する規定です。

VI　内部統制システムと株主代表訴訟

「5.当社および子会社から成る企業集団における業務の適正を確保するための体制

　(1)当社および子会社から成る企業集団における業務の適正を確保するため、業務遂行に必要な運営の基本原則として『A社グループ会社の運営管理規程』を定め、子会社における職務の執行に係る事項の報告基準などを整備することにより、それぞれの役割および責任体制を明確化し、組織的な運営を図る。

　(2)子会社の監査に関しては、当社の監査・内部統制部および子会社の監査部門が定期的に内部監査をおこなう。また、当社の監査・内部統制部は必要に応じて会計監査人と情報交換をおこなうとともに、会計監査人の監査に立会い、当社および子会社から成る企業集団における業務の適正を確保する。」

検討9

　平成26年会社法改正により親子会社についてより緊密な管理・監督関係があることが認識されました。親会社、取締役の子会社監督責任についての根拠としては、「会社の資産である子会社の株式の価値を維持するために必要・適切な手段を講じることが親会社取締役の善管注意義務から要求されており、株主である親会社として、とることのできる手段を適切に用いて対処するというのも、当然その内容に含まれ得る」との説明がなされています。

　ただし、前にも述べましたように、親会社の取締役および監査役等としては、いわゆる信頼の原則から、企業集団における内部統制システムの体制の整備が適切になされていることを確認しておけば、実効的な運用がなされていないことを疑うべき特段の事情がない限り、当該体制に信頼を置くことができ、子会社における不祥事について、任務懈怠ないし善管注意義務違反と評価されることはないと考えています。

「6.監査役がその補助すべき使用人を置くことを求めた場合における当該使用人に関する体制ならびにその使用人の取締役からの独立性、および当該使用人に対する指示の実効性確保に関する事項

　(1)監査役がその職務を補助すべき使用人を置くことを求めた場合における当該使用人に関する体制については、監査役室を設置し、補助すべき使用人

を配置する。なお、その使用人は、監査役の指揮命令の下で監査役の職務執行を補助することとし、取締役社長の指揮命令を受けないものとする。また、当該使用人の人事考課については、常勤監査役がおこなうものとする。」

「7.取締役および使用人が監査役に報告するための体制ならびに子会社の取締役、監査役および使用人が親会社の監査役に報告するための体制、また報告をした者が当該報告をしたことを理由として不利な取扱いを受けないことを確保するための体制

⑴監査役は、取締役会およびその他重要な会議に出席するほか、取締役などからその職務の執行状況を聴取し、重要な決裁書類などを閲覧し、監査・内部統制部および内部監査部門と随時連携して本社および主要な事業所において業務および財産の状況を調査するものとする。また、毎週定例日に開催する意思決定審議機関としての常務会には、監査役会で決定された常勤監査役1名が常時出席することとする。

⑵監査役は子会社の取締役および監査役などと意思疎通および情報交換を図り、事業の報告を求め、その業務および財産の状況を調査するものとする。」

検討10

監査役の情報収集機能の強化の必要性の観点から会社法施行規則100条3項4号ロに子会社の役員および使用人またはこれらの者から報告を受けた者が親会社の監査役に報告するための体制が掲げられています。親会社監査役を窓口とする内部通報制度も検討してよいのでないかと考えています。また、同規則105条2項2号、4項は、監査役はその職務を適切に遂行するため、子会社の取締役および監査役などと意思疎通および情報交換を図り、情報の収集および監査の環境の整備に努めるべき旨を定めています。

「8.その他監査役の監査が実効的におこなわれることを確保するための体制、および監査役の職務の執行について生ずる費用の処理に係る方針

⑴監査役会が必要と認めたときは、取締役、使用人および会計監査人などを監査役会に出席させて、その報告または意見を述べる機会を確保する。」

検討11

監査役会が「説明が必要だから社長に出てきてください」と言ったら、社

VI 内部統制システムと株主代表訴訟

長は出ていかないといけないという規程です。要するに、報告をしてくれと言われた取締役や使用人は、監査役会に出ていって報告をし、または意見を述べる機会を与えないといけないということになります。

「(2)緊急の監査費用や利益相反取引など、監査役が自らの判断により必要と認め、弁護士などの外部専門家を起用する場合に生ずる費用などについては、これを適正に処理することを保証する」。

検討11-2

会社法388条にも、監査役が監査に関して支出した費用については会社に請求できるという規定があります。だから、会社法を見れば、こんなものは当たり前だということになるんだろうと思うのですが、ただ、ちょっと不安もあるので、こうやって内部統制システムの一項目として、緊急の監査費用や利益相反取引など、監査役が自らの判断により必要と認め、弁護士などの外部専門家を起用する場合に生ずる費用などについては、これを適正に処理することを保証するとしています。

そして、何か問題があると思った場合には監査役が弁護士を選任して、その弁護士にいろいろ調査してもらうなり、これはこうじゃないかというような意見書を作ってもらったりすることができる。それでそのために掛かった費用、弁護士費用については会社がちゃんと支払うということを保証しているということです。

「9.反社会的勢力を排除するための体制
(1)『A社グループの倫理行動憲章』に基づき、市民社会の秩序や安全に脅威を与える反社会的勢力に対して接触を持たず、毅然とした態度で臨む。」

検討12

これは会社法施行規則でこういうことを書きなさいとは書いていないのですが、一応、普通この程度のことは書くのが一般的です。

第4　内部統制システム構築義務に関する株主代表訴訟等の判決例とその検討

1　大和銀行株主代表訴訟（大阪地裁平成12年9月20日判夕1047号86頁・判時1721号3頁）

　大和銀行の株主代表訴訟は、内部統制システム構築義務を認め、取締役の責任を認めたリーディングケースといってよい判決です。本判決は、大和銀行ニューヨーク支店の従業員が財務省証券の無断取引及び無断売却を行い多額の損害を生じさせた事案なのですが、財務省証券の保管残高を確認する方法が著しく適切さを欠いていたと認定し、関係した取締役と監査役の損害賠償責任を認めた判決です。

　まず、「大和銀行本部（検査部）、ニューヨーク支店及び会計監査人が行っていた財務省証券の保管残高の確認は、その方法において、著しく適切さを欠いていたものと評価される。財務省証券の保管残高の確認は、カストディ業務」、保管業務のことですが、「カストディ業務に内在する事務リスクを適切に管理するため、最も基本的かつ効果的であり、欠くことのできない仕組みである。他にどのような仕組みを組み合わせようとも、適切な残高確認を欠いたリスク管理体制は十全とは言い難い。そして、この仕組みを実質的に機能させるためには、前判示のとおり、残高確認を行うに当たって、預かり保管する証券の性質に応じた適切な方法を採り、いわば現物確認を行うことが必要である。証券が発行されているのであれば、現金の残高を確認する際実際に現金を数えて帳簿上の金額と照合するように、証券の現物と帳簿上の記載とを突合することが必要であり、証券が発行されてない登録債であり、かつ、バンカーズ・トラストにその保管を再委託している場合には、カストディ業務の担当者を介さず、直接バンカーズ・トラストに対して保管残高の照会を行うことが必要である。」

　「店内検査は、検査部の統括の下、検査部が担当取締役の決裁を経て作成した検査要領に基づいて実施されていたのであり、臨店検査は、検査部が右検査要領に基づいて実施していたのであるから、検査部の担当取締役が業務担当取締役あるいは使用人兼務取締役として、財務省証券の保管残高の確認

VI　内部統制システムと株主代表訴訟

方法が適切さを欠いていたことにつき、任務懈怠の責を負う。また、店内検査及び内部監査担当者による監査は、ニューヨーク支店長の指揮の下実施されるのであるから、取締役が支店長を務めている場合には、同支店長が業務担当取締役としてあるいは使用人兼務取締役として、財務省証券の保管残高の確認方法が適切さを欠いていたことにつき、任務懈怠の責を負う。」

しかし、頭取・副頭取を含め、検査部及びニューヨーク支店の指揮系統に属さない取締役並びにニューヨーク支店に往査し、会計監査人の監査に立ち会った監査役を除く他の監査役については、いわゆる「信頼の原則」を適用してニューヨーク支店における財務省証券の保管残高の確認方法について疑念を差し挟むべき特段の事情がない限り、不適切な検査方法を採用したことについて責任はないとしています。

「ニューヨーク支店に往査し、会計監査人の監査に立ち会った監査役」は責任を問われています。要するにニューヨーク支店まで行って監査をしたわけですけれども、そのときにきちんと「こんな残高確認方法では駄目だ」と言って、バンカーズ・トラストから直接保管残高の照会を行うなりすればよかったのですが、ただ単に担当者から説明を受けただけでよしとしてしまった監査役ですから、責任があるということをいっています。直接関係してない人たちは、いわゆる「信頼の原則」を適用してニューヨーク支店における財務省証券の保管残高の確認方法について疑念を差し挟むべき特段の事情がないという認定の下に責任を認めていないということになります。

そして、この事件は取締役、監査役が数百億円もの責任を負わされ、社会的にも話題になって、これは大変だというので高裁に控訴したわけです。そうしたら、責任を免れるためかどうか分かりませんが、大和銀行が持株会社化したわけです。要するに、ホールディングスを作って、大和銀行は子会社になりました。大和銀行が子会社になってしまったので、株主代表訴訟を起こしていた株主は大和銀行の株主ではなく、そのホールディングス（親会社）の株主にはなったのですが、大和銀行の株主ではなくなったということで、もう株主代表訴訟の原告適格はないではないかということを責任追及された取締役の方たちが主張し、それで裁判所も「ああ、そうだね」というような感じになり、これは勝てないということになって、数億円くらいで和解をし

たということです。

その後、株主代表訴訟が継続中において100％子会社になった場合は、そのとき株主になった人はそのまま株主代表訴訟を継続できるというような法律が作られました。ですから、法律改正にも関係した判決です。

なお、現在においては、預金等については通帳の確認のほか、銀行等に直接会計監査人が残高証明書の交付を求める取扱いが一般的です。また、売掛金の残高確認についても会計監査人が取引先に直接債務確認書の交付を求めていますし、さらに顧問弁護士に対しても事件等の有無について会計監査人が直接照会し回答書の交付を求めているのが一般的になっています。ですから、上場会社の顧問弁護士になると、少なくとも1年に1回は照会書が送られてきて、どんな事件を担当しているのかというようなことを回答しないといけないということが一般的です。そういうふうに、リーディングケースとして、この大和銀行株主代表訴訟事件の判決は内部統制システムに対する実務に大きな影響を与えています。

2　ヤクルト事件（東京高裁平成20年5月21日判タ1281号274頁）

この事件は、デリバティブ取引で多額の含み損が生じた事案です。デリバティブ取引のリスク管理体制について非常に参考になる事例ですが、会社の決議を経ずして、このデリバティブ取引の担当をしていた取締役がどんどん取引を拡大してしまいまして、それで多額の損害をヤクルトに与えたというような事案です。

3　日本システム技術事件（最高裁平成21年7月9日判タ1307号117頁・判時2055号147頁）

この事件は、上告人、要するに日本システム技術株式会社ですが、その従業員らが営業成績を上げる目的で架空の売上を計上したため有価証券報告書に不実の記載がされ、その後同事実が公表されて上告人の株価が下落したことについて、公表前に上告人の株式を取得した被上告人が、上告人の代表取締役に従業員らの不正行為を防止するためのリスク管理体制を構築すべき義務に違反した過失があり、その結果被上告人が損害を被ったなどと主張して、上告人に対し、会社法350条に基づき損害賠償を請求した事案です。

VI　内部統制システムと株主代表訴訟

　この事件は株主代表訴訟ではありませんが、会社に対する損害賠償請求です。それに対して、この最高裁の本件判決は、「上告人の代表取締役である甲野に、丙山らによる本件不正行為を防止するためのリスク管理体制を構築すべき義務に違反した過失があるということはできない」として、損害賠償請求を棄却しています。

　その理由は、「上告人は、通常想定される架空売上げの計上等の不正行為を防止し得る程度の管理体制を整えていたものということができる」。そして、その結論の理由として、事実関係は、「本件不正行為当時、上告人は、①職務分掌規定等を定めて事業部門と財務部門を分離し、②GAKUEN事業部について、営業部とは別に注文書や検収書の形式面の確認を担当するBM課及びソフトの稼働確認を担当するCR部を設置し、それらのチェックを経て財務部に売上報告がされる体制を整え、③監査法人との間で監査契約を締結し、当該監査法人及び上告人の財務部がそれぞれ定期的に販売会社あてに売掛金残高確認書の用紙を郵送し、その返送を受ける方法で売掛金残高を確認することとしていた」。また、「財務部におけるリスク管理体制が機能していなかったということはできない」としています。「さらに、本件不正行為は通常容易に想定し難い方法によるものであったし、本件以前に同様の手法による不正行為が行われたことがあったなど、上告人の代表取締役である甲野において本件不正行為の発生を予見すべきであったという特別の事情も見当たらない」と判示しています。

　「本件不正行為は通常容易に想定し難い方法によるもの」だということを言っていますが、「本件不正行為は通常容易に想定し難い方法」というのはどんな方法かといいますと、営業社員らは偽造印を用いて販売会社名義の注文書を偽造し、BM課に送付しました。BM課では偽造に気付かず受注処理を行って検収依頼書を作成し、営業社員らに交付しました。しかし、検収依頼書は販売会社に渡ることはなく営業社員らによって検収済とされたように偽造され、BM課に返送されました。実際には大学に対して製品は納入されておらず、CR部担当者によるシステムの稼働の確認もされていませんでしたが、丙山及び営業社員らは納品及び稼働確認がされているかのような資料を作成しました。

第4　内部統制システム構築義務に関する株主代表訴訟等の判決例とその検討

　BM課では検収書の偽造に気付かず売上処理を行い、財務部に売上の報告をしました。財務部は偽造された注文書及び検収書に基づき、売上を計上しました。財務部は毎年9月の中間期末時点で、売掛金残高確認書の用紙を販売会社に郵送し、確認の上、返送するよう求めていました。また、毎年3月期末時点には上告人との間で、監査契約を締結していた監査法人も売掛金残高確認書の用紙を販売会社に郵送し、確認の上、返送するよう求めていました。ところが、営業社員らは丙山の指示を受けて販売会社の担当者に対し、「上告人等から封書が郵送される可能性があるが、送付ミスであるから引き取りに行くまで開封せずに持っていてほしい」などと申し向け、これを販売会社から回収した上、用紙に金額等を記入し、販売会社の偽造印を押捺するなどして、販売会社が売掛金残高を確認したかのように偽装し、財務部又は監査法人に送付していました。

　財務部及び監査法人は、偽造された売掛金残高確認書において上告人の売掛金額と販売会社の買掛金額が一致していたため、架空売上による債権を正常債権と認識していたということです。営業社員らが偽造したり、残高確認の用紙を販売会社に郵送したのにそれを「ミスで送付したんだ」と言って、取りに行って偽造した印鑑ではんこをついて、会計監査人に送ったりしていたわけですから、これは確かに「本件不正行為は通常容易に想定し難い方法」だと思います。

　そういうことで会社の責任は免れたわけですが、現在は、金融商品取引法24条の4が準用する21条の2が有価証券報告書に重要な事項につき虚偽の記載があった場合等には、有価証券（株式）を取得した者に対する発行者（要するに会社）の無過失損害賠償責任を規定していますので、今の法律ではもうこのような裁判を起こさなくても、金融商品取引法に基づいて損害賠償請求ができ、それは無過失責任だということになっています。

　ただ、本件判決は従業員らの不正行為を防止するためのリスク管理体制をいかに構築すべきかを考える上で参考になります。「うそ」はいけません。「うそ」を言うと、「うそ」に「うそ」に重ねることになると、先ほども申しましたが、本件判決の事実関係の「概要7」には、「丙山らは、当初は契約に至る可能性が高い案件のみを本件不正行為の対象としていたが、次第に可能

性が低い案件についても手を付けざるを得なくなり、売掛金の滞留残高は増大していった」という認定が記載されており、最初は軽い気持ちでこういう不正行為をやり始めたのが、結局はどんどん膨らんでしまったというような感じです。

4　日本経済新聞社事件（東京地裁平成21年10月22日判タ1318号199頁・判時2064号139頁）

「補助参加人は、経済情報を中心として日経新聞など5紙を発行する我が国有数の報道機関であり、その報道機関としての性質上、多種多様な情報を大量に取り扱っており、その従業員は、報道部門や広報部門なども含めて、業務遂行上、秘密性のある情報や未公表情報などのインサイダー情報に接する機会が多いといえる。したがって、補助参加人の取締役としては、それらの事情を踏まえ、一般的に予見できる従業員によるインサイダー取引を防止し得る程度の管理体制を構築し、また、その職責や必要の限度において、従業員によるインサイダー取引を防止するために指導監督すべき善管注意義務を負うものと解される」。これは一般論ですね。

そこで、「被告ら取締役は、本件インサイダー取引当時、広告担当取締役である被告九重を中心として、ADEX事件が情報を知り得る権限のある者がそれを悪用した犯行であり、不可避的にインサイダー情報に接する広告局員に対して法令遵守のための注意喚起、教育等を徹底することが、最も適切な方法であると判断し、前記(1)オのとおり、これらの具体的対応策を実施したのであり、これらの対応策を実施した被告ら取締役に善管注意義務違反はないというべきである」と言っています。この被告になった取締役の人たちは、前に他の会社の事件があって、その事件でインサイダー取引をした人たちは情報を知り得る権限のある者たちであり、その情報を悪用した犯行だったことから、「不可避的にインサイダー情報に接する広告局員に対して法令遵守のための注意喚起や教育等を徹底した」。そういう内部統制システムを作って、そんなインサイダー取引をしてはいけないというような教育をやったということなのですが、そういうことをやっていたけれども、今度は「不可避的にインサイダー情報に接する広告局員」ではない、何となく分かってしまったような人がインサイダー取引をして捕まってしまったわけです。

それに対して、この広告担当取締役が内部統制システムの構築義務違反だとして責任追及をされたのですが、そこまでは予見できなかっただろうということで過失がないということになりました。他の会社の事件であっても、新聞報道されたりした場合はきちんとそれを注意深く見て、それで内部統制システムの見直しを行うということが必要であるということは、この判決からも読み取れます。内部統制システムの基本方針に基づいた内部統制・内部監査部門の設置や社内規定の整備等を行っていても、具体的なリスクの発生が予見される事例が生じた場合には、そのリスクを回避すべくさらに新たなリスク回避策を検討し導入すべきであると考えます。

5　セイクレスト責任査定決定異議申立事件（大阪高裁平成27年5月21日判時2279号96頁）

セイクレストという会社は破産してしまっているのですが、破産法に役員責任の査定という条文（破産法178条）があります。その役員責任査定の決定に対して、責任があるとされた社外・非常勤監査役の方が異議申立をして、それで裁判になっているという事件です。この事件は、「社外・非常勤監査役に対して、内部統制システム構築助言・勧告義務違反、代表取締役解職助言・勧告義務違反を認めた事例」で、社外監査役になられる方はこれから多いのではないかと思いますが、非常に気になる判決ではないかと思っています。

まず、「内部統制システム構築助言・勧告義務違反」ということですが、「控訴人が平成3年8月から日本公認会計士協会○○会に所属する公認会計士であり、平成13年3月に破産会社の社外・非常勤監査役に就任し、平成23年3月30日に辞任するまでの間、同社の監査役であった者」であり、「平成22年度の監査役の監査業務の職務分担上、経営管理本部管掌業務を担当することとされていたことに加えて、取締役会への出席を通じて、甲野による」、甲野というのは代表取締役ですが、「甲野による一連の任務懈怠行為の内容を熟知していたことをも併せ考えると、控訴人には、監査役の職務として、本件監査役監査規程に基づき、取締役会に対し、破産会社の資金を、定められた使途に反して合理的な理由なく不当に流出させるといった行為に対処するための内部統制システムを構築するよう助言又は勧告すべき義務があった

VI 内部統制システムと株主代表訴訟

ということができる」としています。

また、「代表取締役解職助言・勧告義務違反」ということに対しては、「甲野の一連の行為は、甲野が破産会社の代表取締役として不適格であることを示すものであることは明らかであるから、監査役として取締役の職務の執行を監査すべき立場にある控訴人としては、破産会社の取締役ら又は取締役会に対し、甲野を代表取締役から解職すべきである旨を助言又は勧告すべきであったということができる。」としています。

さらに、責任限定契約における「重過失」についてです。「責任限定契約にいう『重過失』とは、当該監査役の行為が、監査役としての任務懈怠に当たることを知るべきであるのに、著しく注意を欠いたためにそれを知らなかったことである」と判示しています。

社外・非常勤監査役や取締役であっても、具体的に危機的状況が発生した場合にはでき得る限りの職務を行い、それでも改善できない場合には辞任するなどの対処が必要であると私は思っています。

この件に関しては現在、最高裁に上告受理申立中であると『判例時報』には書いてあったので、最高裁の判決が出るのではないかと注目しています。学者の先生方の間でも、これが本当に「内部統制システム構築助言・勧告義務違反」に当たるのかどうか、「代表取締役解職助言・勧告義務違反」に当たるのかどうかについてはかなり議論がありますので、どうなるのかと思います。

また、この公認会計士の方は、職務は一所懸命やっていたわけです。それで問題を指摘したりもしていたので、もちろんこの「重過失」には当たらないと思います。自分としては任務懈怠に当たることを知らず、きちんと職務遂行していたと思ってやっていたと思いますので、この「重過失」には当たらないと思います。2年分の報酬が損害賠償額になるのだと思います。ただ、非常に問題だと思うのが、結局、これを見ますと一所懸命仕事はしていたのだけれども、セイクレストは平成22年6月29日の株主総会で補欠監査役として他の人を選任し、選任してすぐに今度は破産会社の監査役であった人が7月30日に辞任して、8月1日付けで補欠監査役が監査役に就任しています。

要するに辞任している人がかなり出てきています。それで、その後の事実

認定でも破産会社の代表取締役である甲野を除く取締役らは同年6月ごろ、甲野を代表取締役から解職することを検討したものの、破産会社は甲野の信用によって成り立っている会社であり、また、甲野の後任の代表取締役として破産会社の経営を行う者もいなかったことから、上記取締役らはこれを断念したという事実認定もしています。したがって、この公認会計士の人も、監査役として何だかんだ一所懸命やっていたのに、こういうことになったわけです。このぐらい甚だしい法令違反があるような場合にはできるだけ注意したり、解職するべく動いたりもしないといけないとは思いますが、それでも効果が出なかった。自分の言うことを聞いてくれなかった場合には、やはり辞任せざるを得ないのかなと思います。辞任しておかないと後で、責任を最終的に負わされるかどうか分かりませんが、非常に怖いなというような気がしております。

　ただ、これから社外監査役になられる方も、今も監査役の方もいらっしゃるかもしれませんが、監査役というのは、10年ぐらい前までは「閑散役」なんて言われて、あまり責任もないし、仕事もないというような地位だったと言われていますが、現在は本社はもちろんのこと、支店だとか子会社にも出向いて問題があるかどうかを一所懸命監査して回っているということで、監査役は現時点においては、非常に大変な仕事になっています。また、社外監査役というと非常勤だからということで、取締役会及び監査役会に出席していればよいという感じですが、やはり常勤の監査役ですとか他の従業員の方又は取締役の人から、何か問題があるようなことを聞かされた場合には、それに対しては一生懸命対応してやらないと責任追及されるのかなと思いますので、社外取締役、社外監査役になることは、そんなに楽な仕事ではないのかなという気がしています。

6　ダスキン株主代表訴訟控訴審判決（大阪高裁平成18年6月9日判タ1214号115頁）

　このダスキン株主代表訴訟の控訴審判決は、上告受理申立はあったのですが却下されています。

　ミスタードーナツの「大肉まん」に食品衛生法で認可されていない添加物が混入した事実やそれを販売継続した事実があり、マスコミに流される危険

VI　内部統制システムと株主代表訴訟

も十分認識していたにもかかわらず、「自ら積極的には公表しない」という方針決定をした取締役や監査役（この監査役は弁護士なのですが）について、経営判断の原則は認めず、善管注意義務違反がある旨を認定した判決です。

　この判決は内部統制システム構築義務が争点となっているわけではありませんが、社外監査役や社外取締役になられる方には一見の価値があると思いましたので、最後に付け加えておきました。「食品衛生法で認可されていない添加物が混入した事実」があったということであれば、これはすぐに公表して、人体にはどういう影響があるということもきちんと説明しないといけないし、回収ができるものは一生懸命回収するということが必要になると思います。

　現在においては、食品に仮に異物などが混入していたということになりますと、食品会社が商品を回収して、なぜ食品に異物が入ってしまったかについて検討して、そういうことがないように対応策を講じて、異物などが混入しないための対応策の構築が完全に終わってから、また製品を出荷するという流れが一般的です。そういう対応がなされるようになったのは、このダスキン株主代表訴訟の判決が取締役・監査役の責任を認めて、「ちゃんと公表しなさい、ちゃんと対応策も作らないと駄目じゃないか」というような判決をしているので、それが影響しているのだろうと思っています。そういう意味でも非常に価値がある判決ですし、また、社外監査役や社外取締役になられた場合でも、こういうことがあれば何がなんでも公表しなさいというようなことを発言しないといけないし、公表させるべきだと思います。

レジュメ

Ⅵ 内部統制システムと株主代表訴訟

弁護士 本渡 章

第1 内部統制システム

1 健全な会社経営を行うためには、目的とする事業の種類、性質等に応じて生じる各種のリスク、例えば、信用リスク、市場リスク、流動性リスク、事務リスク、システムリスク等の状況を正確に把握し、適切に制御すること、すなわちリスク管理が欠かせず、会社が営む事業の規模、特性等に応じたリスク管理体制（いわゆる内部統制システム）を整備することを要する。

そこで、会社法は内部統制システムを整備する義務を規定している。簡単に言うと「想定されるリスクに対してどのように対応するかを前もって考えて決めておきなさい」ということです。

なお、以下においては、取締役会設置会社であり、監査役設置会社であることを前提として会社法の条文を掲示する。

2

(1) 取締役会は、取締役の職務の執行が法令及び定款に適合することを確保するための体制その他株式会社の業務<u>並びに当該株式会社及びその子会社から成る企業集団の業務</u>の適正を確保するために必要なものとして法務省令で定める体制の整備の決定を取締役（代表取締役など）に委任することができない。すなわち、内部統制システムの体制の整備を決定する場合には取締役会が決定しなければならない。さらに、大会社である取締役会設置会社においては、取締役会は、内部統制システムの体制の整備を決定しなければならない（会社法362条4項6号、5項）。

(2) 会社法362条4項6号に規定する法務省令で定める体制（会社法施行規則100条）
   ① 当該株式会社の取締役の職務の執行に係る情報の保存及び管理に関する体制
   ② 当該株式会社の損失の危険の管理に関する規程その他の体制
   ③ 当該株式会社の取締役の職務の執行が効率的に行なわれることを確保するための体制
   ④ 当該株式会社の使用人の職務の執行が法令及び定款に適合することを確保

—1—

Ⅵ　内部統制システムと株主代表訴訟

するための体制
⑤　次に掲げる体制その他の当該株式会社並びにその親会社及び子会社から成る企業集団における業務の適正を確保するための体制
　　イ．当該株式会社の子会社の取締役、執行役、業務を執行する社員、持分会社の業務執行社員が法人である場合の職務執行者その他これらの者に相当する者（以下「取締役等」という。）の職務の執行に係る事項の当該株式会社への報告に関する体制
　　ロ．当該株式会社の子会社の損失の危険の管理に関する規程その他の体制
　　ハ．当該株式会社の子会社の取締役等の職務の執行が効率的に行なわれることを確保するための体制
　　ニ．当該株式会社の子会社の取締役等及び使用人の職務の執行が法令及び定款に適合することを確保するための体制
⑥　当該監査役設置会社の監査役がその職務を補助すべき使用人を置くことを求めた場合における当該使用人に関する事項
⑦　⑥の使用人の当該監査役設置会社の取締役からの独立性に関する事項
⑧　当該監査役設置会社の監査役の⑥の使用人に対する指示の実効性の確保に関する事項
⑨　次に掲げる体制その他の当該監査役設置会社の監査役への報告に関する体制
　　イ．当該監査役設置会社の取締役及び会計参与並びに使用人が当該監査役設置会社の監査役に報告をするための体制
　　ロ．当該監査役設置会社の子会社の取締役等及び監査役並びに使用人又はこれらの者から報告を受けた者が当該監査役設置会社の監査役に報告をするための体制
⑩　⑨の報告をした者が当該報告をしたことを理由として不利な取扱いを受けないことを確保するための体制
⑪　当該監査役設置会社の監査役の職務の執行について生ずる費用の前払又は償還の手続その他の当該職務の執行について生ずる費用又は債務の処理に係る方針に関する事項
⑫　その他当該監査役設置会社の監査役の監査が実効的に行われることを確保するための体制

(3)　株式会社は、法務省令で定めるところにより、各事業年度に係る計算書類及び事業報告並びにこれらの付属明細書を作成しなければならない（会社法435条2項）。

そして、事業報告には、内部統制システムの体制の整備についての決定の内容の概要及び当該体制の運用状況の概要を内容として記載しなければならない（会社法施行規則118条2号）。
(4) 内部統制システムは、事業報告に記載される内部統制システムの基本方針の決定に始まり、内部統制システムの基本方針に基づいた具体的な監査・内部統制部やコンプライアンス委員会などの設置ならびに社内規程の整備などの内部統制システムの構築をし、次いで、内部統制システムを具体的に運用し、リスクが現実化して惹起する様々な事件事故の経験の蓄積とリスク管理に関する研究の進展により見直し、充実させていくものである。

特に行政庁が策定した各種ガイドラインの定める指針や事件事故に関する第三者委員会の報告書などは内部統制システムを構築する参考にすべきであろう。

第2　株主代表訴訟
1　会社法847条以下に株主による責任追及等の訴えに関する規定がある。
2　株主代表訴訟は役員等の会社に対する損害賠償責任を株主が会社に代位して請求する訴訟が多い。したがって、会社法423条1項は、株主代表訴訟を理解する上で最も基本となる条文である。

会社法423条1項（役員等の株式会社に対する損害賠償責任）
「取締役、会計参与、監査役、執行役又は会計監査人（以下この節において「役員等」という。）は、その任務を怠ったときは、株式会社に対し、これによって生じた損害を賠償する責任を負う。」
3　役員等の「任務」とは何か。
(1)　株式会社と役員等との関係
会社法330条「株式会社と役員及び会計監査人との関係は、委任に関する規定に従う。」
(2)　受任者（役員等）の注意義務
民法644条「受任者は、委任の本旨に従い、善良な管理者の注意をもって、委任事務を処理する義務を負う。」
したがって、役員等は会社に対して善管注意義務を負う。
(3)　忠実義務
会社法355条「取締役は、法令及び定款並びに株主総会の決議を遵守し、株式会社のため忠実にその職務を行わなければならない。」
会社法355条に定める取締役の忠実義務と善管注意義務との関係は、忠実義務は善管注意義務を敷衍し、かつ、一層明確にしたにとどまり、通常の委任関係に伴う善管注意義務とは別個の、高度な義務を規定したものではない（判例）。

Ⅵ 内部統制システムと株主代表訴訟

(4) 「委任の本旨」とは何か。
　役員等は会社の適正な利益を追求すべきであって、違法な行為をしてまで利益を追求することは「委任の本旨」ではない。違法な行為を行うことは役員等の任務を怠ったことになる。
　洗練されたエクセレントな会社をめざせ！
(5) なお、当該取締役が当該リスクを前もって想定し対応することを期待することができないと認められる場合には過失がないのであるから、債務不履行責任である善管注意義務・忠実義務違反は認められない（いわゆる信頼の原則）。

第3　事業報告に記載された「業務の適正を確保するための体制の概要」の具体例と検討

> 　当社は、取締役社長を委員長とする「A社グループCSR委員会」を設置し、同委員会の傘下に「危機管理委員会」「倫理委員会」「環境安全委員会」「個人情報管理委員会」「品質保証委員会」の各委員会を配置するとともに、専任部所としてCSR推進部を設置し、A社グループ全体でCSR活動を展開することにより、企業の社会的責任を果たす所存であり、当社取締役会は会社法および会社法施行規則に基づく当社の業務の適正を確保するための体制について、以下のとおり整備することを決定した。

検討1
(1) 前文である。
　会社法362条5項は、大会社である取締役会設置会社においては、取締役会は「取締役の職務の執行が法令及び定款に適合することを確保するための体制その他株式会社の業務並びに当該株式会社及びその子会社から成る企業集団の業務の適正を確保するために必要なものとして法務省令で定める<u>体制の整備</u>」を決定しなければならない旨規定している。
　これに対し、会社法施行規則118条1項2号は「体制の整備」についての決定又は決議があるときは、その決定又は決議の内容の概要及び当該体制の運用状況の概要を事業報告の内容としなければならない旨を規定している。
　つまり、事業報告に記載されているのは取締役会で内部統制システムとして整備決定された体制の内容ではなく、あくまでも「決定の<u>内容の概要</u>」である。

> **1. 取締役・使用人の職務執行が法令・定款に適合することを確保するための体制**
> (1) 当社および子会社は、取締役・使用人の職務執行が法令・定款に適合することを確保するため、「A社グループの倫理行動憲章」を制定し、企業倫理の周知徹底を図るとともに、「倫理委員会」を原則として毎月開催することで企業倫理の啓発活動を推進する。また、「公益通報者の保護に関するガイドライン」を策定し、組織的または個人的な法令違反行為等に対する通報または相談の窓口を社内および社外に設けるなど適正な処理の仕組みを定め、不正行為等を早期に発見し、是正することでコンプライアンス経営の強化を図る。

検討2

(1) 役員等は会社の適正な利益を追求すべきであって、違法な行為をしてまで利益を追求することは「委任の本旨」ではない。違法な行為を行うことは役員等の任務を怠ったことになる。したがって、取締役・使用人の職務執行が法令・定款に適合することを確保するための体制を構築・運用することは、それ自体が取締役の善管注意義務の内容であり、それを怠ったときは善管注意義務違反として取締役の責任が問われることになる。

(2) 会社法362条4項6号では「取締役」について、会社法施行規則100条1項4号では「当該株式会社の使用人」について、同項5号ニでは「当該株式会社の子会社の取締役等及び使用人」について、各人の職務の執行が法令及び定款に適合することを確保するための体制の整備の概要を事業報告に記載することになるが、一つにまとめて記載することも可能である。

検討3

不祥事(重大な法令違反その他の不正・不適切な行為等)
⇒企業倫理・コンプライアンス(法令遵守)の重要性

(1) 横浜市の傾斜マンションに関する杭打ちデータ改ざん問題
　ア．親会社の社長退任
　　　新聞報道では、「記者会見で退任について、子会社の旭化成建材の杭打ちデータ改ざん問題で傷ついた信頼の回復に向けたけじめだと説明した」とのことである(日本経済新聞2016年2月10日朝刊)。
　イ．住宅受注額の減少や補償問題
　ウ．改ざんの背景
　　a) 杭打ち工事の現場責任者らに施工データを軽視する風潮
　　b) 現場責任者らが旭化成建材や元請業者にデータ欠落を報告しにくい環境

VI 内部統制システムと株主代表訴訟

エ．親会社の再発防止策（日本経済新聞2016年2月9日夕刊）
a）役職員や現場責任者などにコンプライアンス（法令遵守）について教育を徹底する。
b）施工データの適切な管理体制を構築する。
計測装置を改善し、工事現場からデータを送る仕組みなどを検討する。

オ．会社法施行規則100条1項5号ニは「当該株式会社の子会社の取締役等及び使用人の職務の執行が法令及び定款に適合することを確保するための体制」の整備を親会社の取締役会に義務付けている。

親会社の取締役および監査役等としては、いわゆる信頼の原則から、企業集団における内部統制システムの体制の整備が適切になされていることを確認しておけば、実効的な運用がなされていないことを疑うべき特段の事情がない限り、当該体制に信頼を置くことができ、子会社における不祥事について、任務懈怠ないし善管注意義務違反と評価されることはないと思われる。しかし、具体的な不祥事が発生した場合には、それに対応して具体的対応策や予防策等を検討しておくべきであろう。「実効的な運用がなされていないことを疑うべき特段の事情」があったにもかかわらず具体的対応策や予防策等を構築しなかったのは任務懈怠ないし善管注意義務違反と評価される可能性がある。

(2) 三菱自動車の燃費不正問題

ア．会社の社長は辞任

イ．軽自動車4車種の顧客への賠償金など
500億円の損失を見込むほか、軽自動車をOEM（相手先ブランドによる生産）供給する日産自動車や部品メーカーなどへの補償（日本経済新聞2016年6月22日朝刊）

ウ．燃費不正の背景
a）無理な目標が性能実験部を追い込んだ。
b）社内のチェック機能も働かなかった。
→データの検証を担当する技術検証部の担当者は、性能実験部から架空データ作成を知らされ「やめたほうがいい」と忠告したが、性能実験部から「こうしないと目標を達成できない」と言われて引き下がった。
C）①社内の発表会で新入社員が法定と異なるデータ測定の見直しを提言した。
②社内アンケートで燃費不正をにおわせる内部告発があった。それにもかかわらず、問題は放置された。

エ．再発防止策
全社的な意識改革や経営陣と現場の情報交換の強化など23項目

(3) 不祥事に関する私見
  ・「うそ」はいけない。
    「うそ」に「うそ」を重ねることになる。
  ア．倫理研修＝コンプライアンス（compliance）の重視
    ・モラルやマナー等といった社会常識の順守
    ・法令（法律・政令・その他の規制）の順守
    ・社内規程や業務マニュアル等の社内ルールの順守
    「万が一、グループ内で重大な不祥事が発生した場合には、企業活動の土台であるコンプライアンス体制について社会から厳しく問われるとともに、ステークホルダーからの信頼を失ってしまいます。また、それが原因となり企業ビジョンの達成はおろか、事業の継続さえ困難な状況に追い込まれる事態になりかねません。
    コンプライアンスの徹底は、社会との信頼関係を維持するための重要な取り組みであるとともに、事業を継続するためには必要不可欠なものであるという認識を各人が強く持たなくてはなりません。」
  イ．「A社グループの倫理行動憲章」など「業績よりもコンプライアンス（法令遵守）」「誠実・正直に行動する」等の基本姿勢を会社として明確に定めて倫理研修等を行うことは非常に重要であると考える。経営者の意向や姿勢は従業員に対する影響が大きい。
    ただし、倫理等の内面的な社風の改善は一朝一夕では成し得ない。
  ・「うそ」をつけないシステム構築
  ア．旭化成建材の杭打ちデータ改ざん問題に対する親会社の再発防止策として
    ①　施工データの適切な管理体制を構築する
    ②　計測装置を改善し、工事現場からデータを送る仕組みなどを検討する
    が挙げられている。不正行為ができないような作業手順等のシステムにすることは必要である。
    「不正行為をした人はもちろん悪いが、不正行為が出来る状態にしておいた会社も悪い。」
  イ．現場の「無理だ」トップに届かず（日本経済新聞2016年6月2日夕刊）
    本記事は、三菱自動車が燃費データ、東亜建設工業が工事データを改ざんし、国に虚偽報告した問題はいずれも社内の「失敗できないプレッシャー」が背景になり、現場が不正行為に手を染めたとされる。
    他社との激しい競争の中で掲げられる目標に「ノー」と言えない空気。専門家は「今回の問題は組織に尽す日本的経営の負の面が出た」と指摘している。
    そして、甲南大の加護野忠男特別客員教授（企業統治論）は「会社が成長

VI 内部統制システムと株主代表訴訟

するため高い目標を設定することは企業として当然だ」とする一方で、「問題は『達成は難しい』という現場の声がトップに届かなかったことにある。現場の正論が早い段階でトップに伝わる社内体制の整備が必要だ」と指摘したと記事にある。

「風通しの良い会社を作ろう。」

ウ．すぐに分かると思えば「うそ」はつかない。

情報の透明性・公開の確保

内部通報制度・公益通報相談窓口を設ける。

---

(2) 内部監査の体制については、監査・内部統制部を取締役社長直轄とし、経理・業務に関する内部監査を定期的におこなう。また、金融商品取引法の定める「財務報告にかかる内部統制」については、監査・内部統制部により内部統制の整備・運用状況を評価し、財務報告の信頼性を確保する。なお、当該監査・内部統制部は必要に応じて会計監査人と情報交換をおこなうとともに、会計監査人の監査に立会う。

検討4 私見

(1) 親会社の内部監査部門は定期的に内部監査をおこなう。報告を待っているだけではなく、内部監査部員が各現場に出向き積極的に話を聞くことによりその現場が困難に直面しているかどうかなど問題の有無を確認し、トップや監査役に報告する体制を整備する対策もあると考える。もちろん、各現場に出向き積極的に話を聞くことにより、その現場が困難な問題に直面しているかどうかを確認し、トップや監査役に報告する役割を果たせるためには、かなり有能な内部監査部員であることが必要であると思われる。

(2) 自分は有意義な仕事をしているのだと認識できるようにする。

グループの経営理念を明確に打ち出し、グループ社員に理解してもらうことは重要であると考える。さらに、「自分は有意義な仕事をしているのだ」との認識の下で自分の仕事をしたいはずです。そして、「有意義な仕事である」と認識していれば、仕事に誇りを持ち自分の仕事として責任を持って行動することになる。杭打ちデータ改ざん問題の背景に（ア）杭打ち工事の現場責任者らに施工データを軽視する風潮があったとの指摘があるが、杭打ち工事が建築工事の基礎であり、なくてはならない重要な工事であることを工事現場の人たちに十分に認識してもらっていれば杭打ちデータを改ざんすることはなかったのではないかと思います。

グループ企業の社員に「自分は有意義な仕事をしているのだ」と認識できる

ように仕事の意義・目的、お客様ひいては社会にどのように役に立つのかを十分に説明して理解してもらうことも非常に重要だと考えます。

2. 取締役の職務の執行に係る情報の保存および管理に関する事項

(1) 取締役の職務の執行に係る情報に関しては、「文書規程」および「情報管理規程」に従い、書面または電磁的記録により保存し、適切な管理をおこなう。

(2) 個人情報の保護については、「個人情報管理委員会」において個人情報保護推進計画など個人情報の保護に関する重要事項について調査審議する。また、「個人情報管理規程」に基づき個人情報の管理、教育および監査をおこなうことにより、個人情報の適切な取扱いと管理の徹底を図る。

検討 5

会社法施行規則100条1項1号に対応する規定です。取締役会議事録の作成・保存などが必要なことは当然です。

3. 損失の危険の管理に関する規程その他の体制

(1) 損失の危険の管理に関しては、「リスク管理規程」を制定し、「A社グループCSR委員会」においてリスクの具体的対応策や予防策等を検討し、リスク管理をおこなうとともに、当該委員会の審議・活動の進捗状況を定期的に取締役会に報告する。また、当社の経営に重大な影響をおよぼす危機等が発生した場合には、取締役社長を本部長とする「危機対策本部」を設置して危機対応をおこなう。

検討 6

「リスクの具体的対応策や予防策等を検討」することは必要であるが、具体的にどのようなリスクが想定されるのかを検討することがまず必要である。

また、リスクとしてどこまで想定するのかについてもむずかしい問題である。つまり、どのようなリスクがあるのかを認識できなければ当該リスクに対する具体的対応策や予防策等を検討できない。

なお、近時においては、過労死など長時間残業の問題についてもリスクとして具体的な対応策等を検討しておくべきであろう。

日本経済新聞2016年9月5日夕刊には、「過労自殺巡り株主訴訟、肥後銀元行員遺族、7日提訴」を見出しにする記事が掲載されていた。

(2) 当社の事業推進に伴う損失の危険の管理については、取引権限や財務権限および与信管理などに関する社内規程を定め、迅速な営業活動と責任の明確化、取引の安全を図る。
(3) 事故、事件、自然災害に対する安全管理体制の整備に関しては、「危機管理委員会」において、調査審議する。
(4) 当社および子会社は、危険物を取扱う企業として環境の保護、安全の確保を企業経営上の重要課題と位置付け、「環境安全委員会」において当社および子会社の事業活動における環境・安全に関する重要事項について調査審議する。また、「環境安全管理規程」に環境・安全に関する基本理念と行動指針を定め、環境の保護および安全の確保、ならびに事故・災害発生時の適切な対応の徹底を図るとともに、環境・安全に関する監査および教育の計画実施により事故・災害を未然に防止し、円滑かつ効果的な事業活動を推進する。
(5) 製造物責任に関する事項については、「品質保証委員会」において、当社で製造するすべての製品について、事前に審議することで、製造物の欠陥に起因する損害賠償請求やクレームなどを未然に防止する。

> 検討7

会社法施行規則100条1項2号、5号ロに対応する規定です。
内部統制システムは別名「リスク管理体制」とも呼ばれることもあります。

4. 取締役の職務の執行が効率的におこなわれることを確保するための体制
(1) 当社および子会社に係る重要な業務執行案件については、意思決定審議機関としての常務会を毎週定例日に開催し、取締役の職務の執行が効率的におこなわれることを確保する。
(2) 経営政策・方針等の会社の基本的案件を取扱う常勤役員会を毎月1回開催し、当社および子会社の予算、月次決算ならびにその進捗状況、会社全般に影響をおよぼす重要な事項について協議する。

> 検討8

会社法施行規則100条1項3号、5号ハに対応する規定です。

5. 当社および子会社から成る企業集団における業務の適正を確保するための体制
(1) 当社および子会社から成る企業集団における業務の適正を確保するた

> め、業務遂行に必要な運営の基本原則として「A社グループ会社の運営管理規程」を定め、子会社における職務の執行に係る事項の報告基準などを整備することにより、それぞれの役割および責任体制を明確化し、組織的な運営を図る。
> (2) 子会社の監査に関しては、当社の監査・内部統制部および子会社の監査部門が定期的に内部監査をおこなう。また、当社の監査・内部統制部は必要に応じて会計監査人と情報交換をおこなうとともに、会計監査人の監査に立会い、当社および子会社から成る企業集団における業務の適正を確保する。

検討9

平成26年会社法改正により親子会社についてより緊密な管理・監督関係があることが認識された。

親会社(取締役)の子会社監督責任についての根拠として「会社の資産である子会社の株式の価値を維持するために必要・適切な手段を講じることが親会社取締役の善管注意義務から要求されており、株主である親会社として、とることのできる手段を適切に用いて対処するというのも、当然その内容に含まれ得る」との説明がなされている。

ただし、親会社の取締役および監査役等としては、いわゆる信頼の原則から、企業集団における内部統制システムの体制の整備が適切になされていることを確認しておけば、実効的な運用がなされていないことを疑うべき特段の事情がない限り、当該体制に信頼を置くことができ、子会社における不祥事について、任務懈怠ないし善管注意義務違反と評価されることはないと思われる。

> **6. 監査役がその補助すべき使用人を置くことを求めた場合における当該使用人に関する体制ならびにその使用人の取締役からの独立性、および当該使用人に対する指示の実効性確保に関する事項**
> (1) 監査役がその職務を補助すべき使用人を置くことを求めた場合における当該使用人に関する体制については、監査役室を設置し、補助すべき使用人を配置する。なお、その使用人は、監査役の指揮命令の下で監査役の職務執行を補助することとし、取締役社長の指揮命令を受けないものとする。また、当該使用人の人事考課については、常勤監査役がおこなうものとする。

> **7. 取締役および使用人が監査役に報告するための体制ならびに子会社の取締役、監査役および使用人が親会社の監査役に報告するための体制、また報告**

VI　内部統制システムと株主代表訴訟

をした者が当該報告をしたことを理由として不利な取扱いを受けないことを確保するための体制
(1)　監査役は、取締役会およびその他重要な会議に出席するほか、取締役などからその職務の執行状況を聴取し、重要な決裁書類などを閲覧し、監査・内部統制部および内部監査部門と随時連携して本社および主要な事業所において業務および財産の状況を調査するものとする。また、毎週定例日に開催する意思決定審議機関としての常務会には、監査役会で決定された常勤監査役1名が常時出席することとする。
(2)　監査役は、子会社の取締役および監査役などと意思疎通および情報交換を図り、事業の報告を求め、その業務および財産の状況を調査するものとする。

検討10
(1)　監査役の情報収集機能の強化の必要性の観点から会社法施行規則100条3項4号ロに子会社の役員および使用人またはこれらの者から報告を受けた者が親会社の監査役に報告するための体制が掲げられている。親会社監査役を窓口とする内部通報制度も検討して良い。
(2)　また、同規則105条2項2号、4項は監査役は、その職務を適切に遂行するため、子会社の取締役および監査役などと意思疎通および情報交換を図り、情報の収集および監査の環境の整備に努めるべき旨定めている。

8.　その他監査役の監査が実効的におこなわれることを確保するための体制、および監査役の職務の執行について生ずる費用の処理に係る方針
(1)　監査役会が必要と認めたときは、取締役、使用人および会計監査人などを監査役会に出席させて、その報告または意見を述べる機会を確保する。
(2)　緊急の監査費用や利益相反取引など、監査役が自らの判断により必要と認め、弁護士などの外部専門家を起用する場合に生ずる費用などについては、これを適正に処理することを保証する。

9.　反社会的勢力を排除するための体制
(1)　「A社グループの倫理行動憲章」に基づき、市民社会の秩序や安全に脅威を与える反社会的勢力に対して接触を持たず、毅然とした態度で臨む。

第4　内部統制システム構築義務に関する株主代表訴訟等の判決例とその検討
1　大和銀行株主代表訴訟
大阪地裁平成12年9月20日判タ1047号86頁・判時1721号3頁

本判決は、大和銀行ニューヨーク支店の従業員が財務省証券の無断取引及び無断売却を行ない多額の損害を生じさせた事案であるが、財務省証券の保管残高を確認する方法が著しく適切さを欠いていたと認定し、関係した取締役と監査役の損害賠償責任を認めた。

「大和銀行本部（検査部）、ニューヨーク支店及び会計監査人が行っていた財務省証券の保管残高の確認は、その方法において、著しく適切さを欠いていたものと評価される。財務省証券の保管残高の確認は、カストディ業務に内在する事務リスクを適切に管理するため、最も基本的かつ効果的であり、欠くことのできない仕組みである。他にどのような仕組みを組み合わせようとも、適切な残高確認を欠いたリスク管理体制は十全とは言い難い。そして、この仕組みを実質的に機能させるためには、前判示のとおり、残高確認を行うに当たって、預かり保管する証券の性質に応じた適切な方法を採り、いわば現物確認を行うことが必要である。証券が発行されているのであれば、現金の残高を確認する際実際に現金を数えて帳簿上の金額と照合するように、証券の現物と帳簿上の記載とを突合することが必要であり、証券が発行されてない登録債であり、かつ、バンカーズ・トラストにその保管を再委託している場合には、カストディ業務の担当者を介さず、直接バンカーズ・トラストに対して保管残高の照会を行うことが必要である。」

「店内検査は、検査部の統括の下、検査部が担当取締役の決裁を経て作成した検査要領に基づいて実施されていたのであり、臨店検査は、検査部が右検査要領に基づいて実施していたのであるから、検査部の担当取締役が業務担当取締役あるいは使用人兼務取締役として、財務省証券の保管残高の確認方法が適切さを欠いていたことにつき、任務懈怠の責を負う。また、店内検査及び内部監査担当者による監査は、ニューヨーク支店長の指揮の下実施されるのであるから、取締役が支店長を務めている場合には、同支店長が業務担当取締役としてあるいは使用人兼務取締役として、財務省証券の保管残高の確認方法が適切さを欠いていたことにつき、任務懈怠の責を負う。」

しかし、頭取・副頭取を含め、検査部及びニューヨーク支店の指揮系統に属さない取締役並びにニューヨーク支店に往査し、会計監査人の監査に立ち会った監査役を除く他の監査役については、いわゆる「信頼の原則」を適用してニューヨーク支店における財務省証券の保管残高の確認方法について疑念を差し挟むべき特段の事情がない限り、不適切な検査方法を採用したことについて責任はないとしている。

Ⅵ 内部統制システムと株主代表訴訟

追記：現在においては、預金等については通帳の確認の他、銀行等に直接会計監査人が残高証明書の交付を求める取り扱いが一般的である。売掛金の残高確認についても会計監査人が取引先に直接債務確認書の交付を求めているし、さらに顧問弁護士に対しても事件等の有無について会計監査人が直接照会し回答書の交付を求めているのが一般的になっている。

　大和銀行株主代表訴訟事件の判決は内部統制システムに関する実務に大きな影響を与えている。

2　ヤクルト事件

東京高裁平成20年5月21日判タ1281号274頁

本件は、デリバティブ取引で多額の含み損が生じた事案である。本件判決は、デリバティブ取引のリスク管理体制について非常に参考になる。

3　日本システム技術事件

最高裁平成21年7月9日判タ1307号117頁・判時2055号147頁

本件は、上告人の従業員らが営業成績を上げる目的で架空の売上げを計上したため有価証券報告書に不実の記載がされ、その後同事実が公表されて上告人の株価が下落したことについて、公表前に上告人の株式を取得した被上告人が、上告人の代表取締役に従業員らの不正行為を防止するためのリスク管理体制を構築すべき義務に違反した過失があり、その結果被上告人が損害を被ったなどと主張して、上告人に対し、会社法350条に基づき損害賠償を請求した事案です。

本件判決は、「上告人の代表取締役である甲野に、丙山らによる本件不正行為を防止するためのリスク管理体制を構築すべき義務に違反した過失があるということはできない。」として、損害賠償請求を棄却しているがその理由は以下のとおりです。

ア：「上告人は、通常想定される架空売上げの計上等の不正行為を防止し得る程度の管理体制は整えていたものということができる。」

　　アの結論の理由として、事実関係は、「本件不正行為当時、上告人は、①職務分掌規定等を定めて事業部門と財務部門を分離し、②GAKUEN事業部について、営業部とは別に注文書や検収書の形式面の確認を担当するBM課（ビジネスマネージメント課）及びソフトの稼働確認を担当するCR部（カスタマーリレーション部）を設置し、それらのチェックを経て財務部に売上報告がされる体制を整え、③監査法人との間で監査契約を締結し、当該監査法人及び上告人の財務部がそれぞれ定期的に販売会社あてに売掛金残高確認書の用紙を郵送し、その返送を受ける方法で売掛金残高を確認することとしていた。」

イ：また、「財務部におけるリスク管理体制が機能していなかったということは

できない。」
としている。
　さらに、本件不正行為は通常容易に想定し難い方法によるものであったし、本件以前に同様の手法による不正行為が行われたことがあったなど、上告人の代表取締役である甲野において本件不正行為の発生を予見すべきであったという特別の事情も見当たらない。
　なお、現在においては、金融商品取引法24条の4が準用する21条の2が有価証券報告書に重要な事項につき虚偽の記載があった場合等には、有価証券を取得した者に対する発行者（上告人）の無過失損害賠償責任を規定している。
　しかし、本件判決は従業員らの不正行為を防止するためのリスク管理体制をいかに構築すべきかを考えるうえで参考になる。
追記：「うそ」はいけない。「うそ」に「うそ」を重ねることになると前に述べたが、本件判決の事実関係の概要(7)には、「丙山らは、当初は契約に至る可能性が高い案件のみを本件不正行為の対象としていたが、次第に可能性が低い案件についても手を付けざるを得なくなり、売掛金の滞留残高は増大していった。」との認定が記載されている。

4　日本経済新聞社事件

東京地裁平成21年10月22日判タ1318号199頁・判時2064号139頁
　「補助参加人は、経済情報を中心として日経新聞など5紙を発行する我が国有数の報道機関であり、その報道機関としての性質上、多種多様な情報を大量に取り扱っており、その従業員は、報道部門や広報部門なども含めて、業務遂行上、秘密性のある情報や未公表情報などのインサイダー情報に接する機会が多いといえる。したがって、補助参加人の取締役としては、それらの事情を踏まえ、一般的に予見できる従業員によるインサイダー取引を防止し得る程度の管理体制を構築し、また、その職責や必要の限度において、従業員によるインサイダー取引を防止するために指導監督すべき善管注意義務を負うものと解される。」
　「被告ら取締役は、本件インサイダー取引当時、広告担当取締役である被告九重を中心として、ADEX事件が情報を知り得る権限のある者がそれを悪用した犯行であり、不可避的にインサイダー情報に接する広告局員に対して法令遵守のための注意喚起、教育等を徹底することが、最も適切な方法であると判断し、前記(1)オのとおり、これらの具体的対応策を実施したのであり、これらの対応策を実施した被告ら取締役に善管注意義務違反はないというべきである。」
追記：見直しが必要
　　　内部統制システムの基本方針に基づいた内部統制・内部監査部門の設置や

Ⅵ 内部統制システムと株主代表訴訟

　社内規程の整備等を行なっていても、具体的なリスクの発生が予見される事例が生じた場合には、そのリスクを回避すべくさらに新たなリスク回避策を検討し導入すべきである。

5　セイクレスト責任査定決定異議申立事件
　社外・非常勤監査役に対して
・内部統制システム構築助言・勧告義務違反
・代表取締役解職助言・勧告義務違反
を認めた事例
　大阪高裁平成27年5月21日判時2279号96頁
○内部統制システム構築助言・勧告義務違反
　「控訴人が平成3年8月から日本公認会計士協会○○会に所属する公認会計士であり、平成13年3月に破産会社の社外・非常勤監査役に就任し、平成23年3月30日に辞任するまでの間、同社の監査役であった者」であり、「平成22年度の監査役の監査業務の職務分担上、経営管理本部管掌業務を担当することとされていたことに加えて、取締役会への出席を通じて、甲野による一連の任務懈怠行為の内容を熟知していたことをも併せ考えると、控訴人には、監査役の職務として、本件監査役監査規程に基づき、取締役会に対し、破産会社の資金を、定められた使途に反して合理的な理由なく不当に流出させるといった行為に対処するための内部統制システムを構築するよう助言又は勧告すべき義務があったということができる。」
○代表取締役解職助言・勧告義務違反
　「甲野の一連の行為は、甲野が破産会社の代表取締役として不適格であることを示すものであることは明らかであるから、監査役として取締役の職務の執行を監査すべき立場にある控訴人としては、破産会社の取締役ら又は取締役会に対し、甲野を代表取締役から解職すべきである旨を助言又は勧告すべきであったということができる。」
◎責任限定契約における「重過失」
　「責任限定契約にいう『重過失』とは、当該監査役の行為が、監査役としての任務懈怠に当たることを知るべきであるのに、著しく注意を欠いたためにそれを知らなかったことである。」
追記：社外・非常勤監査役や取締役であっても、具体的に危機的状況が発生した場合にはでき得る限りの職務を行い、それでも改善できない場合には辞任するなどの対処が必要である。
　　　なお、本件は高裁判決であり、最高裁の判例ではない。

6 ダスキン株主代表訴訟控訴審判決

大阪高裁平成18年6月9日判夕1214号115頁

ミスタードーナツの「大肉まん」に食品衛生法で認可されていない添加物が混入した事実やそれを販売継続した事実があり、マスコミに流される危険も十分認識していたにもかかわらず、「自ら積極的には公表しない」という方針決定をした取締役や監査役（しかも弁護士である）について、経営判断の原則は認めず、善管注意義務違反がある旨認定した判決である。

内部統制システム構築義務が争点になっているわけではないが、社外監査役や社外取締役になられる方には一見の価値がある。

あとがき

　東京弁護士会弁護士研修センター運営委員会では、専門領域における業務に対応できる研修を目指し、平成13年より特定の専門分野につき数回にわたる連続講座を実施してまいりました。平成18年度後期からは6ヶ月間を区切りとして、一つのテーマについて、受講者を固定して、その分野に関する専門的知識や実務的知識の習得を目的とする連続講座を開始し、毎年好評を博しております。

　本講義録は、平成28年度の専門講座で上場会社役員をめぐる法的問題につき、専門的知識とノウハウを全6回の連続講座として実施した内容をまとめたものです。連続講座では、社外役員として知っておくべき会社法や金融商品取引法の知識、不祥事対応・第三者委員会、取締役の善管注意義務と経営判断、ガバナンスの積極的活用のあり方、内部統制システムと株主代表訴訟といった幅広い分野を取り扱っており、実に充実した内容となっています。ぜひ本書をお読みいただき、上場会社役員をめぐる法的問題に関連する専門知識とノウハウを習得され、適切な事件対応にお役立ていただければ幸いです。

　終わりに、この専門研修講座の企画、実施と本書の発行にご協力いただきました講師の方々、弁護士研修センター運営委員会担当委員各位、そして株式会社ぎょうせいの編集者の皆様に厚くお礼申し上げます。

平成29年6月

東京弁護士会弁護士研修センター運営委員会
委員長　奥　国範

弁護士専門研修講座
会社法の知識と実務
ガバナンス・不祥事対応・役員の義務と責任

平成29年7月20日　第1刷発行

編　集　　東京弁護士会弁護士研修センター運営委員会
発　行　　株式会社 **ぎょうせい**

〒136-8575　東京都江東区新木場1-18-11
電話　編集　03-6892-6508
　　　営業　03-6892-6666
フリーコール　0120-953-431

〈検印省略〉

URL：https://gyosei.jp

印刷　ぎょうせいデジタル㈱　　　　©2017 Printed in Japan
※乱丁・落丁本はお取り替えいたします。

ISBN978-4-324-10337-1
(5108336-00-000)
〔略号：弁護士講座（会社役員）〕

弁護士専門研修講座

東京弁護士会弁護士
研修センター運営委員会【編集】

東京弁護士会主催の「弁護士専門研修講座」講義録。講義録の簡便さと厳選されたテーマに沿った講義の適度な専門性により、経験の浅い弁護士から専門性を高めたい弁護士まで広くご活用いただけます。

情報・インターネット法の知識と実務
●A5判・定価(本体4,000円+税)

子どもをめぐる法律問題
●A5判・定価(本体3,700円+税)

労働環境の多様化と法的対応　労働法の知識と実務Ⅲ
●A5判・定価(本体4,300円+税)

交通事故の法律相談と事件処理　民事交通事故訴訟の実務Ⅲ
●A5判・定価(本体4,000円+税)

高齢者をめぐる法律問題
●A5判・定価(本体3,700円+税)

租税争訟をめぐる実務の知識
●A5判・定価(本体4,000円+税)

住宅瑕疵紛争の知識と実務
●A5判・定価(本体3,000円+税)

相続関係事件の実務―寄与分・特別受益、遺留分、税務処理―
●A5判・定価(本体2,500円+税)

中小企業法務の実務
●A5判・定価(本体3,500円+税)

民事交通事故訴訟の実務Ⅱ
●A5判・定価(本体4,300円+税)

インターネットの法律実務
●A5判・定価(本体3,800円+税)

債権回収の知識と実務
●A5判・定価(本体3,000円+税)

離婚事件の実務
●A5判・定価(本体2,857円+税)

民事交通事故訴訟の実務―保険実務と損害額の算定―
●A5判・定価(本体3,619円+税)

 株式会社ぎょうせい

フリーコール　TEL：0120-953-431 [平日9〜17時]
　　　　　　　FAX：0120-953-495 [24時間受付]
Web　https://shop.gyosei.jp [オンライン販売]

〒136-8575 東京都江東区新木場1-18-11